中国核电工程有限公司 年鉴

中核集团 CHINA NUCLEAR POWER ENGINEERING CO.,LTD.

2016年卷

中国核电工程有限公司 编

CHINA
NUCLEAR
POWER
ENGINEERING
CO., LTD.

中国原子能出版社

图书在版编目(CIP)数据

中国核电工程有限公司年鉴.2016年卷／中国核电工程有限公司编.
—北京:中国原子能出版社,2016.11
ISBN 978-7-5022-7685-0

Ⅰ.①中… Ⅱ.①中… Ⅲ.①核电工业－工业企业－中国－2016－年鉴
Ⅳ.①F426.23-54

中国版本图书馆CIP数据核字(2016)第290466号

中国核电工程有限公司年鉴（2016年卷）

出版发行 中国原子能出版社（北京市海淀区阜成路43号 100048）
责任编辑 胡晓彤
装帧设计 崔 彤
责任校对 冯莲凤
责任印制 潘玉玲
印 刷 北京盛通印刷股份有限公司
经 销 全国新华书店
开 本 787 mm × 1092 mm 1/16
印 张 17.75 **彩 插** 24
字 数 321千字
版 次 2016年12月第1版 2016年12月第1次印刷
书 号 ISBN 978-7-5022-7685-0 **定 价** 188.00 元

网 址:http://www.aep.com.cn E-mail:atomep123@126.com
发行电话:010-68452845

《中国核电工程有限公司年鉴(2016年卷)》

编辑说明

一、《中国核电工程有限公司年鉴》（以下简称《公司年鉴》）的编辑、出版旨在全面系统地载录中国核电工程有限公司的发展历程，为公司各单位（部门）和职工提供信息资料，为各级领导决策和管理工作提供参考依据，也为社会各界了解我公司提供一个信息平台。

二、《公司年鉴（2016年卷）》采用分类编辑法，主体结构分为类目、分目、条目3个层次，条目下设各级子目，通过多层级结构描述7个篇目内容，即特载；股东会、董事会、监事会；组织机构及负责人名录；生产经营和科研工作；公司管理情况；党、纪、工、团工作；分支机构；彩插和附录部分。全面载录公司2015年生产经营、工程建设、公司党建等工作情况。文中记述时间，原则上截至2015年12月31日。

三、本年鉴编撰工作得到了各单位（部门）的大力支持。编撰工作由公司总经理办公室牵头，各单位（部门）指定专门的负责人，配合搜集整理各单位（部门）年度工作情况形成年鉴初稿，经由各级领导审核反馈，编撰委员会反复校核、不断完善，最终由中核集团原子能出版社出版印刷形成《公司年鉴（2016年卷）》。在此，对给予帮助的公司各单位（部门）及社会各界表示感谢。

四、由于年鉴供稿人员众多，编撰人员能力有限，对可能出现的纰漏，敬请读者指正。

《中国核电工程有限公司年鉴》编辑部

● 2015 年 1 月 21 日，中央军事委员会委员、中国人民解放军总装备部部长张又侠上将参观纪念核工业创建六十周年成就展，了解“华龙一号”、ACP100 等核电技术的特点及设计进展情况

● 2015 年 2 月 16 日，中国核工业集团公司董事长、党组书记孙勤一行到公司慰问指导工作

● 2015 年 5 月 9 日，环境保护部副部长、核安全局局长李干杰到福清核电工程现场视察工作，中国核工业集团公司董事长、党组书记孙勤陪同

● 2015 年 6 月 15 日，中共中央政治局常委、国务院总理李克强一行到公司考察调研。马凯、杨晶、周小川等出席活动

2015 年 6 月 17 日，国务院国资委党委委员、副主任黄丹华一行到公司就“华龙一号”有关进展情况调研座谈，中国核工业集团公司钱智民总经理、和自兴副总经理陪同调研

2015 年 7 月 4 日，中国核工业集团公司党组成员、副总经理俞培根到郑州分公司调研指导工作

2015 年 9 月 29 日，中国核工业集团公司总经理助理李晓明一行到海南昌江核电工程项目现场调研

2015 年 11 月 1 日，国防科工局副局长王毅韧到 821 项目工程现场检查指导工作，中国核工业集团公司党组成员、副总经理杨长利等领导陪同

● 2015 年 11 月 4 日，中国核工业集团公司总经理、党组副书记钱智民到福清核电工程现场调研“华龙一号”工程建设情况。中国核工业集团公司党组成员、副总经理俞培根，中国核电总经理陈桦等陪同

● 2015 年 12 月 24 日，外交部翻译司司长张建敏一行 28 人来公司参观调研，中国核工业集团公司总经理助理李晓明、国际合作开发部副主任刘长欣陪同

● 2015年2月13日，方家山核电工程2号机组临时验收（PAC）签字仪式在海盐隆重举行，公司全面完成方家山核电工程总承包建设任务

● 2015年3月23日，海南核电工程1号机组热态功能试验圆满结束

● 2015年5月5日，漳州核电新建气象站完成竣工预验收，这是公司漳州核电总承包项目完成的首个子项

● 2015年5月7日，福清核电工程5号机组主体工程正式浇筑第一罐混凝土（FCD），标志着中国自主三代核电技术"华龙一号"（ACP1000）全球首堆示范工程正式开工

● 2015 年 8 月 20 日，“华龙一号”首个海外项目——巴基斯坦卡拉奇核电项目正式开工建设

● 2015 年 9 月 26 日，田湾核电工程 4 号机组穹顶吊装作业圆满完成，标志着田湾二期工程全面由土建施工转入设备安装

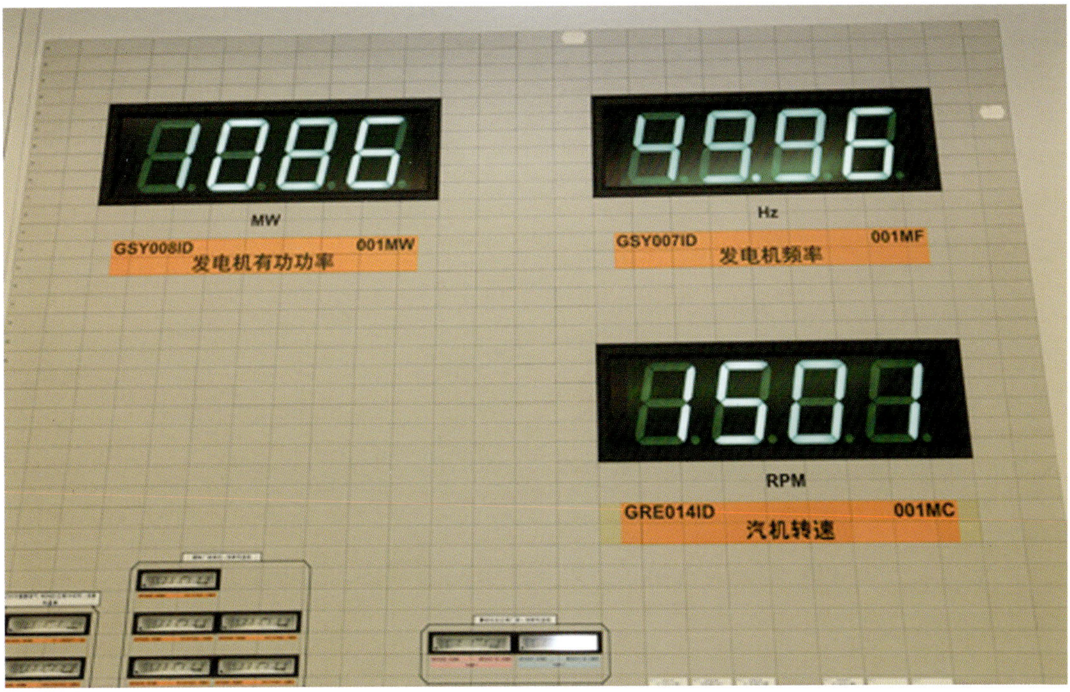

● 2015 年 10 月 16 日，福清核电工程 2 号机组具备投入商业运行条件

● 2015 年 12 月 23 日，海南核电工程 1 号机组临时验收（PAC）仪式在昌江隆重举行，公司全部完成海南核电 1 号机组的总承包工作

● 2015 年 12 月 22 日，福清核电工程 6 号机组正式开工建设（FCD）

● 2015 年 12 月 27 日，田湾核电工程 5 号机组正式开工建设（FCD）

● 2015 年 2 月 6 日，公司召开 2015 年度工作会议，总经理刘巍做了题为《蛮拼坚持，牢记使命，勇于担当，全面实现公司管理与国际接轨》的工作报告

● 2015 年 3 月 4 日，中央网信办、国资委新闻中心共同组织开展“走进新国企 • 创新之核”活动，邀约人民网、新华网等 20 家媒体的记者和 3 位“大 V”走进公司，深入了解“华龙一号”等自主创新成果

2015 年 3 月 12 日，公司召开 2014 年度优秀共产党员表彰大会，公司党政领导、各级党组织代表以及受表彰的优秀共产党员参加了会议

2015 年 3 月 26 日，中国核工业集团公司福清 5、6 号机组工程建设专题会在公司召开。中国核工业集团公司总经理钱智民，副总经理俞培根等领导出席会议

● 2015 年 4 月 10 日，公司召开第一届第七次职工代表大会。公司领导和来自公司各岗位的 125 名职工代表参加了会议

● 2015 年 5 月 4 日，公司团委举行“聚青春星火 耀华龙腾飞”五四表彰暨青年员工座谈会。公司领导、各级团组织及青年员工代表参加本次会议

● 2015 年 5 月 29 日，公司举办党委书记“三严三实”专题党课。公司党委副书记、纪委书记钱远华作了题为《践行“三严三实”夯实党员干部作风之基》的专题辅导

● 2015 年 7 月 31 日，公司 2015 年年中工作会在河北分公司召开。会议采用专题讨论的形式进行，聚焦公司发展面临的问题，参会领导积极讨论，共商切实可行的行动计划

● 2015 年 11 月 16 日，由公司承办的“国际原子能机构（IAEA）核电厂建造和运行期间行业安全绩效实践、经验和指标技术会议”在福清核电工程现场召开

● 2015 年 12 月 8 日，由国务院新闻办公室、国家核事故应急办公室主办，公司承办的“中央外宣媒体走进中国核电企业集中采访活动”启动仪式在京开幕

2015 年 1 月 23 日，加纳能源部副部长 John Abdulai Jinapor 一行到公司访问

2015 年 3 月 7 日，巴基斯坦原子能委员会主席安萨 · 帕维茨一行，参观了中核集团首个“华龙一号”示范堆工程福清核电工程 5 号机组，中国核工业集团公司总经理助理兼核动力事业部主任李晓明陪同

2015 年 5 月 3 日至 7 日，在埃及总统顾问、能源部部长穆斯塔法以及埃及原子能委员会主席及厂址所在地马特鲁省省长艾哈迈德等的陪同下，姜宏副总经理一行实地踏勘了埃及达巴核电厂址，并深入交流

2015 年 6 月 2 日上午，公司副总经理徐鹏飞会见法国达索公司（Dassault）全球副总裁 Stephane Declee 先生。双方就目前项目合作进展进行了沟通，并探讨了进一步合作的方向

2015 年 7 月 21 日，公司总经理刘巍会见法国 EDF 集团高级执行副总裁 Xavier Ursat 先生一行，公司副总经理、总工程师邢继陪同会见，双方对核能领域的合作展开交流

2015 年 8 月 27 日，伊朗副总统兼国家原子能组织主席萨利希来司参观，伊朗国家原子能组织副主席扎里安、卡玛凡迪等陪同来访。中国核工业集团公司党组成员、副总经理俞培根陪同

2015 年 9 月 14 日，公司总经理刘巍会见东芝公司核电部部长山本一生一行。双方就 ABWR 和华龙一号等核电机组技术路线的经济性、安全性及发展前景深入交换了意见

2015 年 11 月 16 日，公司总经理刘巍会见法国 AREVA（阿海珐）集团高级执行副总裁 Michael Cerruti 先生一行，公司副总经理、总工程师邢继陪同会见

2015 年 11 月 23 日，公司副总经理钟华会见了来司访问的经合组织核能署总干事 William D. Magwood 先生一行

2015 年 11 月 26 日，阿根廷副总统兼参议长阿马多 · 布杜到公司参观，阿根廷驻华大使古斯塔沃 · 马蒂诺、全国人大常委会办公厅外事局副局长熊伟陪同来访，中国核工业集团公司总工程师雷增光陪同

● 2015 年 3 月 6 日，为庆祝“三八”妇女节，公司工会在玉渊潭公园组织开展了“女职工健康、快乐大步走”活动，来自公司各单位 600 余名女职工参与了活动

● 2015 年 4 月 13 日，公司职工乒乓球团体比赛拉开了帷幕，本次比赛共有 12 队参加。比赛历经 18 天 35 场的激烈角逐，最终决出了获胜队，第一名：工程经济所、财会部；第二名：电气仪控所；第三名：管理大联队

● 2015 年 7 月 28 日中午，公司声乐协会举办两周年联欢会，声乐协会名誉会长、公司总经理刘巍担任领唱。刘总希望大家保持好成绩，希望声协能坚持下去，队伍越来越壮大

● 2015 年 9 月 16 日，在公司小广场上举行职工集体跳绳比赛。来自分工会的 26 个代表队参加此次比赛

● 2015年9月21日晚，公司迎新晚会拉开序幕，公司业余演员们为大家奉献了一场准专业的演出。国防科工局、团中央、集团公司等相关领导应邀出席晚会

● 2015年9月24日，公司第二届职工羽毛球团体赛圆满闭幕。经过二十多天36场紧张激烈的角逐，系统与布置设计所、采购部、总体所、北京核工程研究设计院（科研设计管理部）分获本次赛事的一至四名

● 2015 年 10 月 24 日，公司召开第五届职工运动会。来自公司 38 个代表队的 1488 名运动员参加了运动会，在 9 类运动项目上尽展风姿

● 2015 年 10 月 30 日，中国核工业集团公司召开京区单位职工趣味运动会，比赛共 21 支代表队参加，公司 24 名运动员组成的代表队获得了团体总分第一名，刷新了公司在集团历届职工趣味运动会上获得的最佳纪录

目　　录

第一部分　特　　载

知任图进　实干兴核
全力开启“十三五”创新发展新局面

——在公司2016年度工作会议上的报告

刘　巍

2016年1月29日

同志们、朋友们：

今天我们在此召开中国核电工程有限公司2016年度工作会议。

会议的主要任务是：认真学习贯彻党的十八大、十八届届三中、四中、五中全会和中央经济工作会议、集团公司和核动力事业部年度工作会议精神，回顾公司2015年和“十二五”期间的各项工作，深刻分析、主动适应当前公司面临的新形势和新要求，提出“十三五”的发展战略和目标，安排部署2016年的重点工作，为“十三五”发展开好局、起好步。

下面，我代表公司作工作报告。报告的题目是《知任图进，实干兴核，全力开启“十三五”创新发展新局面》。

2015年工作总结及“十二五”取得的成果

2015年是我国核工业创建60周年，也是公司“十二五”改革发展的收官之年和科学谋划“十三五”的关键之年。在集团公司和核动力事业部的总体部署和领导下，公司圆满完成“十二五”各项任务，基本实现“十二五”末公司管理理念、方法与国际接轨的发展目标。2015年公司获中核集团“业绩突出贡献奖”；“华龙一号”示范工程落地福清，6 月中共中央政治局常委、国务院总理李克强来公司考察调研，充分肯定“华龙一号”技术成果，“华龙一号”总设计师邢继入选央视年度十大科技创新人物；方家山 2 号、福清 2 号、昌江 1 号机组相继投运，运行状态良好，其中方家山两台机组首循环无非计划停堆，创世界核电运营者协会（WANO）运行记录，核电总承包能力得到各方认可；821 总包项目进展获科工局充分肯定，军工专项工程顺利推进；公司获奖数量创历史新高，“乏燃料后处理中试厂设计与建造”首次获集团科技进步特等奖，并与“GFX-200 铀干法转化装置研制及产业化应用”分获国防科技进步一等奖；高强紧固件事件妥善处理，全年安全、质量整体受控，未发生失泄密事件以及违法违规事件。

一、2015 年工作总结

（一）以科学绩效为手段，经济指标超额完成

2015 年公司预计完成主营业务收入 145.05 亿元人民币，利润总额 4.13 亿元人民币，经济增加值（EVA）2.95 亿元人民币，成本费用比率 97.28%，集团外收入 2.73 亿元人民币，超额完成各项经济考核指标，为集团公司实现“保增长”任务做出贡献。

（二）以国家战略为先导，军工任务高质量完成

（略）

（三）以创新发展为引领，重点任务全面完成

2015 年工作报告提出的各项工作目标已全面分解到各部门 JYK 考核任务中，公司全年 JYK 重点战略任务执行情况良好，各项工作有序推进，全年集团下达考核任务共 25 项，衡量标准 52 项，全部按期或提前完成，并在利润增长贡献率、任务达成贡献率、科技、管理创新等方面总计加分 10.4 分，以总分 102.69 分的成绩在集团公司 JYK 考核中名列前茅。

1. 核电工程总承包及科研项目成果丰硕

方家山 2 号、福清 2 号、昌江 1 号机组年内先后完成临时验收，并投入

商运。

“华龙一号”（ACP1000）型号研发首批54项课题中51项已通过集团验收，其余3项将于今年6月前具备验收条件；示范工程福清5号、6号机组分别于2015年5月7日、12月22日实现FCD，项目土建进展顺利，进度计划执行良好；工程设计按照一体化三级进度计划有序推进，设计质量、进度满足国内外示范工程建设需求；应用了“风险合理分担和两阶段定价”的全新目标控制价模式；完成“华龙一号”核电工程标准工作分解，推行建安工程赢得值管理与合同支付相结合，制定单机组标准化人力配置方案，为实现精细化、标准化项目管理打下基础。

两个月内冲刺性完成田湾5、6号机组执照申请相关文件编制及项目现场的准备工作，5号机组已于2015年12月27日正式开工建设，有效盘活国有资产。

在高强紧固件事件处理中，充分发挥以设计为龙头工程公司的优势，分批分类进行专项数据分析，在确保安全的前提下及时妥善处理，保障项目进度，赢得了国家核安全监管部门的高度评价与认可。

福清3号机组完成热试，昌江2号机组调试进展顺利，福清4号、田湾3、4号机组处于安装阶段，各项工作稳步推进。

2015年开展设计与技术项目290余项，完成172项，设计任务量创历史最高，重点专项研发项目取得重大进展。

ACP600研发工作取得阶段性成果；ACP100专项科研完成全部研究任务；AP1000通过业主联合评估，工程设计能力获得业主认可。

公司具备了百万千瓦核电常规岛全阶段咨询、设计及管理能力，完成漳州、海兴等核电项目可行性研究报告编制。

总体完成技术服务业务布局，技术服务业务范围不断扩大，2015年技服项目数量增长150%，合同收款额较去年增长50%。

河北海兴、浙江金七门、江西抚州、湖南衡阳、小墨山项目等核电项目前期工作按计划有序开展。

2. 核化工工程和科研设计稳步推进

821项目堆化两区三废处理项目已顺利完成并移交业主；玻璃固化工程

与TBP焚烧项目进展顺利。项目所在区域核安全度得到极大提升，821项目废物治理工作全面进入“液转固”退役治理期。

乏燃料运输容器、乏燃料干法贮存容器及高温堆燃料运输容器研制取得阶段性技术突破；退役治理工作按照国务院批复的总体规划稳步实施；核电重大专项后处理科研分项，总体实施方案通过国防科工局评审。

3. 核燃料元件生产线总承包及科研开发进展顺利

四川红华实保等6个总承包项目均进展顺利，满足合同工期要求。

完成812厂第二代某元件生产线设计工作，并承担该生产线12套关键设备的总包供货任务。

一批核燃料元件生产线研发成果成功实现产业化，完成中国实验快堆燃料元件某燃料组件实验线、全球首条高温气冷堆燃料元件生产线及等效天然铀元件生产线的工程设计。

4. 民用业务及工程监理取得新突破

立足传统民用建筑设计和热电项目，积极开拓光伏发电项目市场，迈出新能源设计第一步；监理公司成为中核集团唯一具有“综合资质”的监理企业，并首次承揽了军工项目设备监造任务。

（四）以固本强基为目标，管理提升活动深入开展

1. 加强规划引领，完善考核体系

在全面总结“十二五”已有能力和取得成果的基础上，按照“问题导向、聚焦目标、整合资源、创新机制”的总体原则，结合公司战略定位完成“十三五”重大专题研究工作；持续提升公司JYK绩效管理水平，重点任务完成率较去年整体提升7%，超额完成收入类指标，为实现公司战略目标发挥了积极作用。

2. 优化机构流程，提升设计质量

优化设计院组织机构，精简科研管理流程；建立产值分配和激励制度，

调动生产所承揽设计及科研任务的积极性；积极促进北京、郑州、河北三地设计力量融合；加强设计质量管理力量，建立奖惩机制，确保设计质量稳中有升。

3. 拓宽招标业务，提高采购精益化水平

全面实施“阳光透明、运行规范、科学高效”的电子招标采购，招标代理业务拓展至清华大学、中海油等集团外单位；创建了面向多项目的核电设备采购精益化管理体系，建立采购绩效动态度量评价模型、采购人工时分析模型，为掌控项目进度、采购人力需求和投入分析提供了有效支撑。

4. 推广经验反馈，实现安全质量受控

建立全员参与的经验反馈制度，提高经验反馈信息化应用程度；完善公司安全培训体系；推进安全责任制建设，确定 186 个标准化的项目安全环保与职业健康岗位职责。

5. 坚持“以人为本”，深化人力资源改革

积极开展市场化薪酬对标和薪酬激励体系优化与实施工作，首次将“以业绩为导向的晋升机制”落实到员工激励；建立特色鲜明的“核聚英才”培训体系；确定职能部门、采购、调试板块及招标中心人员编制，持续优化公司劳动用工方案；推进校企合作、建立博士后工作站，公司产、学、研一体化迈上新层次。

6. 强化风险管控，推进依法治企

强化重大风险预警及快速处理机制，深入开展“走出去”专项风险评估课题研究，对“华龙一号”全新机型强化风险管控，建立覆盖设计、采购、建安、调试和商务五大领域的风险管理体系；加强多项目风险概率量化分析实施与应用；推进依法治企，提高法律风险防控水平，公司获国务院国资委“2011—2015 年中央企业法制宣传教育先进单位”。

7. 探索“互联网+”，提升信息化水平

采购系统初步实现了与供应商的在线协作；完成调试管理系统部署优化；项目管理信息平台完成了功能布设，打通了设计、采购和项目施工的业务链数据通道。

8. 推动研发中心项目，加强基础保障能力建设

公司先进核电技术自主创新研发中心项目进入河北省重点项目建设绿色通道，在廊坊完成工商注册，一期工程已落实用地指标；公司在海盐注册成立华东分公司，海盐调试基地项目已实现年内开工。

9. 强化软实力建设，助推公司发展

圆满完成李克强总理来访、阿根廷副总统、伊朗副总统来访、IAEA 大型国际会议、中央外宣媒体集中采访等活动任务，2016 环太平洋地区核能大会（PBNC2016）技术委员会工作进展顺利，打造公司对外宣传的新名片，树立了良好的国际形象，有效提升知名度。

开展五四主题活动月、聚文化宣传等工团工作和文化建设，凝聚人心，有力助推公司快速发展。公司获第十届中国企业社会责任“永续发展奖”，公司工会荣获“全国模范职工之家”。

（五）以“三严三实”为标准，加强党的建设和党风廉政建设

2015 年，以全面从严治党为主线，落实党建工作责任，落实党委党风廉政建设主体责任，扎实开展公司中层及以上领导干部“三严三实”专题教育，组织党委专题学习，完成集团公司选人用人工作专项检查问题整改，充分发挥党委的政治核心作用、党员领导干部的示范表率作用。

积极配合集团公司完成中央巡视任务，认真落实“两个责任”；强化对重点领域关键环节的全流程监督；健全完善反腐倡廉制度体系；加大信访举报线索的核查力度，把违反中央“八项规定”精神和“六项禁止”的行为列入纪律审查重点；抓好对领导干部的廉洁从业教育，确保公司党委、纪委有关党风建设和反腐倡廉工作的各项要求得到落实。

二、“十二五”期间取得的成果

“十二五”期间，公司资产总额达到65.43亿元人民币，收入年均增长率12%，利润年均增长率11%，基本实现经济规划目标。

五年来，公司管理体系持续优化，形成了“三个服务于”的核心理念，建立起了符合现代企业发展要求的体制和治理结构；战略规划体系不断完善，实现了战略、计划、预算、JYK考核四位一体；信息化水平达到集团公司A级，高分通过国家一级保密资格认证和军工单位安全生产标准化一级达标评审；建立了风险管理体系和内控体系，获得集团公司“合同管理法律风险防范水平评价”A级单位；建立了管理和技术“双通道”的人才发展序列，平稳实施了薪酬体系改革；形成了“海纳百川、聚德思变”的企业文化。公司管理的理念、方法和工具基本与国际接轨。

五年来，公司科研、设计成果丰硕，牵头完成了“华龙一号”三代核电技术研发，示范工程落地福清，并成功出口巴基斯坦和阿根廷；AP1000技术通过了国家核安全局自主设计能力评估；积极参与大型核燃料后处理厂科研项目研究及后处理中试厂科研项目研究；实现了我国陶瓷二氧化铀粉末转化技术由湿法向干法的革命性突破；全面完成“十二五”武器装备预研课题目标任务，科研成果陆续应用于军核材料领域。

“十二五”期间，公司共获省部级以上科技奖181项，科技成果获奖量连续三年在集团与行业协会排名第一。其中，“核电站密封新技术、新产品及应用”获国家科技进步奖二等奖、“百万千瓦级核电站自主设计与技术创新”等一批科技成果获国防科技进步一等奖。

五年来，公司主要业务领域核心竞争力持续提升。共承担了13台核电机组的总承包工作，“十二五”末投产机组达到5台；公司项目管理模式和体系通过了柏克德、阿海珐等外部评估和同行评估；历经5台机组设计、采购、建造、调试的全过程，积累了全周期的工程总承包经验，培养了项目管理人才队伍，项目管理四大控制能力和信息化水平不断提升，总承包能力得到业主和集团公司的肯定，实现了核电工程总承包之路的“成人礼”。

五年来，公司党委勇于担当主体责任，扎实推进党建与廉政工作。按照中央和集团公司党组要求，积极推进创先争优活动，深入开展群众路线教育实践活动，认真践行“三严三实”专题教育。公司严格执行党风廉政建设责任制，以预防腐败体系为重点，初步建成与公司管理体制和工作机制相适应的惩防体系框架，公司权力运行的制衡约束监督机制更加规范，各级干部的反腐倡廉责任意识进一步增强。

同志们，五年来我们付出了很多，也收获了很多，在集团公司和事业部的决策部署下，我们戮力同心、砥砺奋进，紧紧围绕重点任务，快速提升核心能力，用实实在在的业绩积极响应了集团公司的信任和支持，以实际行动证明了公司总承包模式的价值，为集团公司乃至国家核事业的健康发展做出了应有的贡献！

在此，要向给予公司深切关怀与大力帮助的集团领导、核动力事业部及总部各部门领导表示衷心的感谢！更要向奋战在生产、科研一线，为公司发展做出卓越贡献的全体干部员工、各单位驻现场人员、驻厂代表，表示最衷心的感谢和最诚挚的慰问！

“十三五”面临的形势和战略目标

“十三五”及今后一段时间是实现我国由核大国向核强国转变的关键时期，也是公司向国际一流工程公司迈进的攻坚期，发展机遇和挑战并存。

一、“十三五”面临的机遇

党的“十八大”以来，中央提出了“两个一百年”的战略目标和“四个全面”的战略布局，提出了“创新、协调、绿色、开放、共享”的发展理念，我国经济和核工业发展进入“新常态”。

战略核力量是国家安全的基石。面对日趋复杂的国际安全形势，党中央提出了强军是首要责任的战略要求，并将核安全上升为国家安全体系的重要组成部分，核强军是新时期国家对核工业赋予的崇高使命，为新形势下我国核工业的发展指明了方向。

核能开发与利用在我国经济社会发展中的地位与作用日益明显。2015 年 12 月，第 21 届联合国气候变化大会签订《联合国气候变化框架公约》，我国承诺到 2030 年前后非化石能源占一次能源消费比重达到 20% 左右。发展核电是确保能源安全、优化能源结构、改善生态环境的重要途径。

根据我国《核电中长期发展规划（2011—2020年）》，到2020年，核电运行装机容量达到5 800万千瓦，在建3 000万千瓦，预计到2030年核电在运装机规模达到1.5亿千瓦。

在“一带一路”的战略规划指引下，核电“走出去”上升为国家战略。据初步估计，在“一带一路”沿线的64个国家中，有核电的国家19个，有计划发展核电的国家25个，规划机组数100多台，总投资规模预计将超过1.2万亿美元。

当前，世界正在经历着从信息化社会向数字化社会的发展变革，“物联网、云计算、大数据”等信息技术发展迅猛，信息化、工业化“两化融合”速度加快，我国提出了“互联网+”“中国制造2025”等面向未来的战略布局，数字化能力将是企业未来竞争力的重要体现。

针对国际、国内形势变化，集团公司提出在“十三五”期间要加快实现“做优做强、世界一流”的步伐，要努力实现核强国的“中核梦”。要实施全球化布局，主营收入和人均收入比2010年翻两番，争取进入世界500强；要成为技术领先、管理科学、业绩优良、军民融合的国际一流核工业集团。集团公司的发展目标鼓舞人心，为公司下一步的发展提供了强大动力和方向指引。

二、“十三五”面临的挑战

发展机遇前所未有，同时我们也应清醒地意识到将面临巨大的挑战和不确定性：经济下行压力下电力需求乏力；新建核电机组实行标杆电价，新电力体制改革放开配电侧和售电侧，市场化加深，要求核电必须提升经济性和竞争力。自主研发的“华龙一号”三代核电技术仍需在国内争取市场空间，在国外也面临着激烈的竞争；核燃料领域的竞争态势已经形成。随着核电行业市场化程度的加深和潜在竞争者的进入，核行业竞争形势日渐严峻。

目前在公司内部，研发基础设施薄弱；核心骨干人才短缺，人员动态调配能力不足；多项目管理体系建设、进度及费用控制能力有待加强；采购和施工增值能力有待提升，市场意识有待加强；项目产业链整合能力不足。这些问题制约着公司的发展，急需在“十三五”期间取得突破。

三、“十三五”指导思想及发展战略

公司“十三五”发展的指导思想是：全面贯彻“创新、协调、绿色、开放、共享”的发展理念，坚持“安全高效、创新发展”的总基调；坚持战略引领、全面深化改革，加快提升市场化和国际化水平，持续推进体制机制创新；加强依法治企和人才、文化强企，实现科技创新水平和项目管理能力再上新台阶；到2020年全面建成具有较强国际竞争力的工程公司。

为实现这一目标，“十三五”期间，我们需要全面实施五大发展战略。

一是深入实施创新驱动发展战略。

进一步巩固科技创新在公司发展中的核心地位，不断推进产品与技术创新、管理创新和商业模式创新，把创新驱动发展战略落实到公司发展的整个进程和各个方面。

二是积极贯彻军民融合发展战略。

充分发挥公司的综合优势，以核军工重大项目驱动为抓手，统筹关键技术科研攻关和核心能力建设，加大投入和资源保障，确保实现军工重点项目建设目标，提升公司在核军工领域的地位。

三是加快推动市场化转型。

在重点保障集团内部任务的基础上，在核电、核化工、核燃料和民用领域加大对国内、国际两个市场的开发力度，强化内部管理与外部市场的对接，持续提升市场开拓能力、服务能力、竞争能力，为顾客创造最大价值。

四是着力开拓国际市场。

落实国家核电“走出去”战略，积极参与国际核电、核燃料及退役等市场开发；在现有海外项目设计总包的基础上，进一步拓展到调试、采购、项目管理等其他业务领域，形成较强的国际化经营能力和国际品牌影响力。

五是践行人才和文化强企理念。

建立量才选用、人尽其才的动态管理机制，有效吸引、培养、使用人才，培育一批领军人才和国际化人才。充分发挥企业文化的引导、凝聚、激励、规范作用。

四、“十三五”重点战略任务

第一，经济规模达到《美国工程新闻记录》（ENR）100 名同等水平，力争主营收入达到 220 亿元人民币，年均增长不低于 10%；

第二，推进五大创新示范工程。全力推进“华龙一号”示范工程并网发电，重点保障快堆示范工程、200 吨后处理工程、模块化小堆工程、AP1000 自主设计项目的工程建设；

第三，超前布局，在六大科技创新领域取得突破。进一步提升三代核电技术的安全性和经济性，打造国际品牌；开展四代核电顶层技术路线研究和关键技术攻关；全面实施后处理重大科技专项，提升后处理研发能力；进一步提升军核设施退役治理能力，完成核电站退役顶层方案设计和部分关键技术攻关；核燃料领域实现 MOX 燃料技术突破；开发数字化电站，实现核电工程智能化设计。

第四，着力推动五大管理能力提升。通过实施“5BT”（breakthrough）专项能力提升计划，建立和完善市场化的经营管理体系、产业化的研发管理体系、精细化的项目管理体系、现代化的人力资源体系、一体化的信息管理体系，促进公司管理水平实现跨越式发展。

同志们，“十三五”是公司加快发展的战略机遇期，竞争环境更加激烈，发展任务更加繁重。我们必须抓住机遇，主动出击，抢占发展制高点，着力推进科技创新达到世界先进水平、项目管理水平大幅提升，企业活力、竞争力、影响力、创新力显著增强，为全面建成具有较强国际竞争力的工程公司而努力奋斗！

2016 年重点工作安排

2016 年是公司“十三五”规划的开局之年，我们要正确认识核工业发展的“新常态”，全力以赴保增长，完成各项经济效益考核指标，确保军工任务圆满完成，确保核电项目、核化工和核燃料任务顺利实现，全面提速管理提升，为“十三五”创新发展打下坚实的基础。

一、降本增效，完成各项经济指标

2016年，公司计划实现营业收入127.19亿元人民币，利润总额4.08亿元人民币，EVA2.72亿元人民币，成本费用比不高于96.94%，完成集团下达的各项经济考核指标。

二、不负重托，圆满完成军工任务

（略）

三、勇于突破，确保重点工作目标按期实现

（一）落实重大项目节点目标，夯实发展基础

昌江2号、福清3号机组分别于8月、9月完成性能试验，年内实现商运。

田湾3号和4号、福清4号机组继续推进安装工作，12月田湾3号机组主回路冷试开始。

福清5号和6号、田湾5号机组夯实土建阶段工作，12月启动福清5号机组反应堆厂房内穹顶拼装；10月福清6号机组常规岛主厂房筏基浇筑开始。

做好新项目开工准备工作，田湾6号机组10月实现核岛FCD，徐大堡项目具备FCD条件。

继续开展漳州、海兴项目的前期工作，12月完成漳州1号机组核岛负挖；海兴项目按2017年9月实现FCD目标推进。

821项目，12月完成玻璃固化总承包工程土建向安装移交。

（二）扎实推进研发设计工作，提升公司核心竞争力

继续完善研发平台体系和设计队伍建设，实施绩效考核和激励机制；合理利用设计外包，优化设计资源调配；着手国际合作基地建设，实现“项目-人才-基地”相结合的发展模式；加大科技研发投入力度，强化科研保障能力建设，实现调试基地主体封顶，研发中心项目开工建设，保证研发设

计项目顺利推进。

完善核电技术决策体系及风险管理体系建设，强化设计质量管理。积极推进“华龙一号”核岛设计标准化，开展ACP100新申报课题、乏燃料干法贮存容器研制等课题研究工作。科研工作紧密结合项目，确保福清5、6号，K2、K3，快堆，田湾等重点工程目标实现。

积极推进后处理、核设施退役治理、放射性废物处置三个领域的科研设计工作，建立一支高素质的核化工研发设计队伍，确保后处理示范工程、金属干法贮存容器研制项目实现节点目标。

以产业应用为导向，筹建核燃料元件生产设施工程设计中心和先进工程技术研发验证中心；完成202厂重水堆等效天然铀生产线改造项目、404厂试验快堆MOX元件生产线项目施工图设计。

（三）加强综合能力建设，提升公司管理水平

一是加强战略管理，做好公司“十三五”规划与国家、集团规划的对接。

发布、宣贯公司及各业务和职能“十三五”规划，并不断完善；实现公司年度计划与战略规划、预算管理、产值分配、绩效考核的有效对接；完善JYK考核体系，多渠道鼓励各单位承担难度大、对公司贡献突出的任务，确保各项重点工作按期完成。

二是全方位优化公司业务体系，梳理组织架构，优化管理流程。

3月前完成施工中心组建，使公司EPCS结构体系趋于完善；初步建立调试工作标准计划、大纲，研究建立调试工作大数据库；推进总承包合同收款及合同变更结算工作，试点建立公司索赔体系，提升索赔与反索赔能力。

三是集中力量，全力保障“华龙一号”示范工程建设。

编制、完善“华龙一号”标准工作分解结构及标准二级进度计划；优化“华龙一号”技术决策体系，设立专业总设计师岗位；梳理示范工程风险管控清单，细化风险项的解决措施；通过合理调配人力资源、加强承包商管理、重视供方评价、完善经验反馈机制、推行6S精细化管理等手段，保障工程项目顺利推进。

四是完善公司项目管理标准化体系建设。

设置标准化项目费用控制体系，固化项目部标准组织机构及岗位设置，提升各领域的项目管理标准化水平，通过专业化、集约化的项目管理方式，满足公司开展多项目批量化建设的需求。

五是加快各领域信息化建设进程。

持续优化设计、采购、施工、调试信息管理系统，推进采购“互联网+”工程、合同管理、财务与预算信息化系统建设；制定并实施数字化电厂建设方案；大力推进项目信息化管理平台在福清 5、6 号机组的应用；完善公司经验反馈管理顶层设计，逐步实现经验反馈管理全面信息化，促进经验反馈闭环管理落实。

六是完善公司人力资源管理体系。

建立人力培训配套制度，标准化、规范化工作流程，编制发布公司培训课程大纲；完善选人用人制度，加强干部队伍建设；优化劳动用工方案；完善福利计划实施方式。

七是施行科学实效的“5BT”推进措施。

成立“5BT”工作组，选取 9 家试点单位，深入开展“5BT”工作，做好动态监控和反馈，标准化“5BT”工作流程，固化工作程序，对突破瓶颈问题有贡献的团队和个人给予激励，形成“变中求新、新中求进、进中突破”的文化氛围。

八是严守质量、安全、廉洁、保密四条红线。

发展、完善公司质量管理体系，提高公司质量管理水平；巩固安全生产标准化达标成果；杜绝一般及以上环境事件、较大及以上生产安全事故；建立“不能腐”的防范机制；确保全年不出现失泄密事件和重大保卫责任事故。

四、从严治党，继续推进党建与党风廉政建设

（一）健全完善党建工作体制机制

认真组织学习贯彻十八届五中全会精神，抓好党建“十三五”规划的编制和落实，完善党建及党委有关工作制度，建立公司党委党建工作联席会议制度，定期研究党建和党风廉政建设的有关事项。做好基层党组织换届选

举工作。加强公司党委对群团工作的领导和支持，办好职工运动会、足球赛、篮球赛，丰富职工业余生活，提升团队凝聚力。

（二）加强党风建设和反腐倡廉工作

贯彻落实十八届中央纪委六次全会精神，落实全面从严治党的要求，进一步加强纪律检查，认真落实“把纪律挺在前面”的要求，积极开展巡查工作。强化对公司党风廉政建设责任制落实情况的检查、考核，确保“两个责任”和“一岗双责”的要求落实到位。完善公司廉洁文化建设实施方案，创新工作手段，营造良好的廉洁文化氛围。

同志们，“干在实处永无止境，走在前列要谋新篇”。展望2016年，公司科研设计、工程建设和管理提升的各项任务依然十分艰巨；确保国家核战略地位，做好军工专项工程我们任重道远，作为“华龙一号”示范工程的开创者、引领者，我们责无旁贷。所以要创抓发展机遇，继承和发扬“事业高于一切，责任重于一切，严细融入一切，进取成就一切”的核工业精神，全力以赴完成集团下达的各项考核指标，确保军工任务圆满完成，顺利实现核电、核化工和核燃料重点目标，全面加速管理提升，早日使公司成为具有国际竞争力的工程公司，知任图进，实干兴核，为国撑腰，为实现“中核梦”贡献我们的力量！

第二部分　股东会、董事会、监事会

一、公司股东、董事会、监事会成员

（一）股东方成员

中国核工业集团公司、核工业第二研究设计院、中核第四研究设计工程有限公司、核工业第五研究设计院。

（二）第二届董事会成员

董事长：李晓明

董　事：高峻、毋涛、程慧平、肖丰、吴忠俭、古德军

职工董事：刘巍、马宇箭

（三）第二届监事会成员

监事会主席：王世鑫

监事：吴庆华、李云章、卢洪龙

职工监事：陈首雷、王锦华

二、中国核电工程有限公司股东会

（一）股东会第六次临时会议（2015-02-06）

审议并表决《中国核电工程有限公司〈公司章程〉修改议案》。

（二）股东会第十四次会议（2015-07-29）

1. 审议并表决《中国核电工程有限公司2014年度董事会工作报告》；
2. 审议并表决《中国核电工程有限公司2014年度监事会工作报告》；

3. 审议并表决《中国核电工程有限公司 2014 年度财务决算方案》；

4. 审议并表决《中国核电工程有限公司 2014 年度利润分配方案》；

5. 审议并表决《中国核电工程有限公司 2015 年度财务预算方案》。

（三）股东会第七次临时会议（2015-10-15）

审议并表决《中国核电工程有限公司〈公司章程〉修改议案》。

三、中国核电工程有限公司第二届董事会

（一）第二届董事会第六次临时会议（2015-02-06）

审议并提请股东会表决《中国核电工程有限公司〈公司章程〉修改议案》。

（二）第二届董事会第八次会议（2015-07-29）

1. 审议并提请股东会表决《中国核电工程有限公司 2014 年度董事会工作报告》；

2. 审议并表决《中国核电工程有限公司 2014 年度总经理工作报告》；

3. 审议并提请股东会表决《中国核电工程有限公司 2014 年度财务决算方案》；

4. 审议并提请股东会表决《中国核电工程有限公司 2014 年度利润分配方案》；

5. 审议并提请股东会表决《中国核电工程有限公司 2015 年度财务预算方案》；

6. 审议并提请股东会表决《中国核电工程有限公司投资组建中核融资租赁方案》的议案；

7. 审议并表决《中国核电工程有限公司 2014 年度内部控制自评报告》。

（三）第二届董事会第七次临时会议（2015-10-15）

1. 审议并提请股东会表决《中国核电工程有限公司〈公司章程〉修改议案》；

2. 审议并表决《关于成立中国核电工程有限公司华东分公司的议案》。

（四）第二届董事会第八次临时会议（2015-10-30）

审议并表决《关于签署〈福建福清核电 5、6 号机组工程总承包合同〉的专题报告》。

（五）第二届董事会第九次会议（2015-11-26）

1. 审议并表决《中国核电工程有限公司 2015 年 1—9 月工作总结及 2016 年工作计划》；

2. 审议并表决《中国核电工程有限公司 2015 年 1—9 月财务情况分析及 2016 年财务计划报告》；

3. 审议并表决《中国核电工程有限公司〈内部控制手册〉编制及内部控制体系建设工作报告》。

四、中国核电工程有限公司第二届监事会

（一）第二届监事会第七次会议（2015-07-29）

审议并表决《中国核电工程有限公司 2014 年度监事会工作报告》。

（供稿人：姜冬雪）

第三部分　组织机构及负责人名录

一、组织机构概述

公司组织机构共设置 4 个业务板块、13 个职能管理部门、1 个招标中心、2 个分公司、2 个分院、3 个子公司、1 个北京民用设计院。

二、组织机构图

2015 年中国核电工程有限公司组织机构如图 3-1 所示。

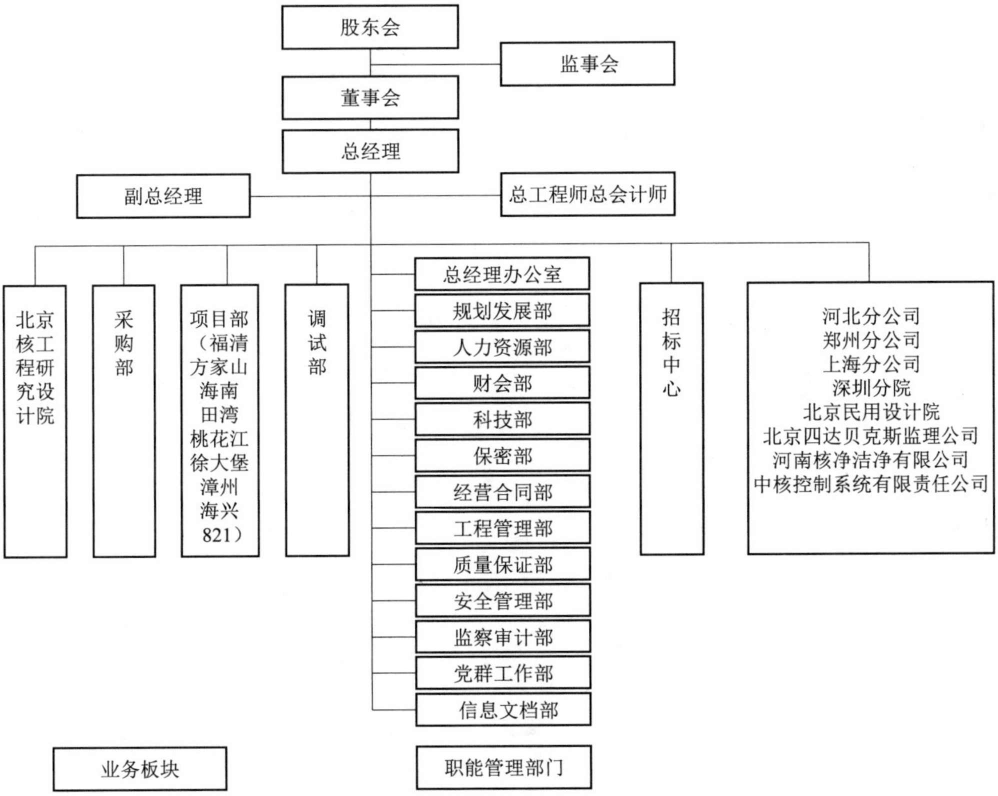

图 3-1　中国核电工程有限公司组织机构图

三、公司领导班子及各部门负责人名录

（一）公司领导班子名录（见表3-1）

表3-1　公司领导班子名录

序　号	职　务	姓　名	备　注
1	董事长	李晓明	
2	总经理	刘　巍	
3	党委书记	马宇箭	
	副总经理		
4	党委副书记	钱远华	
	纪委书记		
5	副总经理	徐鹏飞	
6	副总经理	唐景宇	
7	副总经理	邢　继	
	总工程师		
8	副总经理	张宝钢	
9	副总经理	姜　宏	
10	总会计师	温新利	
	总法律顾问		
11	副总经理	黄传文	
12	副总经理	钟　华	

（二）各部门负责人名录（见表 3-2）

表 3-2　各部门负责人名录

序　号	部　门	职　务	姓　名	备　注
职能部门				
1	总经理助理及总工程师办公室	总经理助理	袁　旭	
2		常务副总工程师	信天民	
3		副总工程师	吕冬宝	
4		副总工程师	朱大忠	
5		副总工程师	欧阳立华	
6		副总工程师	王长东	
7		副总工程师	赵　侠	
8		副总工程师	张超琦	
9		副总工程师	李思凡	
10		副总工程师	薛海宁	
11		副总工程师	赵　博	
12		副总工程师	马卫民	
13		副总工程师	郜　江	2015-03-16 起
14	总经理办公室	主　任	贺旭霞	
15		副主任	张兆盛	
16		副主任	唐　庆	2015-10-23 起
17	规划发展部	主　任	陈学营	
18		副主任	余　佳	
19		副主任	杨景龙	
20	人力资源部	主　任	王秋林	
21		副主任	郭会东	
22		副主任	罗　军	
23	财会部	主　任	杜长荣	
24		副主任	胡　敏	
25	保密部	主任（兼）	张兆盛	

续表

序　号	部　门	职　务	姓　名	备　注
26	经营合同部	主　任	张胜利	
27		副主任	李　芳	
28		副主任	许　明	
29	项目管理部	主　任	杨子春	
30		副主任	张璟春	
31		副主任	葛育勤	
32		副主任、长阳新区项目部总经理	李文伟	
33		副主任	徐春富	2015-06-30 起
34	质量保证部	主　任	李正华	
35		副主任	韩松柏	2015-06-26 止
36	安全管理部	主　任	杨　宇	
37	监察审计部	主　任	陈首雷	
38		副主任	崔一兰	
39	党群工作部	主　任	吴建云	
40		副主任	吴　斌	
41		副主任	孔美荣	
42	信息文档部	主　任	高福春	
43		副主任	王冬梅	
招标中心				
44	招标中心	主　任	杜建军	
45		副主任	王宏立	
北京民用建筑设计院				
46	北京民用建筑设计院	院长（兼）	朱大忠	
47		副院长	刘永鹏	
48		总工程师	刘　晨	
49		总建筑师	黄　珂	
业务板块				
1. 北京核工程研究设计院				

续表

序　号	部　门	职　务	姓　名	备　注
50	北京核工程研究设计院	院长（兼）	信天民	
51		副院长	于利祥	
52		党总支书记	才宝利	2015-12-31 起
53		副院长	邓国清	
54		副院长	王宝树	2015-10-28 起
55		副院长	霍建明	
56		副院长	荆春宁	
57		ACP1000 型号总设计师（兼）	荆春宁	
58		AP1000 型号总设计师	堵树宏	
59		200 吨/年核燃料后处理厂型号总设计师	马　敬	2015-01-26 起
60	总体所	所　长	于　勇	
61		副所长	宋代勇	
62		总工程师	唐　涛	
63	反应堆工艺研究所	所　长	毛亚蔚	
64		副所长	王世民	
65		副所长	霍小东	
66		总工程师	韩晓峰	
67	核设备所	所　长	王晓江	
68		副所长	张耀春	
69		副所长	金　青	
70		总工程师	高明清	
71		副总工程师	谢　亮	
72		副所长	刘天斌	2015-08-22 起
73	系统与布置设计所	所　长	吴　明	
74		副所长	王宏杰	
75		副所长	李　军	
76		所总工	于凤云	
77		副总工	戴一辉	

续表

序　号	部　门	职　务	姓　名	备　注
78	电气仪控所	所　长	肖代云	
79		副所长	窦慧元	
80		总工程师	王彦君	
81		副总工程师	周晓斌	
82		副总工程师	曾敬梅	
83		副总工程师	李晓薇	
84	化工所	副所长（主持工作）	段　宏	
85		副所长	李忠镝	
86		副所长	赵华松	
87		副所长	陈　勇	2015-01-09 止
88		总工程师（兼）	李思凡	2015-01-09 止
89		总工程师	陈　勇	2015-01-09 起
90	建筑所	所　长	王宝树	2015-10-28 止
91		副所长（主持工作）、总工程师	李玉民	2015-10-28 起
92		副所长	邵　瑛	
93		副所长	范君龙	
94		副所长	孙智华	
95	总图地质所	所　长	施　红	
96		副所长	王旭宏	
97		总工程师	郑权利	
98	工程经济所	所　长	杨利荣	
99		总工程师	张　弘	
100	科技部	主　任	才宝利	2015-12-28 止
101		副主任（主持工作）	袁　坤	2015-12-28 起
102		副主任	王　蔚	2015-12-28 起
103		副主任	曹永刚	2015-12-28 起
104	设计管理部	主任（兼）	霍建明	2015-08-22 止
105		副主任（主持工作）	张　利	2015-08-22 起
106		副主任	徐义兴	2015-03-11 止
107		副主任	于新华	2015-03-11 止
108		副主任	韩国庆	
109	计划合同部	主任（兼）	于利祥	2015-12-28 起

续表

序 号	部 门	职 务	姓 名	备 注
110	质量管理部	副主任（主持工作）	王东海	2015-12-28 起
111	前期与国际开发部	主任（兼）	荆春宁	2015-12-28 起
112		副主任	管永涛	2015-12-28 起
113		副主任	胡双跃	2015-12-28 起
114		副主任	张翔宇	2015-12-28 起
115	软件与三维中心	主任（兼）	霍建明	2015-08-22 止
116		主 任	蔡正皓	2015-08-22 起
117	核电安全研究中心	主任（兼）	马卫民	
118		副主任	元一单	
119	技术支持服务中心	主任（兼）	霍建明	2015-01-09 起
120		副主任、总工程师（兼）	唐 涛	2015-01-09 起
121	核电工程检测中心	主 任	战仕全	
2. 采购部				
122	采购部	主 任	李 明	
123		副主任	陈铁军	
124		副主任	董治国	
125		副主任	宗岳良	
126		副主任	迟照华	
3. 调试部				
127	调试部	主 任	梁振旸	
128		副主任	钟小华	
129		副主任	娄泰山	
130		副主任	刘建伟	
131		副主任	凌 星	
132		福清项目 1、2 号机组联合调试队队长（兼）	袁 旭	2015-03-16 止
133		福清项目 1、2 号机组联合调试队队长（兼）	梁振旸	2015-03-16 起
134		福清 1、2 号机组联合调试队副队长（兼）	钟小华	
135		福清 3、4 号机组项目调试部总经理（兼）	钟小华	2015-03-16 止
136		海南项目调试部总经理（兼）	娄泰山	

续表

序　号	部　门	职　务	姓　名	备　注
4. 项目部				
137	福清项目部	总经理（兼）	黄传文	
138		副总经理	郃　江	2015-03-16 止
139		总工程师（兼）	郃　江	
140		党总支书记	王小明	
141		副总经理	徐春富	2015-06-30 止
142		副总经理（兼）	梁振旸	
143		副总经理	刘连喜	
144		副总经理	惠宏彦	
145		副总经理	张继心	
146	方家山项目部	总经理	陈建民	
147		副总经理、总工程师	郃　江	2015-03-16 止
148		副总经理	李现军	
149		副总经理	才　峙	2015-03-11 止
150	海南项目部	总经理	金明军	
151		党总支书记	齐安生	
152		副总经理	曹旭光	
153		副总经理	张鹏飞	
154		副总经理（兼）	娄泰山	
155		副总经理	田　雷	
156		总工程师	马丙增	
157	田湾项目部	总经理（兼）	陈建民	2015-06-03 起
158		党总支书记	楚建伟	2015-10-21 起
159		总工程师	宋建军	
160		副总经理	郭雷钢	2015-10-23 起
161		副总经理	郭计增	2015-10-23 起
162		副总经理	江传方	2015-10-23 起

续表

序　号	部　门	职　务	姓　名	备　注
163	徐大堡项目部	总经理	赵加雪	
164		副总经理	田利民	2015-04-09 止
165		总工程师	齐增辉	
166	821 项目部	总经理	郝文江	
167		副总经理	路双立	
168		总工程师（兼）	李忠镝	
169	漳州项目部	副总经理（主持工作）	才　峙	2015-03-11 止
170		副总经理（主持工作）	田利民	2015-04-09 起
171		党总支书记	刘战勇	2015-08-11 起
172		总工程师	闫广义	
173		副总经理	高建占	2015-10-23 起
174	海兴项目部	总经理（兼）	赵加雪	2015-04-09 起
分公司				
1. 河北分公司				
175	河北分公司领导	总经理	王勇跃	
176		副总经理	牟　疆	
177		副总经理兼总工程师	王献庭	
178		副总经理	赵　荣	
179	综合办公室	副主任（主持工作）	张　鹏	
180	人力资源部	主　任	陈士良	
181	财务部	主　任	杨　屹	
182	设计管理部	副主任（主持工作）	高俊芳	
183		副主任	王书峰	
184	技术质量部	主　任	任建平	
185	档案信息中心	主　任	余自力	
186	保密办	主任（兼）	余自力	
187	核电工艺所	所　长	程　中	
188		副所长	苏新艳	
189		总工程师	武文广	

续表

序　号	部　门	职　务	姓　名	备　注
190	电气自动化所	所　长	康　乐	
191		副所长、总工程师	吕晓婷	
192	建筑结构所	所　长	陈庆国	
193		副所长、总工程师	刘建辉	
194	常规岛研究设计所	所　长	李舒平	
195		副所长	谭李师	
196	核工程研究设计所	所　长	方　琳	
197		副所长	李建敏	
198		总工程师	尹增广	
199	民用工程研究设计所	所　长	解险峰	
200		副所长	成　军	
201		总工程师	卢春田	
202	工程经济中心	主　任	兰彦超	

2. 郑州分公司

序　号	部　门	职　务	姓　名	备　注
203	郑州分公司领导	总经理	于利祥	2015-08-10 止
204		总经理	陈力得	2015-08-10 起
205		副总经理	陈力得	2015-08-10 止
206		副总经理	李　磊	
207		副总经理	王　刚	
208		副总工程师	汪建峰	
209		副总工程师	李　缨	
210		副总工程师	尚改彬	
211		副总工程师	王向东	
212	综合办	主　任	黄渝飞	
213		副主任	秦　峰	
214	人力资源部	主　任	王雪芹	
215		副主任	武文斌	
216	财会部	主　任	陈　赞	

续表

序　号	部　门	职　务	姓　名	备　注
217	经营合同部	主　任	王洪普	
218		副主任	徐会业	
219	技术质量部	主　任	孙瑞平	
220		副主任	周燕林	
221	设计管理部	主　任	王奕玖	
222		副主任	刘　彤	
223	三维信息档案中心	副主任（主持工作）	周广超	
224		副主任	田　沁	
225	核电工艺设计所	所　长	杨德刚	
226		副所长	张步岭	
227		总工程师	李海成	
228	电仪仪控设计所	所　长	王德军	
229		副所长	云效国	
230		总工程师	秦志伟	
231	土建设计所	所　长	李　昊	
232		副所长	同浩强	
233		总工程师	叶　波	
234	核工程研究设计所	所　长	李芳林	
235		副所长	翟家海	
236	民用建筑设计研究所	所　长	李志刚	
237		副所长	史宏伟	
238		总工程师	雷红岩	
239	实物保护所	所　长	伍四清	
240		总工程师	朱彦伟	
241	技术经济所	所长、总工程师	巫利兵	
242	岩土工程所	所　长	陈恺昱	
243		总工程师	顾　斌	
244	核技术应用研究所	所　长	刘　明	

续表

序号	部门	职务	姓名	备注
245	工程管理部	主任	王新顺	
246		副主任	齐国春	
分院				
1. 上海分院				
247	上海分院	院长	李泽斌	
248		副院长、总建筑师	潘国鸣	2015-06-30 止
249		副院长	张进	2015-03-11 止
2. 深圳分院				
250	深圳分院	院长	魏嵘	
251		副院长、总工程师	方成贤	
252		副院长	钟拥政	
子公司				
1. 北京四达贝克斯工程监理有限公司				
253	北京四达贝克斯工程监理有限公司	总经理	黄思伟	
254		副总经理	王苏伟	
255		副总经理	郭润芳	
256		副总经理	高新	
257		副总经理	周建新	2015-02 止
2. 河南核净洁净技术有限公司				
258	河南核净洁净技术有限公司	总经理	邹涤	

四、公司党委、纪委

（一）公司党委

公司党委书记：马宇箭

党委委员：马宇箭、钱远华、徐鹏飞、唐景宇、邢继、张宝钢、姜宏、温新利、钟华、吴建云、于利祥。

基层党组织负责人名录见表3-3。

表3-3　基层党组织负责人名录

序　号	基层党组织	负责人	备　注
1	总经理办公室党支部	张兆盛	
2	规划发展部党支部	余　佳	
3	人力资源部党支部	郭会东	
4	财会部党支部	杜长荣	
5	经营合同部党支部	李　芳	
6	工程管理部党支部	杨子春	
7	质量保证部党支部	李正华	
8	安全管理部党支部	杨　宇	
9	监察审计部党支部	陈首雷	
10	党群工作部党支部	吴　斌	
11	信息文档部党支部	王冬梅	
12	招标中心党支部	杜建军	
13	施工中心党支部	许　明	
14	北京民用设计院党支部	刘永鹏	
15	核工程研究设计院党总支	才宝利	
16	采购部党总支	周永强	
17	福清项目部党总支	王小明	
18	海南核电项目部党总支	齐安生	
19	田湾核电项目部党总支	楚建伟	
20	徐大堡核电项目部党支部	田利民	
21	漳州核电项目部党总支	刘战勇	
22	821项目部党支部	王远航	
23	华东分公司党总支	梁振旸	党总支副书记
24	河北分公司党总支	牟　疆	
25	郑州分公司党总支	陈力得	
26	四达贝克斯党总支	王苏伟	
27	上海分院	李泽斌	
28	深圳分院	钟拥政	

（供稿人：张妍妍）

（二）公司纪委

公司第二届纪委书记：钱远华

公司第二届纪委副书记：陈首雷

公司第二届纪委委员：钱远华、陈首雷、吕冬宝、霍建明、施红、杨子春、李正华、陈力得、牟疆。

（供稿人：李毅）

五、公司工会、团委

（一）公司工会

工会主席：马宇箭

工会副主席：吴建云

1. 工会委员会委员

工会委员会委员名录见表 3-4。

表 3-4　工会委员会委员名录

序　号	单　位	姓　名	备　注
1	党群工作部	吴建云	
2	反应堆工艺研究所	王世民	
3	核设备所	王　庆	
4	北京核工程设计院（科研设计管理部）	余　淼	
5	总体所	赵　博	
6	北京民用设计院	刘永鹏	
7	安全管理部	杨　宇	
8	质量保证部	周文辉	
9	总图地质所	王旭宏	
10	财会部	杜长荣	
11	田湾项目部	陈建民	
12	河北分公司	牟　疆	
13	贝克斯监理公司	黄思伟	

2. 工会常委会委员

工会常委会委员名录见表 3–5。

表 3–5　工会常委会委员名录

序　号	单　位	姓　名	备　注
1	党群工作部	吴建云	
2	反应堆工艺研究所	王世民	
3	电气仪控所	余　淼	
4	质量保证部	周文辉	
5	总图地质所	王旭宏	
6	财会部	杜长荣	
7	河北分公司	牟　疆	

3. 工会经费审查委员会委员

工会经费审查委员会委员名录见表 3–6。

表 3–6　工会经费审查委员会委员名录

序　号	单　位	姓　名	备　注
1	财会部	胡　敏	
2	核设备所	王晓江	
3	田湾项目部	张志伟	
4	北京核工程设计院 （科研设计管理部）	李晓民	
5	河北分公司	杨　屹	
6	郑州分公司	陈　赞	

4. 工会女工委员会委员

工会女工委员会委员名录见表 3–7。

表 3–7　工会女工委员会委员名录

序　号	单　位	姓　名	备　注
1	北京核工程设计院（科研设计管理部）	余　淼	

续表

序　号	单　位	姓　名	备　注
2	党群工作部	刘彦明	
3	核设备所	虞雁翎	
4	工程经济所	曲　珺	
5	北京核工程设计院（科研设计管理部）	邱尚莉	
6	反应堆工艺研究所	马　华	
7	信息文档部	郝建欣	
8	河北分公司	吕晓婷	

5. 公司所属各单位分工会主席

司属各单位分工会主席名录见表 3-8。

表 3-8　司属各单位分工会主席名录

序　号	单　位	姓　名	备　注
1	总经理办	唐　庆	
2	规划发展部	杨景龙	
3	人力资源部	罗　军	
4	财会部	胡　敏	
5	科技部	杨晓卿	
6	经营合同部	任晓煜	
7	项目管理部	张亚男	
8	施工中心	张璟春	
9	质量保证部	周文辉	
10	安全管理部	赵艳华	
11	监察审计部	崔一兰	
12	党群工作部	吴建云	
13	信息文档部	王　涛	
14	北京核工程设计院 （科研设计管理部）	毛喜道	
15	总体所	赵德鹏	
16	反应堆工艺研究所	王世民	
17	系统与布置设计所	丁　亮	

续表

序　号	单　位	姓　名	备　注
18	核设备所	王　鹏	
19	化工所	李　昕	
20	中核检测中心	戴　青	
21	电气仪控所	王　晋	
22	建筑所	白　玮	
23	核电安全研究中心	马如冰	
24	总图地质所	王旭宏	
25	工程经济所	于　洋	
26	技术支持服务中心	卢建华	
27	采购部	周永强	
28	华东分公司	钟小华	
29	招标中心	王宏立	
30	北京民用设计院	刘永鹏	
31	福清项目部	王小明	
32	漳州项目部	郑顺耀	
33	海南项目部	李　平	
34	田湾项目部	楚建伟	
35	徐大堡项目部	孙淑芳	
36	821 项目部	顾　琼	
37	河北分公司	陈士良	
38	郑州分公司	黄渝飞	

（供稿人：马翔燕）

（二）公司团委

公司团委书记：吴斌

副书记：陈洪涛、王明生、陈晨

团委委员：李奇、王胜坤、马佳珍、杨毓琼、姜冬雪

公司所属各单位团支部名录见表 3–9。

表 3-9　公司所属各单位团支部名录

序　号	基层团组织	负责人	备　注
1	河北分公司团总支	王明生	
2	郑州分公司团总支	陈　晨	
3	调试部团总支	杨　果	
4	总经理办公室团支部	何一乐	
5	人力资源部团支部	王宏伟	
6	规划、财会、监审、党群联合团支部	魏重阳	
7	科技部团支部	王大赛	
8	经营合同部团支部	李　科	
9	工程管理部团支部	卢欣然	
10	质安联合团支部	姬宗锋	
11	信息文档部团支部	周月仙	
12	核工程研究设计院团支部	杨武力	
13	反应堆工艺研究所团支部	徐　亚	
14	总体所团支部	赵庆南	
15	核设备所团支部	郭建伟	
16	电气仪控所团支部	邵　拓	
17	总图地质所团支部	贺　萌	
18	化工所团支部	熊佳丽	
19	系统布置设计所团支部	汪　鹏	
20	建筑所团支部	赵书娴	
21	北京民用设计院团支部	杨玉平	
22	工程经济所团支部	石　楠	
23	821 项目部团支部	杨　枫	
24	徐大堡核电项目部团支部	张灵杰	
25	招标中心团支部	张泽丰	
26	方家山项目部团支部	宋晓青	
27	福清核电项目部团支部	杨毓琼	
28	田湾核电项目部团支部	俞晶晶	
29	海南核电项目部团支部	张珂源	
30	四达贝克斯团支部	王　军	
31	采购部团支部	王胜坤	

续表

序　号	基层团组织	负责人	备　注
32	设计院检测中心团支部	高　鑫	
33	技术支持服务中心团支部	李　昊	
34	漳州项目部团支部	李　响	
35	核电安全研究中心	王　晨	

（供稿人：马翔燕）

第四部分　生产经营和科研工作

一、核工程总承包项目

（一）工程进展

1. 福清核电工程项目1、2号机组

（1）概述

2015年是福清核电工程项目1、2号机组收获之年。1号机组完成了最终验收（FAC）；2号机组顺利实现了装料、并网发电、完成临时验收（PAC）、全面完成总承包工作。

（2）设计

福清核电工程项目1、2号机组设计工作已基本完成。

（3）采购

1）发标及合同签署情况

全部合同的签署工作已完成。

2）主设备制造情况

主设备制造已完成。

3）到货情况

2015年度福清核电工程项目1、2号机组计划到货24 324台（套），实际到货24 324台（套）。

4）费用支付情况

2015年，福清12机组完成设备采购支付共567笔，总计（外币折合人民币）63 465. 990 42万元，其中人民币503笔，合计53 688. 058 26万元，外币64笔，折合人民币合计9 777. 932 16万元。

（4）施工

施工工作已完成。

（5）调试

2015年福清核电工程项目2号机组圆满完成首次装料、首次临界、首次并网等节点，并于10月14日完成临时验收。

2015年05月15日，2号机组首次装料；

2015年07月22日，2号机组首次临界；

2015年08月06日，2号机组首次并网；

2015年08月17日，2号机组首次达50%功率平台；

2015年09月09日，2号机组首次达100%功率平台；

2015年10月14日，2号机组完成临时验收。

（供稿人：沈姝妹、刑辉、黄朝文、屈永佳）

2. 福清核电工程项目3、4号机组

（1）概述

2015年是福清核电工程项目3、4号机组安装、调试施工的高峰期。其中3号机组顺利实现了冷试、热试等节点；4号机组实现了主管道焊接开始、6.6 kV可用、主控室部分可用、泵房进水等节点。

（2）设计

福清核电工程项目3、4号机组设计工作已基本完成。

（3）采购

1）发标及合同签署情况

已完成全部合同的签署工作。

2）主设备制造情况

福清3号机组主设备已全部交付现场，4号机组主设备目前仅剩余“稳压器、主泵”未交货。

3）到货情况

2015年度福清核电工程项目3、4号机组计划到货38 122台（套），实际到货38 040台（套）。

4）费用支付情况

2015年共计完成支付350笔，其中人民币部分8.34亿元，外币部分折合人民币2.53亿元。完成全年计划111%。

（4）施工

2015年是福清核电工程项目3、4号机组安装、调试施工的高峰期。3号机组安装工作基本结束，转入调试阶段，4号机组进入安装高峰期，实现了主管道焊接开始、6.6 kV可用、主控室部分可用、泵房进水等节点。

（5）调试

2015年福清核电工程项目3号机组于10月22日完成冷态功能试验，并于12月23日热态功能试验开始。

2015年01月27日，3号机组500 kV倒送电完成（到6.6 kV）；

2015年07月06日，3号机组冷态开盖功能试验完成；

2015年10月22日，3号机组冷态功能试验完成；

2015年12月23日，3号机组热态功能试验开始。

（供稿人：沈姝妹、刑辉、黄朝文、屈永佳）

3. 福清核电工程项目5、6号机组

（1）概述

福清核电工程项目5号机组于2015年5月7日实现反应堆厂房筏基浇注，标志着中国自主三代核电技术“华龙一号”首堆示范工程正式开工，目前处于土建阶段。2015年10月19日5号机组实现常规岛FCD。福清核电工程项目6号机组于2015年12月22日实现反应堆厂房筏基A层浇注。

（2）设计

福清核电工程项目5号机组设计工作主要为非标设备设计、核岛土建施工图、系统设计、BOP、设备规格书、核岛安装施工图、通用、安装技术要求和调试相关文件。全年计划出图19 060份，累计完成18 744份，完成率98.34%。

（3）采购

1）发标及合同签署情况

根据福清5、6号机组设备采购三级进度计划统计，共计333个采购包，全年计划累计发标272项，实际累计发标269项，完成率99%；计划累计签署合同264项，实际累计签署合同252项，完成率95%。

2）主设备制造情况

福清5、6号机组一体化三级进度计划已发布。目前主要设备压力容器、汽轮发电机组、蒸汽发生器、堆内构件、环吊、主管道、应急柴油发电机组、主泵等长周期设备已全面开工。稳压器处于原材料转移及设计文件审查阶段，预计2016年一季度可开工制造。

3）到货情况

福清5、6号机组QR子项已按期到货，到货率为100%，AZ子项除叉车外其余设备已到货，AB0子项已全部到货；AB1、AB2子项按期到货率为100%；截至年底累计计划1 398项，实际完成1 398项，完成率100%。

4）费用支付情况

2015年福清5、6号机组共计完成支付180笔，其中人民币部分13.32亿元，外币折合人民币1.01亿元，完成全年计划的101.5%。

（4）施工

2015年5月7日5号机组实现反应堆厂房筏基浇注，目前处于土建阶段；2015年7月3日，5KX厂房筏基全部浇筑完成；2015年8月11日，核岛内部结构启动施工；2015年8月16日，核岛钢衬里“模块一”吊装就位；2015年9月8日核岛钢衬里底板安装完成；2015年9月19日核岛整体筏基浇筑完成；2015年9月27日内层安全壳首次混凝土浇筑完成；2015年10月19日5号机组实现常规岛FCD。2015年11月22日反应堆厂房筒体钢衬里模块吊装完成；2015年11月6日联合泵房实现FCD；6号机组2015年7月30日核岛负挖完成，2015年8月26日，核岛基坑正式验收通过。福清核电工程项目6号机组于2015年12月22日实现反应堆厂房筏基A层浇注。

（5）调试

5号机组已于2015年5月7日FCD，调试模式采用CNPE负责、业主参与的调试模式。福清5、6号机组调试准备工作计划已出版；调试准备工作大纲联签完成。

4. 方家山核电工程项目

（1）概述

方家山核电工程项目在2015年完美收官，1、2号机组均通过了最终验收（FAC）。

（2）设计

方家山核电工程项目设计工作已基本完成。

（3）采购

1）发标及合同签署工作

方家山核电工程项目合同签署工作已完成。

2）主设备制造情况

方家山核电工程项目主设备制造已完成。

3）到货情况

方家山核电工程项目到货已完成。

4）费用支出情况

2015年度方家山核电工程项目总计完成支付669笔，其中人民币部分6.980 1亿元，外币折合人民币0.876 8亿元，完成计划的133.9%。

（4）施工

方家山核电工程项目施工工作已完成。

（5）调试

方家山核电工程项目调试工作已完成。

（供稿人：沈姝妹、屈永佳）

5. 海南核电工程项目

（1）概述

2015年海南核电工程1号机组处于调试高峰期，并于12月23日完成临时试验，具备了商运条件；2号机组处于安装调试高峰期，安装逐步转入调试阶段，8 月 30 日一回路水压试验顺利完成，12 月 10 日热态功能试验顺利完成。

（2）设计

海南核电工程项目设计工作已基本完成。

（3）采购

1）发标及合同签署工作

已完成全部合同的签署工作。

2）主设备制造情况

已全部到货。

3）到货情况

2015 年度海南核电工程项目计划到货 702 台（套），实际到货 688 台（套），到货率 98.01%。到货各类阀门 99 台（套），大宗材料 75 批次。

4）费用支出情况

2015 年度海南核电工程项目总计完成支付 362 笔，其中人民币部分 4.012 5 亿元，外币折合人民币 2.477 9 亿元，完成计划的 100%。

（4）施工

1 号机组施工工作全部完成；2 号机组安装工作基本完成，转入调试阶段。

（5）调试

2015 年海南核电工程项目 1 号机组进入调试工期，圆满完成热试、首次临界、首次并网等节点，并于 12 月 25 日实现商运。2 号机组完成冷试、热试等节点，并将全面做好燃料接收等系统在线准备工作。

2015 年 03 月 23 日，1 号机组热态功能试验完成；

2015 年 08 月 28 日，1 号机组首次装料顺利完成；

2015 年 10 月 12 日，1 号机组首次临界成功；

2015 年 11 月 07 日，1 号机组首次并网成功；

2015 年 12 月 25 日，1 号机组实现商运；

2015 年 06 月 16 日，2 号机组二回路水压试验圆满完成；

2015 年 08 月 30 日，2 号机组一回路水压试验圆满完成；

2015 年 12 月 10 日，2 号机组热试圆满结束。

（供稿人：沈姝妹、同亚凤、屈永佳）

6. 田湾核电工程项目 3、4 号机组

（1）概述

2015 年田湾 3 号机组处于安装高峰期，主设备陆续到货并全部就位，6 月 10 日主管道焊接开始，12 月 14 日除盐水可用。田湾 4 号机组由土建高峰期转入安装阶段，9 月 26 日穹顶吊装实现，12 月 16 日压力容器支撑环就位。

（2）设计

田湾核电站 3、4 号机组项目设计单位分为俄方设计院和中方设计院两大部分，截至 2015 年核岛施工图总体完成率为 85%；BOP 施工图总体完成率为 90%；常规岛部分施工图与技术规格书总体完成率为 98%。设计按照设计三级计划开展各项工作，基本满足现场施工需要。

（3）采购

1）发标及合同签署情况

2015 年田湾核电工程项目 3、4 号机组应发标设备采购包 24 个，实际完成 26 个，计划完成率 108. 33%；应完成设备采购合同签署 32 个，实际完成 32 个，计划完成率 100%。

2）到货情况

2015 年田湾核电工程项 3、4 号机组，计划到货 19 305 台（套），实际到货 15 114 台（套），到货率 78. 3%。

3）费用支出情况

2015 年度田湾核电工程项目 3、4 号机组共计完成支付 361 笔，其中人民币部分 147 736. 57 万元，外币折合人民币 7 666. 66 万元，全年预算完成率为 102. 73%。

（4）施工

2015 年 1 月 20 日 3 号机组环吊可用；2015 年 12 月 14 日 3 号机组除盐水生产系统投用；2015 年 10 月 8 日 4 号机组反应堆厂房穹顶焊接完成；

2015 年 11 月 3 日 4 号机组环吊可用，2015 年 12 月 16 日 4 号机组反应堆压力容器完成吊装。

（供稿人：沈姝妹、蒋发展、屈永佳）

7. 田湾核电项目 5、6 号机组工程

（1）概述

田湾核电站 5、6 号机组工程为两台 M310 百万千瓦级压水堆核电机组，2009 年 3 月开始前期建设工作，2011 年福岛事件后暂缓建设，2015 年 7 月项目全面重启，5 号机组于 2015 年 12 月 27 日开工建设。

（2）设计

田湾核电站 5、6 号机组项目设计单位分为 CNPE 设计院，核动力设计院和东北电力设计院三大部分，2015 年核动力院施工图总体完成率为 0.2%；CNPE 施工图总体完成率为 1%；常规岛部分施工图与技术规格书总体完成率为 3.6%。

（3）采购

2015 年项目重启，按照计划暂无到货物项，主要采购活动是采购合同包的重启。

（4）施工

2015 年 7 月项目全面重启，5 号机组核岛于 2015 年 12 月 27 日 FCD，项目建设全面推进。

（供稿人：沈姝妹、蒋发展、屈永佳）

8. 八二一核废物处理总承包工程项目

（1）概述

八二一核废物处理总承包工程项目为国务院批准的中核集团 821 厂中长期退役治理规划的重要组成部分，由 4 个总承包工程组成，即高放废液玻璃固化工程、中低放废液综合治理工程、堆工区低放废水处理设施新址新建工程、低放有机废液处理工程。2015 年高放废液玻璃固化工程主要进行主体工程结构施工；低放有机废液处理工程完成第一阶段调试工作；其余两工程完成冷调试工作并移交业主。

（2）设计

低放有机废液处理工程：提供设计技术服务，配合项目部完成第一阶段冷调试工作。

高放废液玻璃固化工程：按照高放废液玻璃固化工程设计三级进度计划，完成项目非标类设备设计工作，完成全部安全级抗震设备（70 余台套设备）抗震计算工作。配合采购部审查设备供货厂家提交的采购技术文件。派驻现场设计代表，配合总承包项目部提供现场技术服务。完成照高放废液玻璃固化工程冷调试方案的初稿编制，并提交业主和项目部审查。

（3）采购

1）发标及合同签署情况

2015 年计划发标 9 项，实际完成 9 项，计划完成率 100%；计划合同签署 15 项，实际完成 14 项，计划完成率 93%。

2）到货情况

2015 年八二一总承包工程项目 821800、822100、82218 三个工程设备到货已进入收尾阶段，计划到货台 1 669 台/套，实际到货 1 669 台/套，到货率 100%，82210 高放废液玻璃固化工程计划到货 237 台/套，实际到货 237 台/套，到货率 100%。

3）支付情况

2015 年八二一总承包工程项目共计完成支付 101 笔，合计人民币 7 758. 28 万元，完成全年计划的 97%。

82210：32 笔，5 168. 61 万元人民币；822100：30 笔，1 229. 35 万元人民币；

821800：20 笔，654. 9 万元人民币；82218：11 笔，346. 85 万元人民币；

综合（无法区分子项的）8 笔 358. 57 万元人民币。

（4）施工

高放废液玻璃固化工程完成工艺厂房主体结构封顶，暂存库底板混凝土浇筑完成，分析实验区 0 米板施工完成。

（5）调试

2015 年 821 总承包项目完成了 821800 和 822100 工程全部调试任务，并成功移交业主调试运行。实现了 82218 工程的系统接受并完成水联动调试。

2015 年 07 月 21 日，完成 82218 项目冷调试单系统试验；

2015 年 08 月 06 日，完成 821800 项目冷调试交工验收；

2015 年 11 月 12 日，完成 822100 项目冷调试交工验收；

2015 年 12 月 03 日，完成 82218 项目冷调试系统水联动试验。

（供稿人：沈姝妹、谢国强、屈永佳）

（二）质量管理

1. 质量目标管理

自《中国核电工程有限公司年度质量目标管理规定（版次：1）》发布以来，2015 年度实现了公司年度质量目标管理的第一个闭环，针对考核类及激励类目标，首次开展了目标完成情况的考评及结果应用。2015 年司属各单位设置部门专有激励类目标的积极性高涨，由 2014 年的 0 项增加至 2015 年的 20 项，促进了各部门质量工作的开展，进而为公司质量管理体系的持续改进提供了有力保证。

2. 通过体系再认证

2015 年 7 月，公司接受中设认证本认证周期中的第一次监督审核。中设认证审核组认为公司“持续改进机制已逐步得到完善，管理体系运行持续有效，认证证书和标志使用符合规定要求”，同意向中设认证推荐保持质量管理体系的认证注册。8 月，公司取得保持认证注册通知书。

3. QC 小组活动成果显著

2015 年度共登记有 120 个 QC 小组，覆盖了设计、采购、建安、调试各个板块及职能管理部门。对成效显著的 QC 小组，公司组织推荐参与对外交流。2015 年度，共有 10 项 QC 小组成果获得了核工业勘察设计优秀 QC 小组部级奖项，3项QC小组成果获得中核集团部级奖项，7项QC小组成果获得国家工程建设优秀QC小组奖项，5项QC小组成果获得电力建设QC成果小组奖项，两项QC小组成果获得全国优秀QC小组奖项。2015年公司获得部级QC小组成果奖项数已增至25项。与2013年管理体系优化前相比，大幅增长了约92.3%。以QC小组活动为抓手，通过开展群众性质量活动，进一步提升了公司的管理能力。

4. 质保监督检查活动

2015年公司共实施7次计划监督、2次随机监督，发现问题25项，提出改进建议15项。根据核能行业协会同行评估提出的意见和公司领导对质量监督/监查活动的管理要求，结合工程进展的情况，自2015年对已开工的核电项目组织全要素的监查活动，共进行3次监查，开启CAR 8项，OBN 14项。在上述监督、监查基础上，公司又针对北京核工程研究设计院增加了一次专项质保监查活动，共开启CAR 6项，OBN 2项，改进建议7项。2015年底结合业主联合质保监查开启的CAR、OBN、改进建议和高层行动项，公司编制了《2015年度公司质保部监督活动及业主联合质保监查发现问题分析报告》，针对112个问题，提炼出6个方面的归纳和总结，并深入分析问题的根本原因，提出改进建议。

5. 推进公司经验反馈管理工作

2015年公司经验反馈系统全面布置上线，同时开展了经验反馈系统应用的巡讲工作，做到了部门全覆盖。

为进一步推动经验反馈有效开展，公司组织发布了《经验反馈奖惩管理办法》，并于下半年对公司参与经验反馈的人员进行了信息奖励发放；年终按照“办法”对公司各部门进行了评比，对优秀单位进行了奖励。

6. 大力宣传核安全文化

2014年12月19日国家核安全局、国家能源局、国防科工局联合发布了《核安全文化政策声明》，2015年1月环保部印发了《关于进一步加强〈核安全文化政策声明〉宣传解读工作的通知》。为适应国家核安全局倡导、培育和传播全社会核安全文化的精神，按照上级的要求，组织各部门陆续开展各类核安全文化学习活动，4 月 15 日，公司邀请国家核安全局赵永康副司长做核安全文化政策声明的深入解读；6 月对《核安全文化手册》进行适用性修订；9 月，在全国质量月活动期间，编制了核安全文化展板；10 月将“核安全文化手册”发放到每个员工；11 月，公司质量保证部主任开展了一次“核安全文化手册”全员授课，在质量目标里增加提出各部门一把手对核安全文化亲自授课的要求。

（供稿人：周文辉）

（三）安全管理

1. 目标制定和分解

年初发布了公司 2015 年度环境和职业健康安全目标，并组织司属各单位对目标进行了分解，年中对各单位目标的完成情况进行跟踪监督，年底进行了考核。

2. 责任制落实

层层落实安全责任，司属各单位与员工签订安全生产责任书，公司与各总包项目部、各总包项目部与承包商分别签订年度安全责任书。为促进项目部各岗位“一岗双责”的有效落实，编发《核工程总承包项目部基本岗位 HSE 职责说明书》，明确各岗位 HSE 职责、HSE 工作关系和 HSE 能力要求等具体内容。配套发布了《核工程总承包项目 HSE 检查表》，涵盖安全防护、作业安全、设备设施等内容，统一规定了检查内容、检查要求和检查方式。

3. 安全培训

开展新《安全生产法》政策解读培训、因果损失模型等现代安全管理理念和方法培训、危险化学品等安全管理培训、辐射防护、起重吊装等安全知识培训、三级安全教育培训、兼职安全员授权培训，参加安全管理人员资质培训，开展新《安全生产法》知识竞赛等不同层次、多种形式、多种内容的培训，共计 11 000 余人次参加培训、5 000 余人参加竞赛。

对核电总包项目部各关键岗位进行 HSE 培训需求分析及课程体系设计，设计完成包括 9 个知识模块和 36 个课程的总包项目部 HSE 培训课程设计表。按照核工程总承包项目部 HSE 课件及试题编制方案，编发了《高处作业》等 16 个标准化课件，逐步建立公司 HSE 培训标准化教材库。

4. 监督检查

结合公司总承包项目 HSE 的管控情况、监督检查情况及标准化达标评级标准，对 HSE 监督检查考核评价表的框架策划、内容编制、指标设置、分值设定、评分方式、预评价、应用实施进行探讨，对监督检查表进行升版完善。按照监督检查计划，完成了对福清核电工程项目、海南核电工程项目、田湾核电工程项目、徐大堡核电工程项目、821Z 核废物处理总承包工程项目、河北分公司、郑州分公司、河南核净洁净技术有限公司的 HSE 综合安全检查及专项安全检查共计 13 次。

5. 标准化管理

为推进多项目 HSE 管理的规范化、标准化，构建了总承包项目 HSE 标准化程序体系，分三个层级编制了适用于总承包项目的 HSE 标准化程序，覆盖了安全生产标准化考核评级标准 14 个要素的管理要求。

2015 年 1 月，公司收到《国防科工局关于公告中国电子科技集团公司第十研究所等军工系统安全生产标准化一级达标单位的通知》，确定我司为军工系统安全生产标准化一级单位。按照公司年度安全生产标准化自评审计划和工作方案，组织完成了公司年度安全生产标准化自评审工作，各单位安全生产标准化达标成果保持良好。

6. 承包商管控

指导、要求各主要建安承包商，全面推行领导带班巡视制度、班组长注册制度和岗中考核制度；针对多发重发隐患进行分析，开展脚手架、临边防护等专项治理活动；在各总承包项目部推行高风险作业 JSA 工作。继续保持与主要建安承包商的沟通交流渠道，每季度组织召开主要建安承包商安全生产协调会，对比分析、通报参建单位的安全生产状态，提出重点管控要求，利用考核机制，对承包商项目领导班子进行激励和考核。

7. 经验反馈工作

积极构建良好的经验反馈机制，组织召开第四届HSE交流研讨会，培训安全管理技能、交流良好经验，收集、评选出37篇优秀论文，印发《第四届HSE交流研讨会会议论文集》。总结分析48个典型事故案例和41个良好实践，编发《安全管理经验汇编》，制作5个典型事故案例动漫视频。对近40 000条隐患进行统计分析。

8. 安全文化建设

开展以“学新法、促安全”为主题“4.6”安全生产日活动，以“加强安全法治、保障安全生产”为主题的安全生产月活动，开展HSE管理征文和安全管理良好实践收集活动，设计印发“安全中核”扑克牌，运用卡通形象宣传安全知识。

9. 风险激励与考核评优

按照风险激励机制，对总承包项目部现场人员进行考核，发放风险奖和累进奖；开展总包项目安全生产评优工作，2015年度共评选出1个“安全先进现场”、14个“安全先进班组”、114个“安全先进个人”。

10. 事件管理

2015年，公司总承包项目共发生10起生产安全事件，同比减少5起，其中轻伤事件3起，其余事件无人员伤害。

（供稿人：赵艳华）

（四）费用控制

截至2015年年底，公司各核电工程总承包项目的费用计划-实际累计完成情况见表4-1。

表 4-1　截至 2015 年年底公司各核电工程总承包项目费用计划—实际累计完成情况

项目名称	计划/完成	福清 1、2 号机组	福清 3、4 号机组	福清 5、6 号机组	方家山	海南	田湾 3、4 号机组	徐大堡
前期	计划额	95 086	5 427	0	21 294	53 570	9 457	27 216
	完成额	54 211	4 648	0	17 699	59 544	11 323	16 758
设计技服	计划额	143 929	114 598	53 868	195 012	69 008	52 741	38 285
	完成额	140 939	114 870	53 868	195 324	56 989	49 954	37 732
项目管理	计划额	111 303	73 498	10 080	110 483	63 029	54 872	11 999
	完成额	117 332	69 748	10 080	106 270	59 698	46 932	11 999
土建	计划额	326 399	167 026	98 024	344 376	267 403	296 001	69 215
	完成额	293 727	175 019	98 024	281 685	314 747	357 927	66 821
安装	计划额	266 644	179 330	0	329 180	196 771	50 532	10 790
	完成额	288 933	163 975	0	216 313	181 307	66 482	9 076
设备材料	计划额	1 154 291	895 349	256 198	1 081 032	525 208	353 982	108 646
	完成额	1 015 247	873 782	256 198	1 022 387	555 927	362 479	108 646
调试	计划额	58 742	21 134	0	59 725	17 058	–	–
	完成额	47 668	21 808	0	31 497	16 049	–	–
总计	计划额	2 156 395	1 456 366	418 171	2 141 102	1 192 047	817 585	266 150
	完成额	1 958 058	1 423 853	418 171	1 871 174	1 244 271	895 096	251 032

（供稿人：邱月）

二、工程设计

（一）核电工程设计研发与评审

1. 概况

（1）2015 年新签科研、设计与技术服务合同 262 个，收费总金额为 8.25 亿元人民币。其中专项工程的收费为 14 050 万元人民币，前期历史性欠款收费为 4 400 万元人民币。技术服务合同 35 项（不含 4 个框架合同），金额总计 4 253.595 9 万元人民币。

（2）整合北京、郑州、河北三地设计研发资源，通过设计人力储备和设计任务负荷分析，保证核电、核化工研发设计项目的顺利推进。

2. “华龙一号”

（1）ACP1000型号研发所需开展的重要试验验证已全部完成，所有试验结果均满足设计技术和进度要求。

（2）中核集团已于2015年9月19日、11月6日分别在核动力院及工程公司对ACP1000科研51项研发专项进行了验收，验收专家一致认为ACP1000科研研发专项按照集团下达的任务书完成了研发内容。

（3）FQ56项目、K2K3项目工程设计按一体化三级计划稳步推进，为FQ56项目和海外首堆K2K3机组顺利开展施工建设提供了有力的技术保证。

（4）漳州项目完成选址阶段、两评报告的编制，可行性研究报告的编制基本完成。

［福清5、6号2015出版图纸10 620张（折A1），文件2 214份。K项目2015出版图纸12 021张（折A1数）、文件30 551份（文件页数107 373）］。

3. 600 MW示范快堆

（1）完成项目建议书、前期施工图、综合专项报告（包括厂址安全分析报告、厂址环境影响评价报告、水土保持方案报告、接入系统设计报告、厂址区域应急（初步）、中核霞浦核电配套设施项目（小项目）、使用林地可行性研究、其他综合专项）、可研报告，及部分BOP子项设计工作。

（2）完成示范快堆6项科研课题的实施方案编制。

（3）组织完成对设计原则、总平面、系统方案等多项重要技术的评审工作。

4. AP1000

（1）8月28日，中国核电组织来自中国核电及其成员公司的专家成立评估队，对公司AP1000设计管理工作顺利通过业主组织的进行了全方位评估，帮助工程公司提升设计管理水平，并进行了评估。评估结论为：公司完成了 AP1000 的设计技术转让，建立了完整的软硬件设计平台，掌握了 AP1000 三代核电的关键技术，实现了 AP1000 的自主化设计。

（2）继续推动徐大堡施工图设计工作，到 2015 年年底，完成全厂设计文件 41 035 份，其中核岛部分 34 170 份，常规岛完成 345 份，BOP 完成 6 520 份。完成全部核岛图纸的 67%。

（3）漳州项目初步设计工作基本完成，正在开展概预算文件的编制工作，继续推动施工图设计。海兴项目启动完成项目总体设计，启动初步设计工作。

5. ACP600

（1）协助海南昌江核电有限公司编制海南昌江 3、4 号机组技术方案分析报告，对 CNP650+、ACP600 和华龙一号进行了分析论证；完成《ACP600 概念设计方案报告》（C 版）、《ACP600 投资估算与经济分析》；

（2）完成《ACP600 总体设计研究实施方案》《ACP600 总体设计研究技术成熟度评价申请报告》，完成《ACP600 知识产权策划报告》等文件。

6. ACP100

（1）完成世界首个堆小型堆设计通用审查的 GRSR 报告，提交 IAEA 审查。集团 ACP100 科研专项收尾。组织完成小型压水堆法规标准体系研究。

（2）完成新能源公司要求的霞浦大小堆共建方案、海南昌江单堆、双堆、不同功率、不同补贴方案的经济性分析。

编制钢制安全壳可行性分析报告、环吊改行吊可行性分析报告。

7. WWER

（1）田湾 3、4 号项目常规岛施工图设计、核岛补充完善设计按计划开展。

（2）俄方核岛施工图计划完成率为 100%，总体完成率为 83%。

（3）常规岛施工图与规格书计划完成率为 97%，总体完成率为 95%。

（4）BOP 施工图计划完成率为 99%，总体完成率为 86%。

8. M310

（1）完成田湾5、6号机组所有执照申请文件、改进项阶段性设计工作，为项目核准提供了有力保障；

（2）福清1、2号机组和方家山项目设计工作已基本完成，福清3、4号机组设计文件已经基本全部完成。目前设计主要工作为剩余少量电缆敷设文件出版、装料许可证申请相关工作，以及解决设计遗留问题和现场技术服务。

9. 核工程前期项目

（1）河北海兴核电项目

- 完成一期工程可行性研究报告和两评报告B版的编制工作，完成环保部核与安审中心对两评报告的咨询工作；
- 完成六台机组版本的可行性研究报告和两评报告的编制工作；
- 完成AP1000与华龙一号机型技术与经济比较分析工作；
- 完成华龙一号机型的总平面布置初步工作。

（2）浙江金七门核电厂

- 编制浙江金七门核电厂一期工程可行性研究阶段工作大纲和质量保证大纲；
- 编制和审核38个专题技术任务书，完成专题委托、专题“两纲”评审，及6个专题的报告评审；
- 编制浙江金七门核电厂项目建议书（C版）。

（3）海南核电厂3、4号机组

- 完成初步可行性研究阶段工作大纲、项目建议书（A版、B版）、初步可行性研究研究报告，并通过电力规划设计总院审查；
- 策划可行性研究阶段工作计划，安排编写18个专题项目的技术任务书。

（4）江西抚州核电项目

- 完成两个外委专题的补充更新工作；
- 完成初步可行性研究报告B版的编制出版工作，并通过电力规划设计总院审查。

（5）长山核电项目

- 完成厂址普选报告的出版及评审工作；
- 完成环境容量和规划相容性两个专题研究工作。

（6）海南昌江多用途模块式小型堆科技示范工程

- 完成项目建议书和初步可行性研究阶段工作大纲的编制工作；
- 编制完成工程选址报告和 1 个专题项目技术任务书。

（7）湖南衡阳核电厂一期工程

- 完成可行性研究报告项目策划工作；
- 完成水下地形测量专题技术任务书编写；
- “两纲”评审和报告评审工作。

（8）湖南小墨山核电厂

- 完成进厂道路沉降处置及优化设计的岩土工程勘察专题技术任务书编写，并参加“两纲”评审和报告评审工作；
- 完成中核四川核电项目厂址比选报告、中核海南第二核电项目厂址普选报告（B 版）。

10. 核安全审评

（1）公司核安全审评中心承担国家核安全局审评、监管两项合同，完成秦山三期、台山 EPR 核电站，实验快堆、新堆、49-2 堆、医用微堆等十个研究堆相关的多项审评监管任务，并顺利通过国家核安全局组织的项目验收，获得局里好评。

（2）公司核安全审评中心承担了国防科工局绵阳堆、工程试验堆相关的多项审评任务，按照科工局要求在有序推进各项工作。

11. 技术服务

2015 年共承接各类技术服务项目 420 个（含框架协议中的项目），项目范围为工程设计改造、设备更换研制、QC 服务、大修技术支持、定期安全审评、安全分析、大修工程总承包等方面，地区领域涵盖秦山基地九台机组、福清、田湾、福清宁德、海南、大亚湾、岭澳以及核设施方面。

（供稿人：张平生）

（二）核设施退役和三废治理设计项目

1. 核燃料循环科技示范项目

配合业主进行项目建议书审查；选址阶段的两评报告完成；可研工作基本完成；初步设计启动。

2. 中试厂

积极配合业主进行项目建议书评审；开展选址阶段的环评报告编制；可研报告基本编制完成；开展大部分子项的初步设计和施工图设计；

3. 核电重大专项后处理科研分项

总体实施方案通过国防科工局的评审。化工重大专项研科研课题共7项，已有三项完成了研究工作进入结题验收阶段，还有两项年底能完成基本研究工作进入验收阶段。

4. 大型核燃料后处理厂总体设计研究顺利通过集团公司鉴定

5. 八二一核废物处理工程项目

玻璃固化工程主要包括82210（玻璃固化厂房工艺区和实验区），82210/1（产品容器暂存库）和82210/00（室外工程）等三个子项。

（1）施工图设计升版和设计修改通知单

- 完成主厂房12套施工图和室外工程5套施工图设计升版，并且向总承包项目部说明了设计范围和接口说明。除非标设备外，本工程共完成75个图册。
- 全年提出约180个设计修改通知单。

（2）非标设备抗震分析和抗震预埋板复核

- 我公司完成了8份非标设备抗震分析报告，目前已完成全部17份非标设备抗震分析报告。

• 中国原子能科学研究院完成了 6 份非标设备抗震分析报告，目前已完成全部 11 份非标设备抗震分析报告。

• 我公司完成抗震预埋板的复核报告，并参加科工局安审中心的评审工作，支持总承包项目部得到科工局的现场施工许可。

（3）非标设备设计

全年共完成了 33 套非标设备图纸，目前已全部完成 75 套非标设备图纸，并提供给总承包项目部。

（4）技术规格书/采购清单/技术条件

全年共完成 9 份技术规格书和 1 份技术条件的编制以及 4 份技术规格书的升版，目前已全部完成 75 份技术规格书/采购清单/技术条件，并提供给总承包项目部。

（5）现场施工的技术服务

现场主要问题是结构预埋件、留洞、各工种预埋件相碰处理；厂房外部防水保护层作法；基坑回填作法；土建施工偏差处理；不锈钢覆面材料、焊接、检验、先贴法底板排气问题处理；预埋件、轨道、管道的材料、采购问题处理；建筑耐辐照涂料要求；德方设备仓储保养；吊顶、防火门抗震问题等。

为配合 2015 年现场施工工作，设计部门投入大量人力向总包提供技术支持，主要内容是：

• 派遣设计人员（工艺、结构、暖通、仪控、电气）驻现场进行长期技术服务；

• 根据现场具体情况，派遣设计人员（工艺、设备、结构、通信）赴现场进行短期技术服务；

• 由于派遣现场的专业人员有限，许多现场问题是由总部设计人员解决，涉及工艺、设备、结构、建筑、通信、电气、仪控、暖通、给排水、水工、材料、焊接等专业。

（6）采购及建安招投标技术服务

为配合采购部的设备采购工作以及经营合同部的建安招投标工作，设计部门提供了大量的技术服务工作，包括：

- 为开展室外工程土建和安装工程招标，设计部门编制了室外工程土建工程量清单和安装工程量清单；
- 开展设备厂家调研，对设备厂家提供的图纸文件进行审查、确认；
- 参加设备采购的招投标答疑工作；
- 与设备厂家进行技术讨论、参加设备开工会、参加设备各种试验、参加设备出厂验收等活动；
- 提供设备的设计说明（主从机械手、工艺风机、工艺阀门、远距离操作洗涤液循环泵、远距离操作吸尘器等），便于设备采购执行和公司领导决策。

（7）项目调概技术服务

配合业主和总承包项目开展项目调概工作，完成了施工图设计与可研代初设批复文件的对比、说明，并根据业主格式提供了设计变更说明。

6. 后处理专项——200T乏燃料后处理厂项目

核燃料循环科技示范项目已完成项目建议书和初步可行性研究报告的评估工作，并完成升版；完成可行性研究报告的编制工作；完成厂前区倒班宿舍、食堂和接待中心、水处理厂、锅炉房等公用辅助子项的施工图设计；启动乏燃料贮存水池及其配套的应急供电中心、进风中心的初步设计工作。其余项目正在按计划安排开展中。

（供稿人：张平生）

（三）核燃料科研设计

1. 重点研发任务圆满完成，为“十三五”发展奠定基础

顺利完成重大军工专项科研节点任务。牵头组织申报并承担多项工程科研任务；为确保新工艺、新技术的顺利工程化，主动争取并承担了相应的预研任务；2015年按计划完成了各专项科研的里程碑性节点任务，为下一步工程实施奠定了良好基础。

在研项目按计划顺利进展。装备预先研究项目顺利通过2014年度验收，并通过了2015年合同评审；2015年研究任务开展顺利，部分研究成果已在

工程中实现应用。

核能开发科研“中国实验快堆 MOX 燃料单棒和组件制造技术研究”项目按期完成关键设备的加工制造，“核燃料芯块先进烧结系统研究”成果已提前应用于压水堆核燃料元件生产线；集团优先发展技术“MOX 燃料芯块制备技术研究”已完成全部研究内容，进入验收准备阶段。

横向科研方面，新签“X 光探伤装置”“凝胶球转运通道”等设备供货合同过亿元；顺利完成“生坯芯块自动装舟装置”“燃料元件球传输线”等设备的供货任务。

积极布局科研“十三五”规划。完成了《“十三五”武器装备预研规划》及多个专题论证报告的编制和上报，主要研究方向和内容已纳入总装备部《武器装备预研“十三五”指南》。

2. 军核工程优势地位更加巩固

（1）核军工领域

以“祖国需要我，我们要担当”为使命，精心组织、落实军工首责，创新设计手段、扩大技术合作，按节点完成了专项工程、核材料与核部件以及实物保护等军工任务，取得突出成绩。

（2）核燃料元件领域

完成 812 厂第二代某元件生产线的设计工作，并承担该生产线十二套关键设备的总包供货任务；三代某元件实验线顺利完成设计，燃料核芯制备进入工程总承包阶段；完成中国实验快堆 MOX 燃料元件实验线工程设计；承担设计的全球首条高温气冷堆燃料元件生产线全面完成工程建设，投入试生产。

（供稿人：胡仙凤）

（四）民用工程

公司在民用领域成就依然瞩目。承担洛阳金元古城及郑州乐园等项目的施工设计工作。完成石家庄 54 所生活区改造、龙熙堡葡萄酒庄、摩登国际、哈工程实验楼、南华大学实验楼和计算机信息楼等项目的设计工作；完成南山铝业东海热电厂 1~4 号机组环保改造工程、西山煤电古交矿区集中供热工程等项目设计工作。此外，年初公司成功召开民用业务成果展览暨座谈会，进一步整合资源，建立联席制度，保留公司发展的“优秀基因”。

三、科研工作

围绕公司总体发展战略，扎实推进各项科技创新研发工作，全面完成 ACP1000 三代核电技术研究等项目，顺利完成了公司“十二五”期间核电研发设计能力由二代改进型向三代核电的更新换代。组织开展了“华龙一号标准化和批量化”及后处理重大专项项目的立项申报，为后续华龙一号三代核电的持续优化及提升核燃料后处理的研发设计能力提供技术支撑。公司在国内外行业内的核心竞争力得到稳步提高，新成果的鉴定、新科技奖的申报和获奖数量均创历史新高，科技成果奖数量连续三年在集团排名第一。

（一）科研项目管理

2015 年公司承担集团公司重点专项、国防科工局项目、国家能源局项目、国家环保部项目、国家科技部项目等渠道来源项目共计 57 项，193 个课题，其中大批课题均进入工程验证试验和样机试验测试的攻坚阶段，研发任务重、难度大，各科研课题进展顺利并取得一批重要成果。全年公司科研投入 12 704 万元人民币，实际支出 12 524 万元人民币。2015 年公司新申报集团“龙腾二批”“核电重大专项后处理科研分项”“示范快堆”等科研专项共计 25 个项目两百多个课题。

1. 集团科技重点专项

“ACP1000 三代核电技术型号研发专项”圆满完成集团批复的研究任务，首批 51 项课题已顺利通过集团验收，建成的实验装置与样机、完成的国家专利申请、形成的科研报告等研究成果超出了任务书要求，研发成果已成功应用于华龙一号工程设计与产品供货，实现了公司研发设计能力由二代改进型到三代核电的更新换代。项目相关的“烟囱气态流出物取样系统验证研究”课题成果已应用到国电投的 AP1000 项目及中广核的 ACPR1000 项目中，“放射性气液态源项计算分析”软件已许可环保部核与辐射安全中心使用，用于支撑其开展审评工作的校核计算。

“ACP100模块化小堆专项”科研专项研发工作顺利完成，为配合通用反应堆安全审查（GRSR）及后续工程实施奠定了良好的技术基础。

“核燃料元件运输容器设计制造技术”项目中新燃料运输容器已完成容器研制，取得核安全局颁发的设计许可证，并已完成100台产品的供货。乏燃料运输容器已完成比例模型容器制造及相关验证试验，完成减震材料、中子吸收材料、中子屏蔽材料的研制。正在开展容器原型样机的制造及申请容器设计、制造证。9月核动力事业部、工程公司、清原公司和西核公司在西核分别召开了容器制造沙盘推演会和样机转产品沙盘推演会，确保容器样机后续制造的顺利开展，对样机转产品进行风险分析和管控。

2. 集团优先发展技术

“核电站废物最小化技术”已完成全部研究内容，各子课题研究成果达到了任务书规定的技术指标并通过了公司验收并已向集团公司提交了验收申请。公司研制的混凝土高完整性容器已应用于田湾核电站废物处理中心，目前已与制造厂签订了容器制造合同，将于2016年供货至田湾核电项目现场。

“核设施辐射监测系统研究”，2015年完成全部3个子课题的研究内容并通过了公司验收，并已向集团公司提交了审计及验收申请。

“核电设计与分析软件研发项目”，该项目含5个课题，于2015年9月18日通过集团核动力事业部组织的技术验收会，并得到了专家的一致好评。为我国首套自主研发的核电软件集成平台（NESTOR）的发布提供了技术支持。

3. 集团“龙腾计划”一期项目

“ACP1000关键设备（出口受限）研制”，包括新燃料升降机、专用单轨吊、核电站1E级严酷环境电缆热缩套管、乏燃料贮存格架、核电站辅助过滤器（由核净公司负责）共5个课题。其中核电站辅助过滤器、乏燃料贮存格架已完成研究内容，准备进行鉴定和验收；新燃料升降机、专用单轨吊等2课题由于外委采购有延误，目前正在赶工中，计划2016年6月完成研究内容；核电站1E级严酷环境电缆热缩套管材料研发中需要核安全局的批准，课题进度受到较大影响。

"核电设计与分析软件研发二期项目"，包括蒙特卡罗方法与离散纵标法的耦合接口程序及设备的屏蔽设计源项计算软件，核设施放射性相关系统，安全壳响应分析软件开发等 3 个课题，目前各项工作正按计划开展，预计将于 2016 年完成全部研究内容。

"金属干法贮存容器"项目正按计划进行，2015 年 4 月完成了容器施工图设计，11 月编制完成了不锈钢铅屏容器乏燃料运输安全分析报告，同时完成了容器关键部件制造及容器密封性能研究、材料老化试验研究、干法贮存容器设施总体方案研究；正在开展容器密封盖的加工制造及验证试验，待试验完成后开展容器贮存安全分析报告的编制。

4. 国家科技重大专项大型先进压水堆分项

"ASME 焊接与钎焊标准的转化研究"和"核电设计"项目已完成全部研究内容，正在进行验收准备。

"核电站 Living PSA 和在线风险监测与管理技术"项目已完成 Living PSA 和核电站在线风险 PSA 的建模，由于项目牵头单位哈尔滨工程大学相应的上游输入条件未提供，本课题后续实际测量核电站运行参数相关工作还未启动。

5. 国家科技重大专项高温气冷堆分项

"高温气冷堆核燃料元件运输、贮存容器设计与制造及运输过程技术研究"项目已完成全部研究内容。2015 年 5 月向国家核安全局提交了 CNFC-HTR 新燃料容器设计审批申请书，6 月与核安全局进行了第一次对话会，并于 12 月完成了高温气冷堆新燃料运输事故分析报告书终稿的验收评审会，预计 2016 年上半年取得容器设计许可证。

6. 国家科技重大专项—后处理分项

公司共承担后处理分项中 16 项课题，其中作为牵头单位承担 14 项，参研 2 项。截至 2015 年年底，2 项课题完成公司正式验收，8 项课题已完成任务书要求的研究内容，6 项课题预计 2016 年完成全部研究内容，并取得了一批重要的研究成果：

（1）已完成“大型核燃料后处理厂总体设计研究”等课题，形成商用后处理厂总体概念设计，为大型核燃料后处理厂的工艺线路方向及设备、仪表选型提供了具体且合理可行的方案，为后处理专项后续工艺、设备、仪控等课题研究及课题间衔接提供技术指引和支持作用。

（2）已完成核燃料后处理厂设计基准事故和严重事故初步研究，采用确定论与概率论相结合的方法，提出了后处理厂设计基准事故及严重事故，并提出相应的缓解措施；建立了后处理关键设备可靠性的数据库；并提出下一阶段试验验证等相关研究内容。

（3）内陆厂址后处理厂对生态环境影响评价初步研究已完成研究内容，提出了后处理厂对生物辐射影响的评价方法和模型；通过对后处理厂低放废水方案研究、含氚废水排放方案研究等课题的研究，提出了内陆厂址后处理厂废液排放技术合理可行的方案。

（4）完成了后处理厂综合设计平台第一阶段研究，建立了大型核燃料后处理厂首端设计平台，为后续搭建后处理厂整体三维设计平台提供基础。

（5）已开展的“卧式剪切机”“连续溶解器”“混合澄清槽”“RFD流体输送系统”等设备已完成技术攻关及样机研制，可为下一阶段工程样机的研制奠定基础，为逐步实现我国后处理关键设备国产化奠定基础。

核电专项后处理科研分项课题任务的实施，增强了公司在大型核燃料后处理厂工程设计、关键工艺设备、核与辐射安全等方面的研究能力，为公司承接200吨后处理厂工程任务及开展中法后处理合作谈判提供技术支撑。

7. 国家能源局项目

“严重事故预防与缓解措施的研究与试验验证”和“非能动安全壳热量导出系统（PCS）研发”2个项目已于2015年完成项目研究内容并通过了公司验收，为公司后续项目研发提供试验条件保障。

“模块式小型压水堆厂址适应性研究”项目已按合同要求完成全部研究内容并通过了公司级验收，为开展小堆示范工程的前期选择提供技术支持。

8. 科工局核能开发项目

“中试厂改进技术研究”项目，公司承担了总共9个课题中的6个课题，除了小元件解体剪切装置课题由于费用不足影响实验台架建设导致进度滞后外，其余5项课题均已完成课题研究内容。研究成果可应用于200吨后处理厂示范工程中。

“中试厂剪切机控制程序改进研究”项目已完成第一阶段冷态条件下的剪切机控制程序的调整及试验验证；正在开展第二阶段热室条件下剪切机控制程序的调整及试验验证。

9. 国家863项目

“压水堆能动和非能动相结合的先进安全系统研究”项目已完成全部研究内容。2015年主要完成了非能动安全壳热量导出系统补充试验，完善了二次侧非能动余热排出系统安全分析工具，编制完成了课题最终报告《能动和非能动结合的先进安全系统最佳配置方案报告》。12月中旬，“十二五”国家863计划先进能源技术领域“核安全研究”项目在深圳展开预验收，公司承担的“压水堆能动和非能动相结合的先进的安全系统研究”作为该项目中的一个课题，在会上进行了预验收汇报，国家科技部组织的核安全研究领域专家认可了课题考核任务的执行情况，同时也给予了中肯的建议，为明年课题的正式结题验收奠定了夯实的基础。

10. 北京市科委项目

“自主化第三代核电安全壳关键技术研究”项目已按计划于2015年年底完成全部研究内容。本项目是中核集团公司在北京市地方政府的第一个科研课题，受到集团和公司领导的高度重视，具有示范和标杆作用，对公司和集团驻京兄弟单位申报北京地方政府资金支持具有重要意义。

（二）技术标准管理

2015年，公司共申报国、行标项目52项，中核集团公司企业标准4项，共有7项行标和4项中核集团公司企标立项。

截至 2015 年年末，我公司在编（第一主编）项目共 55 项，其中能源行业核电标准 51 项，中核集团公司企业标准 4 项。

2015 年度共组织我公司专家对 83 项国、行标征求意见稿进行审阅反馈意见。组织我公司专家参加 92 项国、行标送审稿的审查会。

（三）科技成果管理

2015 年公司科技成果的鉴定，科技奖申报和获奖数量均再创新高。全年共完成 50 项成果鉴定；完成科技奖励申报 71 项，其中中核集团科技奖 35 项，国防科技奖 5 项，核能行业协会奖 26 项，其他省部级科技奖 5 项；共获科技奖 50 项 ，其中获省部级特等奖 1 项，一等奖项目 5 项；二等奖项目 13 项；三等奖项目 31 项，获奖数量在中核集团排名第一。科技奖获奖数量再创新高，彰显了公司强大的自主创新能力，为提高公司的核心竞争力做出了贡献。

获奖项目中，公司牵头完成的“动力堆乏燃料后处理中间试验厂设计与建造”科技成果获得集团公司科技进步特等奖，为公司成立以来的首次。该成果与“GFX-200 铀干法转化装置研制及产业化应用”科技成果均获得国防科技进步一等奖并由国防科工局推荐参加 2016 年度国家科学技术进步一等奖的评选。公司历年科技成果产出情况见图 4-1。

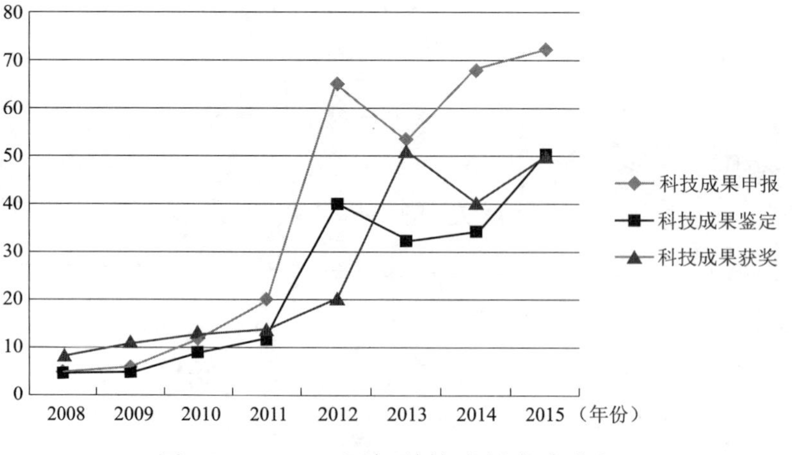

图 4-1　CNPE 历年科技成果产出分析

2015 年，公司共提交国防科技（GF）报告 98 篇；对外发表论文共计 538 篇，其中被核心期刊及被 SCI、EI 或 ISTP 收录的论文约 150 篇；公司主办的《核工程研究与设计》期刊出版5期（季刊四期，增刊一期），论文合计210篇。

（四）知识产权与专利管理

2015年公司专利申请量165件，其中发明专利107件、实用新型专利58件；获得专利授权117件，其中发明专利55件、实用新型专利62件；完成海外专利申请25项。在积极开展专利申请的基础上，对他人违反协议抢注我公司专利的予以积极追讨，2015年完成专利申请权或专利权变更13次，有效保护了公司合法权益。同时签署2项专利许可协议，实现公司专利许可零突破。公司历年专利申请和授权情况见图4-2、图4-3。

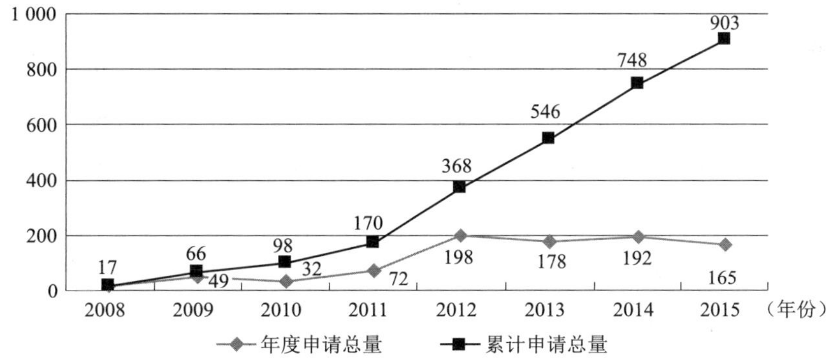

图4-2　CNPE历年国内专利申请及累计情况

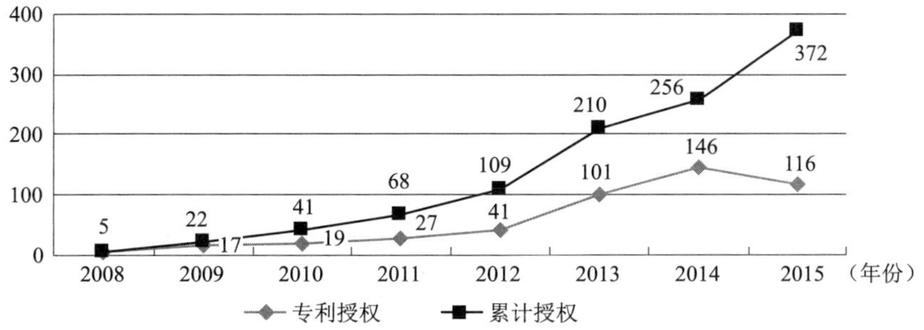

图4-3　CNPE历年国内专利授权及累计授权情况

2015年，公司围绕“华龙一号”提起国内外商标注册申请近100项，已获得核准15项。同时公司英文名称简写“CNPE”，在6个业务领域的商标注册申请（中国）获得核准，取得了商标专用权。

2015年公司获得登记证书29件，累计共获得软件著作权登记证书

48 件。

（五）科研管理体系建设

1. 加强和规范科研项目管理。结合公司科研管理体系，2015 年完成了《科研项目参研单位管理程序》《分公司科研项目管理程序》《中国核电工程有限公司知识产权管理办法（版次：1）》等多项制度程序的发布，升版或修订，为科研项目的组织实施提供组织保证。

2. 2015 年 6 月，完成公司战略与决策支持重大专题—“技术管理创新专题”研究，其中包含“技术责任制专题研究”“知识管理研究”“科研项目标准化管理专题研究”“知识产权管理专题研究”和“技术标准管理研究”五个子专题，为公司科技管理水平的提升提供了有力的理论保障。

3. 完成“放射性废物技术标准体系研究策划书”，“企业技术标准体系调研报告”，“ACP1000 常规岛技术标准体系研究报告”的编制及评审，和“华龙一号技术标准体系研究”的项目申报，为公司技术标准体系的建立奠定了基础。

4. 积极推进科研保障能力建设，争取研发中心开工建设。2015 年 3 月，完成组织上报“核燃料后处理技术工程应用研发设施”项目建议书和中核集团公司退役治理工程技术研发设施”项目建议书。为进一步推动研发设施建设，公司提交了“核燃料后处理技术工程应用研发设施”项目提前启动的申请。

5. 继 2014 年 12 月首次发布中广核工程公司、上海核工程设计研究院在国内申请并公开的相关专利数据之后，2015 年 7 月在持续更新这两家竞争企业专利数据的基础上，检索并发布了阿海珐、中科华等十几家竞争对手在核能开发相关领域已公开的专利数据，供发明人在技术研发、专利申请中参考。

（供稿人：陆玉成）

第五部分　公司管理情况

一、综合行政管理

（一）管理体系建设

1. 持续优化组织机构，保障组织有效运行

为持续改进和优化组织机构、权责界面和工作流程，针对管理体系优化后存在部门职责、权责界面尚未理清的现状，主动、及时加强沟通协调，于2015年度完成包括成立漳州项目部、海兴项目部、华东分公司、施工中心、总经办法律事务处，设计院及科技部组织机构调整、工程管理部更名调整为项目管理部在内的公司组织机构调整共计18项，其中新设机构10项，整体调整7项，撤销1项。

2. 全面推进管理创新，优化公司管理体系

为有效促进公司管理创新的深入推进，不断优化公司管理体系，鼓励各部门深化改革，于2015年7月编制发布《中国核电工程有限公司管理创新专项预算管理办法（版次：1）》（核工总发［2015］27号），申请了管理创新专项预算，专款用于公司管理创新成果表彰，建立健全管理创新工作的激励机制。根据集团公司《关于开展2015年度管理创新成果申报工作的通知》（中核企发［2015］28号）相关要求，积极组织公司各部门开展管理创新成果编报工作。2015年度，总计上报20篇管理创新成果，最终获得集团2015年度管理创新二等奖1篇，三等奖3篇，为公司2015年度JYK考核加1.4分，同比增长133%，占公司2015年度加分项30%。

3. 健全科学决策机制，搭建公司授权体系

2015年，着重开展公司授权体系的梳理，明晰了权力清单，2015年度，编制了《中国核电工程有限公司治理授权规定（版次：1）》，明确了董事会对经理层的授权；编制发布了《中国核电工程有限公司管理授权规定（版次：1）》，明确了经理层对部门负责人的授权，强化了公司战略管控、优化了资源配置、提高了决策效率，初步建立了公司科学决策治理机制。

（二）规章制度管理

1. 完善公司制度体系，有效推进流程管理

公司高度重视规章制度体系的建立健全，大力推进规章制度和工作流程建设，确保了每项工作有章可循、有据可查，实现管理的闭合循环。2015年度，公司全年新发布或升版规章制度共计76条，公司现行有效管理规章制度共计349条。2015年11月总经办牵头、监察审计部配合，以抽查方式，检查公司2015年度《内控手册》流程图与现有制度对应情况，并编制《公司内控手册流程图抽查情况报告》。

2. 完善“三重一大”制度，效能监察成绩突出

2015年度积极完善“三重一大”决策制度体系，重新梳理“三重一大”决策范围和各个决策主体的决策事项，制定《“三重一大”事项决策机构职能表》，形成一一对应关系，确保集体决策有效落实，并在2015年公司效能监察优秀项目评比中荣获二等奖。

（三）秘书工作

规范会议闭环管理，有效落实决议督办。完成公司年度工作会、年中工作会和务虚会的策划、组织及《总经理工作报告》等会议文件材料编发、跟踪会议纪要行动项等工作。2015年共组织公司党政领导办公会34次，例会1次，从议题收集整理、会议材料准备、会议记录、会议纪要撰写、分发，会议决议督办等全流程跟踪，形成闭式循环管理。定期对议题决议的执

行情况进行了梳理和汇总，提交办公会。全年办公会决议全部在“决议督办”板块的实时跟踪督办。

（四）公文信息管理

2015 年度顺利完成各项公文管理日常工作，包括：年度内收文 2 840 份，发文 710 份；收取、处理备忘录 1 521 份；发备忘录 175 份；登记、传阅、办理公司涉密公文 1 512 次；制作涉密公文并发送 25 次共 50 份；登记、复印、发送涉密公文 34 份。广域网系统：收取、处理非密、涉密公文 2 627 份，完成光盘刻制 365 次；收取、处理非密、涉密邮件 987 个，完成光盘刻制 887 张；处理、发送非密、涉密公文 361 份，完成光盘刻制 243 次；处理、发送非密、涉密邮件 1 166 个，完成光盘刻制 256 次。公司印章用印 31 880 次；并完成 2014 年度公文归档工作。

2015 年度信息报送工作取得重大进展：全年共报送动态信息 140 条，《中核要情》采纳 62 条，采纳数量比 2014 年增加 10 条，达到历史新高，采纳比率达 44%，比 2014 年增加 14 个百分点，同样创历史新高。报送综合信息 3 篇，集团公司采纳 3 篇，报科工局 2 篇，均是历史性突破。

2015 年度编制印刷公司年鉴 2 卷：2015 年卷及 2012 年卷，编制完成并上报《工程公司工作月报》12 期，《综合季报》4 期。

2015 年度升版发布《行政公文管理办法》《公司印章管理办法》，规范公司公文办理和印章管理；全年开展新员工培训《行政公文写作与处理》二期；配合集团办公厅完成“会议、公文、检查情况调研”；新建公司电子印章管理审批流程。

（五）公务接待和外联工作

推进公共关系建设，出色完成重大接待。2015 年度，圆满完成 91 项接待任务，共计接待 1 108 余人次。其中特级接待 1 次，重大外事接待 10 次，承办 IAEA 大型国际性会议 1 次，承办中央外宣媒体集中采访活动及其他活动共 2 次，主办各项公司级会议 5 次，一级接待 16 次，二级接待 51 次。2015 年度共编制发布 8 期《公务接待经验反馈单》，并设计制作公司特色桌卡。

5 月，成功承办集团公司市场开发工作务虚会；6 月，出色完成了李克强总理接待任务，并陆续完成国资委黄丹华副主任和分配局、国家能源局规划司、科工局核一司和系统工程二司、外交部翻译司等重大接待活动，以及完成伊朗副总统萨利希、阿根廷副总统布杜、阿联酋青年代表团来访，国际原子能机构 IAEA“核电厂建造和运行期间的行业安全绩效实践、经验和指标技术会议”承办等重大外事接待任务，12 月，完成“中央外宣媒体走进核电企业”会议承办工作等。在历次重大接待过程中，出色完成汇报材料编制、后勤保障、信访维稳等工作。

（六）法务工作

1. 持续完善法律规章制度体系。2015 年 5 月，编制发布了《重大法律纠纷案件管理办法（版次：1）》和《法律专项预算管理办法（版次：1）》；8 月，汇编印制了《公司法律事务管理制度汇编》，对公司法律事务、重大法律纠纷案件、授权委托书、规章制度、外聘律师、法律顾问、法律专项预算、法制工作考核等事项的管理进行了规范，进一步健全了公司法律事务管理制度。同时修订升版《公司法律风险防控指南（第二版）》。

2. 维护公司合法权益，做好法律纠纷案件管理。2015 年，妥善处理两起法律纠纷案件。一是负责处理监造服务单位离职员工起诉纽力克公司和我公司劳动争议案，最终案件以二审达成调解、三方再无任何纠纷、我公司无责任的方式结案；二是建设工程设计合同纠纷案件也取得成功执行，法院查封对方两辆车用于抵顶白鹿泉公司所欠我公司债权。案件的处理均及时、有效，全年未发生因自身违法违规引发的法律纠纷案件，案件管控成效显著。此外，及时跟进四川法院要求我公司冻结和协助执行高精净化公司设备款事宜，组织相关部门讨论处理措施。参与中原建公司针对海盐调试基地建设项目招标提出异议的《律师函》处理，为相关问题的解决提供法律支持。

3. 规范外聘律所管理。为充分发挥外聘律师专业作用，为公司法律工作的推进提供了内外人力和资源保障，办公室根据《外聘律师管理办法》，规范对公司常年法律顾问单位的管理，组织完成常年法律顾问单位的年度服务评价；配合合同部门开展续签工作；整理法律意见书存档。

4. 积极开展法律审核和咨询工作。及时认真开展公司各类重要疑难法律问题、重大合同、重要文件、规章制度和法律纠纷的各类法律审核和咨询，疑难法律问题、重大合同、重要文件、规章制度和法律纠纷的法律审核和咨询。

5. 根据集团公司要求，负责组织开展公司“合同法律风险防范水平评价工作”专题工作。经集团专家组评定，我公司以 110 分（总分 120 分）的高分，获评合同管理法律风险防范水平 A 级单位。

6. 加强法制宣传教育，提高依法治企能力水平。由总法律顾问温新利带队参加国资委举办的中央企业参与“一带一路”建设法律风险防范专题视频会暨三期法治讲堂学习；举办“合同相关法律知识及典型案例分析”专题培训；编辑出版了三期《普法简报》；举办了“12. 4 全国法制宣传日”法律知识答题活动，共有 4 242 人参与答题。由于普法工作成绩突出，2015 年，中核集团公司从 100 多家成员单位中推荐 5 家单位参评中央企业“六五”普法先进单位；在国务院国资委组织召开的 2015 年中央企业法治工作视频会议上，我公司喜获“2011—2015 年中央企业法制宣传教育先进单位”。

（七）外事与国际合作

1. 搭建国际交流平台，强化外事队伍建设

加大国际合作项目和外事活动的宣传，2015 年出版 4 期《外事与国际合作简报》；进一步推进完善外事管理和服务体制，组织召开外事管理培训工作会议；加强英语翻译人才重点培养，组织第二次公司翻译人才库英语翻译选拔，并组织“与身边的首席翻译面对面”翻译人才口译培训，组织参加中央企业高端应用型翻译培训。

2. 加强因公出国规范化，严控因公出国费用

进一步完善因公出国程序和办法，发布《因公出国手续办理指南》第

十二期、十三期、《因公出国双跨和非双跨组团及参团办理手续流程表》，发布《驻外监造驻厂代表费用报销管理办法（版次 4）》。

进一步贯彻落实集团 JYK 出国计划考核要求，进一步加强因公出国计划和预算管理，制定 JYK 计划外审批流程，建立因公出国专项经费，发布《公司因公出国经费预算管理办法》，2015 年因公出国专项经费预算达到节约目标，出国经费总支出为 995.78 万元人民币，节约 1 405 万元人民币；所有涉外活动履行《涉外活动审批表》，所有出国团组履行《因公出国（境）报批表》，出国人员出国前培训率 100%。

3. 积极拓展国际合作，提升公司国际影响力

完善国际合作管理规章制度，发布《公司引进国外人才和派往国外培训管理办法》《IAEA 国际会议活动报名流程》《国际原子能机构技术合作项目申报、立项和执行流程》。

加强中法核能合作项目管理和协调工作；承办国际原子能机构 IAEA "核电厂建造和运行期间的行业安全绩效实践、经验和指标技术会议"，并承接 2016 年 IAEA 核电厂基于计算机化人机接口的主控制室国际技术会议、IAEA 核电项目可行性研究培训班；IAEA-TC 项目核设备所与中广核联合申请的 2016—2017 周期"乏燃料干法贮存技术研究"项目于 2015 年 12 月获批项目资助金额 185 600 欧元；作为技术支持单位筹备第二十届太平洋地区核能大会；开展外专局人才引进项目、欧盟技术援助项目、IRSN 技术服务项目，成功组织了中低放废物处置技术交流研讨会、核电厂防火技术交流会、辐射防护技术交流等 10 项技术会议，2015 年获得外专局经费资助人民币 72 456 元，组织申报 2016 年外专局人才引进项目总资助金额为 100 万元人民币；先后组织地下实验室设计和建造技术及缓冲材料长期性能评价方法研究科访、美国杜克能源访问、仪控工作组会议、外部概率事件技术会议、断相工况技术会议等多项 IAEA 活动。

根据 K2K3 项目设计与技术服务总承包质量保证大纲，2015 年完成巴基斯坦 K2K3 项目四任设计参与联络官外事接待工作，同时为巴基斯坦 K2K3 项目设计代表派出和海外开发项目派出提供外事保障服务。

（八）总工服务工作

结合公司“十三五”规划，从核电、核化工和核燃料三个核心领域入手，结合新的行业形势和工作任务对A版技术发展路线图开展了修订工作；并牵头进行专业提升实施计划的组织与策划工作，一期共筛选出18项重点专业，并形成了《中国核电工程有限公司设计院专业提升实施计划》；组织副总工做好公司拟申请专利的评审工作，全年共接收科技部待评审专利3批共计109项，全部按照规定时间给出了总工审查评价意见，有效地推动了公司知识产权工作；组织做好青年创新优秀论文及青年创新基金项目的审查工作，全年共计组织审查青年创新论文125篇，青年创新基金项目50项，为公司团委相关工作的开展提供了强有力的支撑；顺利做好总工日常综合性服务工作，组织、落实副总工参加的各类技术会议180余次，分发技术文件883份。

（九）保密保卫管理

在公司领导和保密委员会的带领下，保密工作以维护国家秘密和公司商业秘密为工作目标，以保密工作要点为指导，以安全保密工作绩效考核为抓手，实现了不发生失泄密案件、未发生重大违规事件的工作目标，为公司安全发展提供了有力保障。

2015年，公司严格落实保密责任制；及时升版保密制度，编订了《中国核电工程有限公司保密管理制度汇编》；不断强化对涉密人员的管理；不断加强信息网络保密管理，使公司顺利取得了涉密信息系统使用许可证；建立健全商业秘密管理体系，梳理出公司总计295项商业秘密事项，为公司商业秘密保护提供了依据，建立、健全公司商业秘密保护管理体系打下基础。2015年，公司以“有进步”的成绩通过一级保密资格单位复查，保密管理长效机制建设成效显著。

公司紧密围绕着保安全、促发展的工作目标，坚持以“预防为主、防治结合”为方针，狠抓治安保卫工作，落实了重点要害部位安全防范工作，加强了安全保卫监管力度，严格落实逐级责任制，健全保卫规章制度体系，较好履行了保卫职能。公司总部全年未发生消防安全事故、交通安全事故及治安保卫事件和非正常上访及群体性事件，为公司科研设计、生产任务圆满完成营造了一个和谐安定的环境。

（十）资产、后勤管理

1. 规范固定资产管理，严防国有资产流失

严格执行采购计划，对公司采购的资产做好登记管理，责任到人，确保资产合理有效的使用，保障公司工作顺利开展。资产采购采用集中采购共 131 批，设备 1 827 台套，总价 488. 97 万元人民币。其余资产采购采用价格稽核 34 次，采购设备 194 台套，共计节约费用约 3. 8 万元人民币。办公设备集中采购简化设备采购流程及采购周期，为公司降低和节约人力成本、采购时间及采购成本。价格稽核规范公司内部采购流程，避免公司人员采购风险。并对公司总部管理部门、北京核工程研究设计院及徐大堡核电工程现场项目部、八二一核废物处理总承包现场项目部进行了资产信息核对和盘点。

2. 做好公司后勤保障及综合行政管理工作

2015 年升版发布《中国核电工程有限公司核工程总承包项目现场后勤管理规定》，规范各现场项目部后勤管理工作，平衡各现场项目部之间的物资配置，指导现场项目部建立统一的物资配备标准，同时根据《中国核工业集团公司办公用房的指导意见》（中核规划发［2014］1068 号）核动力事业部等有关规定，对办公面积及车辆使用进行了明确的规定。

加强对公司服务承包商监督管理，执行公司有关监督管理制度，为公司提供积极有效的后勤保障。每月两次就办公场所及职工食堂进行安全检查，对发现的安全隐患，完成安全隐患排除 27 次，发现问题 70 余项，对存在问题进行逐一落实，及时处置，及时更新危险源清单及环境因素清单。

3. 坚持以人为本，改善工作环境

就公司职工关心公司直饮水系统水质安全及卫生，定期 2 批次送检海淀卫生防疫站直饮水水样，公司直饮水系统水质报告定期公布（化验结果均高于国标要求直饮水水质要求），确保公司职工饮用水安全；完成核能大厦 A、B 栋空调通风系统清洗，对各个重要部位进行了消毒、除味、杀菌处理；8

月组织物业公司对核能大厦地下车库2层进行节能灯具改造，预计年节约用电17万度；完成核能大厦A栋玻璃外窗开启扇支撑件改造、出挑屋檐防水改造等工作。

（供稿人：何一乐、郭倩汝、杨呈、刘哲、陈宇鹏）

二、战略规划管理

（一）战略管理

2015年是公司“十二五”规划收官之年，也是“十三五”规划编制之年，面对核工业发展的“新常态”，在各级领导的带领下，公司通过升版、完善战略规划管理制度及工作程序、组建规划编制团队等，进一步完善了战略管理体系，并通过调研、重大专题研究、国际对标等活动，顺利完成公司“十三五”规划编制工作。

1. 完善战略规划管理制度体系

升版《公司发展战略和规划管理办法》，发布《公司战略与决策支持重大专题研究管理办法》《中国核电工程有限公司公司对标管理办法》。

2. 完成“十三五”发展规划编制策划方案

2015年4月，根据集团公司与核动力事业部“十三五”发展规划编制工作启动会会议精神，完成公司“十三五”发展规划编制策划方案，成立规划编制领导小组、专家组和编制组，经公司党政办公会批准实施。

3. 开展战略与决策专题研究支撑规划编制

持续开展了包括管理体系优化、科技创新研究、多元化经营、人力资源管理四方面的公司战略与决策支持重大专题研究，并将研究成果落实在规划中。

4. 全面开展市场对标分析

2015年5月，开展AREVA RSGB和中广核工程公司的对标工作，按照领域与设计院、分公司开展市场预测和行业竞争分析，提出公司“十三五”按照业务与国际一流接轨目标。

5. 广泛访谈沟通完善规划

2015年9月至11月，开展广泛访谈，将“十三五”规划发展思路和目标等重点内容与公司领导、专家组进行交流，与各单位、中层干部、员工代表的沟通，并将意见及时反馈在规划中。

6. 组织开展职能部门、板块规划编制，做好体系落实

2015年11月，组织各职能部门、板块和分子公司编制专项规划，落实公司规划，实现公司总体规划与业务和职能规划的对接、落实。

7. 做好与上级规划对接，争取支持

2015年9—12月，与科工局《核工业发展“十三五”规划》、集团公司、核动力事业部“十三五”规划对接，落实重点任务，争取集团政策、项目和资金支持。

（供稿人：苏罡）

（二）目标计划管理

在集团公司JYK管理工作统一部署，公司在总结2014年JYK工作的基础上，对2015年JYK工作进行了持续优化和改进。通过一年的努力，司属各单位不断统一思想，注重JYK目标管理，公司执行力和绩效水平得到了持续改善与提升，战略任务的实现得到了保障。2015年各单位重点任务按期完成率达到97%。

1. 规范化、标准化JYK目标管理办法，强化制度保障

随着JYK体系的持续深化推进，原有体系制度已不能满足实际运行需要，公司将《公司计划、预算、考核一体化（JYK）管理办法》进行了升版，将目标下达流程由“三下二上”改为了“二下一上”，大大简化了流程，节省了成本，也为各单位预留了充裕的上报时间，保证了任务上报质量。同时，发布了《公司重点任务制定办法（版次：1）》，从组织结构职责、重点任务分类及构成、重点任务制定流程、重点任务指标体系和重点任务调整等几个方面对重点任务体系进行了规范化和标准化，真正起到了对公司及各单位重点任务制定的指导作用。

2. 承接集团精神，保证公司 2016 年考核目标合理性

根据集团公司关于核动力事业部对工程公司考核最新精神和要求，积极配合核动力事业部起草工程公司考核优化方案，2015 年 8 月在集团公司俞培根副总经理主持召开专题会上获得通过。新的优化方案无论从考核合理性和指标的科学性方面均有了较大提升，同时，在考核层面也对工程公司通过集团考核提供了助力。

3. 保证战略聚焦，认真完成公司内重点任务管理工作

严格按照到期一项关闭一项原则，做好各单位 2015 年重点任务执行监督和确认工作，同时，积极开展公司及各单位 2016 年重点任务制定工作，保障事业部考核任务的有效承接和对公司战略的聚焦。

4. 规范公司科研生产项目任务下达流程

2015 年 11 月，发布了《公司科研生产项目任务下达管理办法（版次：1）》，理顺了公司科研生产经营与科研生产任务下达的接口关系，明确了工程总承包、设计、科研项目的任务的下达流程，完善了公司科研生产任务管理制度，为科研生产项目计划与战略和预算考核的衔接奠定了基础。

（供稿人：刘永超）

（三）全面预算体系建设

1. 进一步优化公司预算管理制度体系

编制发布了《公司预算编制管理程序（版次：1）》，升版发布了《公司专项预算管理办法（版次：2）》，完成组织公司相关部门编制常规专项预算管理管理办法工作。

2. 初步建立公司费控管理体系

梳理并建立总包项目标准化费用科目体系，测算管理性费用标准和定额。牵头梳理公司费控体系，理清职责、落实责任，编制《公司项目全过程成本管理办法》并广泛征求意见、沟通和讨论、修订，具备发布条件。

3. 进一步加强预算执行中的分析监控管理

建立标准化的预算执行分析表格，对财会部提出明确要求，督促财会部按月提供预算执行分析数据，加强预算执行分析，每季度预算管理办公室召开预算执行交流会议，确保公司年度预算目标执行受控。

（供稿人：叶芳荣）

（四）组织绩效管理

1. 持续开展经验反馈工作，优化公司 JYK 考核制度

为进一步加强绩效管理工作，对 JYK 考核体系进行持续优化，公司于 2015 年 4 月持续开展公司绩效管理经验反馈调查问卷工作，开展问卷分析与持续改进工作。2015 年 8 月，《公司 JYK 考核与计分办法（版次 4）》经公司领导办公会审议通过，将于 2016 年实施。

2. 落实公司战略，全面实施 2015 年度 JYK 考核工作

2015 年，按期组织开展司属各单位季度考核工作，并于 2015 年 12 月组织开展司属各单位年度 JYK 考核工作，年度考核结果经公司领导办公会审批予以应用。

3. 增大专项奖管理力度，促进公司专项工作有序开展

2015 年，升版发布《公司专项奖奖励办法（版次 2）》，增设奖励事项、明确归口管理部门，细化专项奖管理职责分工，明确专项奖申报流程、兑现流程及审批权限。2015 年共设立两大类 23 项专项奖励，总奖励额度达到 4 000 余万元人民币。

4. 定期开展公司经济运行分析与统计工作

按时完成 2015 年度统计与经济运行分析工作，实现对公司经济整体运行情况的动态跟踪。按月开展经济运行分析工作，对 JYK 执行情况、经济运行总体情况、主要指标进行分析，并提出措施建议，定期上报公司决策层和集团公司，确保公司 JYK 任务执行情况、整体经济运行情况受控，JYK 考核成绩优秀。

定期开展各种月度、季度及不定期统计工作，圆满完成建设部、统计局、集团公司等各项统计任务。

（供稿人：安娜）

三、工程管理

（一）项目管理

1. 项目管理标准化

推动公司项目管理标准化业务，制定并定期维护项目管理标准化程序清单，组织编制、升版项目管理标准化程序 165 份，涉及项目控制、施工、质保、风险、安全、商务、信息文档、综合管理等 8 个领域，为规范公司总承包项目标准化管理提供了有效依据。

2. 核电工程总承包项目（三代机型）人力资源标准配置大纲

在 M310 机型标准人力配置方案的基础上，根据福清、方家山、海南项目的实际人力统计数据，编制完成《核电工程总承包项目（三代机型）人力资源标准配置大纲》，并通过核动力事业部组织的，由叶奇蓁院士任组长、周定文书记任副组长的专家组评审。该大纲明确了项目部组织机构设置，并以单机组、双机组核电工程总包建设任务为目标，明确了项目全周期人力资源配置，并细化到项目各部门具体岗位人员的上岗及离岗时间。

3. 项目监督检查与评估

根据年度监督检查及评估计划，完成了对田湾、海南、漳州项目部的监督检查及评估活动，共发现良好实践9项、经验反馈7项、项待改进项15项。通过发现管理缺陷开具待改进项督促整改，帮助项目部提升管理水平，同时向其他项目部通报经验反馈以及推广良好实践，供其他项目借鉴和学习，以便提高工作效率。

4. 项目风险管理

发布《工程项目风险概率量化分析管理程序》，并在田湾项目部推广应用风险概率量化分析关注，培训宣贯项目风险管理理念、PRA软件实际操练内容，提高项目风险管控能力。

（二）项目控制

2015年，公司在进度管理及费用控制方面取得了新成效。

1. 核电工程标准工作分解结构（WBS）

结合考虑费用控制、进度控制和范围管理需求，编制完成华龙一号核电工程标准工作分解结构（WBS），发布《华龙一号核电工程标准工作分解结构指南》，它将成为范围、进度、费用集成管理的纽带。

在华龙一号核电工程标准工作分解结构基础上，编制AP1000核电工程标准工作分解结构初稿和M310核电工程标准工作分解结构初稿，计划推广WBS指南的应用范围。

2. 赢得值管理的应用

以福清5、6号机组为试点推行建安赢得值管理在合同支付中的应用，在建安合同支付方式中引入赢得值方法，使支付的费用与现场施工的质量计划和进度计划紧密结合，有效降低了合同双方的风险。完成了《核电工程建安板块赢得值管理实施细则》的升版，不断完善建安赢得值管理在核电工程项目中的应用。

3. 继续开展核电项目风险概率量化分析工作

在2014年已开展工作的基础上，2015年完成了总工期分析报告模板，供各项目后续编制分析报告时使用，并发布了《PRA软件操作指南（试行版）》，用于指导软件的使用。

4. 启动了华龙一号标准二级进度计划的编制

启动了华龙一号标准二级进度计划的编制，计划通过梳理设计、采购作业与建安作业的匹配性，重点分析设计、采购间的逻辑制约关系，为后续华龙一号机型提供标准二级进度计划模板，为后续华龙一号机型总工期确定提供支持。

5. 费用控制体系

积极推进建立以项目为核算单元的费用控制体系，编制完成《工程总承包项目费用控制办法》，对项目的成本测算与费用控制方法进行了系统性阐释。

6. 成本数据库

为实现成本数据的归集，有效控制成本数据为后续项目费用控制与管理奠定基础，项目管理部以福清1、2号机组为试点项目，对其成本数据收集整理，并编制需求、存储和输出表格模板，利用Primavera Unifier系统建立成本数据库。

7. 完工项目费用控制总结报告

方家山项目已成功完成施工建设进入商运阶段，为了给后续项目的费用控制提供良好借鉴，项目管理部对方家山项目自开工以来各领域的费用控制方式、方法及效果进行全面回顾与总结，编制完成《方家山核电工程费用控制情况总结报告》。

8. 多项目技术支持

项目管理部秉承“服务项目，助力前行”的理念，编制《福清 5、6 号机组项目费用控制实施方案》，并开展福清 5、6 号机组（华龙一号）的成本分析与预测工作，协助福清项目部完成福清 5、6 号机组总体费用计划的编制。协助田湾项目部完成田湾 3、4 号机组项目总体费用计划的编制。协助漳州项目部进行项目预算调整、审查漳州项目实施大纲、编制费用计划。协助开展方家山、福清 1、2 号机组、海南项目概算调整评审。同时，为各项目部提供费用控制领域的相关知识与程序的培训。

9. 多项目进度和费用控制报告

实时监控各项目进展情况，每月出版多项目进展报告，对各项目主要进展进行分析和预测，提出重点要关注和解决的问题。

实时监控方家山、福清 1~4 号机组、海南、田湾 3 号和 4 号机组的成本数据，对预计完工成本进行分析与预测，并对各项目的成本数据进行横向对比分析，每季度出版《核电工程项目多项目费用控制监控报告》，反映各项目总体费用趋势及当期费用完成情况。

（三）施工管理

1. 核电站焊接工艺评定转移

核岛安装焊接工艺评定转移，着力于减少以往在核岛安装前必需的焊接工艺评定工作，降低人力、物力和财力的投入。成熟的施工经验，特别是已评定合格的焊接工艺评定应用到新项目中，可以为制定后续项目的焊接工艺评定指导书提供技术依据。

作为核电站建设的总承包单位，公司负责各核电项目焊接工艺评定转移管理，牵头组织焊接工艺评定转移申请报告的评审。

公司编制的《焊接工艺评定转移管理创新报告》，荣获 2015 年度“国防科技工业企业管理创新成果”三等奖；《核电站焊接工艺评定转移管理》获得中核集团核动力事业部的“生产组织管理”三等奖。

2. 施工管理培训支持

重视施工管理培训支持，增强公司施工管理领域的核电文化及核电意识，加强施工管理人才培养，提高核电施工管理素质及综合能力。

（1）重视培训策划和培训资源的积累、储备。跨度三年时间（2013/2014/2015），结合自身核电工程建设实践，总结相关知识体系，组织编写并出版《施工管理人员岗位培训教材汇编》；2015 年 10 月，组织编写并出版《建安施工质量控制》，有效地提高了核电工程管理人员和施工操作人员质量控制能力和操作技术水平。

（2）加强对公司总部及项目现场施工管理人员的培训支持力度。结合实际情况，合理制订施工管理人员专项培训计划，按期组织实施“质量保证体系及核安全体系”“各项目部核电工程总承包质量保证大纲及标准化程序宣贯”等施工管理业务培训。培训课题选择既切合公司当前核电建设之特点，又体现了我公司当前项目管理、施工管理提升之急需。

3. 多项目资源调配

注重公司各项目对工程剩余物资的有效利用和循环使用，为公司项目间物资调配及公司“集约化”管理创造可借鉴的实践经验。

（1）建立健全工程剩余物资管理方面的规章制度及实施程序。编制发布公司级管理规定《竣工项目资产及工程剩余物资管理办法》及其他相关工作程序，力图实现物资调拨及回收利用工作的规范化。现已形成公司、部门、项目部三层工程剩余物资管理体系，理顺了相关工作流程，为物资调拨工作的有序开展提供了依据和保障。

（2）组织方家山项目部、采购部，抽调骨干人员，组建“物资护航 QC 小组”，加强方家山项目工程剩余物资调拨、处置工作管理水平，提高物资调拨的及时率。该小组荣获 2015 年度公司优秀 QC 小组成果一等奖；协调完成方家山项目工程剩余物资项目间调拨共 10 批，物资处置共 2 批，为公司项目间物资调配及公司“集约化”管理创造了可借鉴的实践经验，节省了项目成本，提高了企业经济效益。

（四）基建管理

1. 中核东方项目

2015 年 2 月 12 日，取得北京市规划委员会颁发的《建设工程规划许可证》。

3 月 9 日取得项目《国有土地使用证》(京央房国用（2015 出）第 00091 号)。

12 月 2 日，取得由北京市住房与城乡建设委员会颁发的《建设工程施工许可证》(［2015］施建字 760 号)。

2. 研发中心项目

2015 年 2 月 12 日，完成注册名称“中国核电工程有限公司研发中心”核准。

6 月 24 日，核电研发设施一期工程通过廊坊市发改委备案审查，成功取得《备案证》。

3. 海盐调试基地项目

2015 年 2 月 11 日，调试部完成中国核电工程有限公司华东分公司名称核准；

3 月 31 日，海盐县发改局下发《项目服务联系单》，项目备案完成；

6 月 26 日，海盐调试基地项目完成《国有建设用地土地使用权出让合同签订（合同编号：CNPMYN15JF2N0533/00，附件 1)；

7 月 6 日，海盐县发展和改革局颁发《关于中国核电工程有限公司海盐调试基地建设项目核准的批复》（盐发改投［2015］154 号)，项目正式通过核准备案；

7 月 22 日，海盐调试基地项目取得《建设用地规划许可证》；

7 月 29 日，海盐调试基地项目取得《国有土地使用证》；

10 月 27 日，集团公司下发项目可研批复文件；

12 月 30 日，中国核电工程有限公司海盐调试基地项目开工。

（供稿人：卢欣然）

（五）项目信息化建设

1. 核电工程项目管理信息平台

公司核电工程项目管理信息平台（ProMIS）完成福清项目3、4号机组19类业务数据的整理与分析。基于一期系统功能对平台功能进行优化改进，针对福清项目5、6号机组进行基础功能布设和接口功能验证，实现设计文件单功能上线，对平台中数据进行规范性检查、分析，重点推动设计IED、SSC、设备位号等数据信息质量提升。组织成立项目信息化推进工作组及三个业务推进组，完成公司项目信息化专项激励方案编制、签发。

2. 施工管理信息化建设

推动施工管理信息系统的开发及部署，协调、组织施工管理信息系统IFS 3.0在福清现场的建设实施，并逐步形成公司核电现场管理的标准业务流程和标准化信息管理平台，促进项目的规范化管理。

➢ 业务实体一体化：建立现场施工活动相关业务（质量计划、设计变更、不符合项、经验反馈、风险等）与工程实体结构的关联；

➢ 进度业务一体化：建立进度计划与各项业务的关联，实现从进度计划中，快速定位各项业务与文件，实现进度计划的进一步分解，并进行跟踪、验证与关闭；

➢ 成本进度一体化：基于进度WBS结构与工程量清单，建立施工图预算管理机制；围绕进度、成本的计划值与实际值，进行项目赢得值分析；

➢ 文件业务一体化：建立项目文件库，集中管理项目文件结果，包括工程函件、设计文件、设备文件、建安文件等；完成业务结果文件的入库管理，随着工程的进展，完成项目文件的归集与整理。

业务流程一体化：通过业务平台与工作流平台的深入整合，实现用户业务处理与流程提交的一体化操作，提高用户工作效率。

（供稿人：郭锋）

四、经营管理

（一）经营开拓

1. 结合公司实际，使公司市场开拓相关管理制度更加合理可行

结合公司实际，为推动公司各领域业务的发展，完成了公司《投标管理办法》、《集团外项目经营管理办法》的发布。为加强公司对经营开发工作的管理，规范投标工作的管理，更好地适应市场竞争的需要，实现公司大经营战略和市场业务多元化的发展目标起到了积极有效的铺垫和推动作用。

2015 年完成了客户关系管理（CRM）系统的需求调研、方案编制，筹划建立客户关系维护管理系统，开拓所需的新的市场和渠道，提高客户的价值、满意度、赢利性和忠实度。加强与集团单位、大客户的业务联系，兼顾周边业主的开发，做到老业主带动新业主的模式，拓宽经营渠道。2015 年完成了公司投标情况和集团外项目情况的收集，并进行统计和分析。

2. 根据公司“十三五”规划，制定公司多元化营销策略

2015 年完成了公司多元化战略方向研究报告。2016 年计划根据公司“十三五”规划，制定公司多元化营销策略。

3. 内部挖潜交流，不断探索适应公司发展的激励机制

为实现公司以核电总承包业务为核心的同时，充分调动公司相关业务板块、各分公司/分院市场开拓的积极性，2015 年进一步探索适应公司发展的激励机制，并进行了方案的策划，为公司各板块、各分公司/分院制定适合各自业务领域的激励机制起到推进和借鉴作用。

4. 协调内部资源，为各业务板块、分公司/分院承揽项目搭建资源共享平台

积极跟踪市场信息，并将相关信息提供给公司各相关业务板块、分公司/分院以及子公司，互通经营信息，资源共享，形成合力。

（二）公司资质管理

2015 年是公司资质维护工作的重要年份，主要完成了新资质申请、原有资质到期延续工作。

新申请资质：特种设备（压力管道）设计许可证新申请并获得批准，为分支机构开辟民用市场提供了条件。

到期延续申请资质：完成公司高新技术企业资格重新认定并获得批准；环境影响评价资质延续申请并获得批准；民用核安全电气设备设计许可证延续申请并获得批准；工程勘察资质按照新的标准重新认定并获得批准；重新成为承担发改委咨询评估任务机构；特种设备（压力容器）设计许可证的延续申请材料提交以及民用核安全机械设备设计许可证延续申请材料的提交。详见表 5-1。

表 5-1　2015 年公司资质一览表

序号	资质名称	等　级	证书编号	发证日期	有效期
1	工程设计资质	综合甲级	A111003049	2012-04-16	2017-04-16
2	工程勘察资质	专业甲级	B111003049	2015-04-17	2020-04-17
3	工程造价咨询资质	甲级	甲 150111393049	2012-12-31	2015-12-31
4	工程咨询资格	甲级	工咨甲 20120070041	2014-08-14	2019-08-13
5	工程招标代理资格	甲级	F111003049	2014-02-27	2019-02-27
6	咨询评估资格	资格	发改委 2015 年第 30 号公告	2015-11-27	2019-11-26
7	建设项目环境影响评价	甲级	国环评证甲字第 1053 号	2015-09-17	2019-11-6
8	特种设备设计许可证（压力容器）	A1、A2	TS1210045-2016	2012-03-28	2016-04-22
9	特种设备设计许可证（压力管道）	GC1（1）（3）、GC2、GC3 级；GD1、GD2 级	TS1810738-2019	2015-06-12	2019-06-11
10	民用核安全机械设备设计许可证	1、2、3 级	国核安证字第 S（11）04 号	2011-01-24	2016-02-22
11	民用核安全电气设备设计许可证	1E 级	国核安证字第 S（15）18 号	2015-11-10	2020-12-31
12	高新技术企业资格	资格	GF201511002015	2015-11-24	2018-11-23
13	对外承包工程资格	资格	1100200200244	2010-04-30	—

续表

序号	资质名称	等　级	证书编号	发证日期	有效期
14	中央招标代理资格	乙级	ZYTZ-B2013031	2013-08-15	2018-08-14
15	质量管理体系认证证书	—	02714Q10131R5L	2014-08-22	2017-08-21
16	环境管理体系认证证书	—	02714E10046R2L	2014-08-22	2017-08-21
17	职业健康安全管理体系认证证书	—	02714S10045R2L	2014-08-22	2017-08-21

（三）合同管理

1. 公司合同发包管理提升，合同发包检查初见成效

2015年发布了《中国核电工程有限公司集团外项目经营管理暂行办法》和《中国核电工程有限公司合同发包管理规定》2项公司规定；《总部综合类合同发包管理程序》和《合同管理过程检查程序》2个部门管理程序，升版修订《建安工程合同发包管理程序》等26个程序。

督促各合同部门完成了各自的合同发包管理程序的编制/升版和发布；完成对设计院、采购部、福清项目部等5个合同部门的合同发包管理执行情况的现场检查，并出具了相关检查报告；合同发包管理提升效能监察项目夺得公司2015年度效能监察项目第一名，同时代表公司获得集团优秀效能监察项目评比二等奖。

2. 周期类合同到期风险预警管理创新

为了进一步规范总部综合类合同中周期类合同的签订工作，采取有效的风险管控措施防范合同过期风险，2015年3月，经营合同部成立了周期类合同过期风险预警管理工作小组，针对周期类服务合同的合同过期风险设计了一套识别、预警、监控和处理的风险预警管理方案，并对进入合同预警阶段的周期类合同进行了实施验证，取得良好效果。周期类合同到期风险预警管理提升项目获得公司2015年度风险管理提升奖三等奖。

3. 扎实推进各项目总承包合同商务工作

签订了《辽宁徐大堡核电厂一期工程2015年建安、设计工作付款协议》《辽宁徐大堡核电厂一期工程2015年设备采购工作付款协议》《辽宁徐大堡核电厂一期工程2014年已完成建安工程付款协议》《漳州核电厂1-4号机组工程总承包框架协议2015年度工作协议》《漳州核电厂1-4号机组工程总承包框架协议补充协议暨3000T重件码头及配套工程承包协议书》《河北海兴核电厂1、2号机组工程总承包框架协议》《河北海兴核电厂1、2号机组工程总承包框架协议2015年度支付协议》《漳州核电厂1-4号机组工程总承包框架协议补充协议暨3000T重件码头及配套工程承包协议书》。

完成了《漳州核电厂1-4号机组工程总承包合同》（基于AP1000技术路线）经过四轮合同谈判，于2015年6月具备签字条件。

4. 总包合同变更结算大胆创新，成果显著

2015年11月13日，方家山业主与公司双方高层领导就变更金额达成一致；2015年12月初，已完成下游主要建安分包合同的结算工作。方家山核电是公司全面完成总承包工作的首个核电工程总承包项目。变更结算成果不仅坚实守护了公司在本项目上的核心利益，也为今后其他项目树立了良好的标杆和示范效应。

签订了《福清核电1、2号机组总承包合同变更结算预付款协议》、《田湾核电站3、4号机组工程承包合同补充协议1》（分签协议）、《田湾核电站3、4号机组工程承包合同补充协议2》（T4UKT）、《田湾核电站3、4号机组工程承包合同补充协议3》（附录H下部分内容修订）；编制并洽商《田湾核电站3、4号机组工程承包合同补充协议4》。

完成了田湾核电项目3、4号机组继续开展工程承包合同变更索赔工作，变更索赔处理项目达100余项；完成了“八二一退役治理项目高放废液玻璃固化工程技术开发合同补充协议（一）”和“八二一退役治理项目高放废液玻璃固化工程总承包合同补充协议（二）”的合同变更。

5. 合同定价机制的初步建立

由于福清5、6号机组由ACP1000升级为华龙一号机型，在原总承包合

同基础上进行了合同文本修编及原合同价格打开重新谈判工作，在优化定价模式后创造性地提出了“风险合理分担+两阶段定价”的目标控制价模式，并于9月30日成功签订了含价格总承包合同。以福清5、6号总包合同重新定价为契机，把“两阶段定价+目标控制价模式”和“谁掌握主要风险资源，谁承担主要风险”原则下的新型定价模式、推动上升为《中国核工业集团公司核电工程总承包合同定价指导意见》（征求意见稿）集团标准，为以后总承包核电项目定价奠定了基础。

6. 方家山、福清1、2号、海南固定资产清单编制完成

方家山项目固定资产清单编制工作已按计划完成，核岛和常规岛工程共计256个系统已分批次打印移交业主公司；BOP工程60个子项电子版文件移交业主公司。

福清1、2号机组固定资产清单编制工作已按计划完成，已提交业主公司固定资产清单编制计划，已完核岛32个系统，常规岛17个系统，BOP工程18个子项资产清单（A-00版）。

海南项目固定资产清单编制工作已按计划完成，已提交业主全厂557个系统资产清单（A-00版）；建构筑物子项66个资产清单。

7. 施工合同管理水平提升，合同标准文本发布

《核电建设工程施工合同（标准文本）》（版次2）于12月发布，新版施工合同结合福方海项目的合同经验反馈升版了合同条件，并且配齐了合同附件，形成了一整套完整的合同文本。这位为后续新建核电项目提供了标准施工合同范本，规范了签约行为，提高了合同签约效率，减少了合同风险，进一步提升建安分包合同管理水平。

《建安合同材料定价管理程序》正式发布。该程序的发布为规范大宗材料定价工作提供依据性文件；规范定价工作，控制投资风险，同时消除后续监察审计工作风险，对规范公司及部门后续工作提供依据，提升了管理工作。

8. 建安分包合同签订

全年签订建安合同共计17份、签订变更协议、补充协议及暂付款协议

共计30份。具体详见表5-2。

表5-2　2015年建安合同及协议一览表

序号	签约方	合同名称
		（一）合同
		福清项目
1	中国核工业二四建设有限公司	福建福清核电厂5、6号机组核岛及其配套土建工程施工合同
2	中海工程建设总局	福建福清核电厂5、6号机组CC跌落井及排水暗渠建安工程施工合同
3	核工业南京建设集团有限公司	福建福清核电厂5、6号机组GD2沟施工区域道路及管线改造工程施工合同
4	福清市三建建筑工程有限公司	福建福清核电厂5、6号机组室外00工程及7UB围栏土建工程施工合同
5	中国核工业中原建设有限公司	福建福清核电厂5、6号机组大件设备吊装工程施工合同
6	中国核工业二四建设有限公司	福建福清核电厂5、6号机组常规岛土建工程施工合同
7	福清市三建建筑工程有限公司	福建福清核电厂5、6号机组GF1、GF2沟土建工程施工合同
		田湾项目
1	核工业井巷建设公司	田湾核电厂3、4号机组W1UCE子项（含移动电源库）土石方工程施工合同
2	北京绿创声学工程股份有限公司	田湾核电站3、4号机组主控室降噪治理工程设计及设备供货合同
3	中国能源建设集团江苏省电力建设第三工程有限公司	田湾核电基地T4UKT、T3UKZ安装工程施工合同
4	核工业井巷建设公司	田湾核电项目过境道路子项施工合同
		漳州项目
1	中交第四航务工程局有限公司	漳州核电厂厂区东护岸、南护岸及回填区域清淤工程施工合同
2	中核混凝土股份有限公司、中国核工业第二三建设有限公司	福建漳州核电厂一期工程混凝土搅拌站建设工程施工合同
		海南项目
1	核工业华东建设工程集团公司	海南昌江核电厂1、2号机组排洪渠疏浚与土方清理开挖工程施工合同

续表

序号	签 约 方	合 同 名 称
2	中海工程建设总局	海南昌江核电厂取水明渠拦污网工程施工合同
		徐大堡项目
1	浙江华夏工程管理有限公司	徐大堡 1、2 号机组建设工程项目造价咨询合同（第一批）
		八二一项目
1	中国核工业二四建设有限公司	八二一厂低放有机废液处理工程整改土建工程施工合同
		（二）协议
		福清项目
1	中国核工业第五建设有限公司	福建福清核电厂 1、2 号机组部分 BOP 子项安装工程施工合同变更协议二
2	中国核工业第二四建设有限公司	福建福清核电工程 3、4 号机组土建工程施工合同变更协议（暨 8LX 24.7 增建办公室）
3	中国核工业二三建设有限公司	福建福清核电厂 3、4 号机组核岛安装工程合同变更协议
4	中国核工业二四建设有限公司	福建福清核电厂 5、6 号机组核岛及其配套土建工程施工合同变更协议（一）
5	核工业南京建设集团有限公司	福建福清核电厂 5、6 号机组负挖工程施工合同变更协议
6	中国核工业二四建设有限公司	福建福清核电厂 5、6 号机组常规岛土建工程施工合同变更协议（一）
7	中国核工业二三建设有限公司	福建福清核电厂 1、2 号机组核岛安装工程合同补充协议主管道窄间隙 TIG 自动焊（二）
8	中核武汉核电运行技术股份有限公司	福建福清核电厂 1、2 号机组役前检查技术服务合同补充协议
9	中国核工业二三建设有限公司	福建福清核电厂 3、4 号机组核岛安装工程合同补充协议（主管道窄间隙 TIG 自动焊）
10	中国核工业二四建设有限公司	福建福清核电厂 5、6 号机组 FCD 前施工准备工作暂付款协议（三）
11	中国核工业二四建设有限公司	福建福清核电厂 5、6 号机组核岛及其配套土建工程暂付款协议（四）
12	中国核工业二四建设有限公司	福建福清核电厂 5、6 号机组常规岛土建工程暂付款协议（一）
13	中国核工业二四建设有限公司	福建福清核电厂 5、6 号机组核岛及其配套土建工程暂付款协议（五）
14	中国核工业二四建设有限公司、中核混凝土股份有限公司	福建福清核电厂 5、6 号机组混凝土供应资金短缺三方支付协议
		方家山项目
1	中国核工业第二二建设有限公司	秦山核电厂扩建项目（方家山核电工程）土建工程发承包合同变更协议 3（暨保修保函替换部分质保金）

续表

序号	签约方	合同名称
2	中国核工业第五建设有限公司	秦山核电厂扩建项目（方家山核电工程）TOB至PAC阶段设备维护保养及维修项目（常规岛部分）服务合同变更协议
3	中国核工业二三建设有限公司	秦山核电厂扩建项目（方家山核电工程）核岛安装工程合同补充协议主管道窄间隙TIG自动焊（二）
4	中核武汉核电运行技术股份有限公司	秦山核电扩建项目（方家山核电工程）役前检查技术服务合同补充协议
海南项目		
1	中国核工业二三建设有限公司	海南昌江核电厂1、2号机组核岛安装工程施工合同补充协议（九）（质量保修金返还条款变更协议）
2	广东火电工程总公司	海南昌江核电厂1、2号机组常规岛及部分BOP子项安装工程施工合同补充协议九（常规岛及部分BOP子项赶工及延期暂付款） 变更补充协议（一）
3	中国核工业二三建设有限公司	海南昌江核电厂1、2号机组核岛安装工程施工合同补充协议（十）（工程延期费暂付协议）
4	中国能源建设集团广东火电工程有限公司	海南昌江核电厂1、2号机组常规岛及部分BOP子项施工合同补充协议（七）（BOP暂定价变更）
5	中国核工业第二二建设有限公司	海南昌江核电厂1、2号机组土建工程施工合同变更补充协议（六）
6	中国核工业第二二建设有限公司	海南昌江核电厂1、2号机组土建工程施工合同变更补充协议（八）
田湾项目		
1	中国核工业华兴建设有限公司	田湾核电站扩建工程5、6号机组核岛土建工程FCD+4前施工工作暂付款协议
2	中国能源建设集团江苏省电力建设第三工程有限公司	田湾核电站5、6号机组常规岛第一罐混凝土前施工工作暂付款协议
3	核工业南京建设集团有限公司	田湾核电站扩建工程5、6号机组核岛负挖工程施工合同补充协议（七）
徐大堡项目		
1	核工业南京建设集团有限公司	辽宁徐大堡核电厂施工临时设施（小五通）工程及重件道路施工合同变更协议
桃花江项目		
1	核工业南京建设集团有限公司	湖南桃花江核电厂土石方一标段施工合同总结算协议书
其他		
1	中国核工业二三建设有限公司	主管道自动焊技术应用框架协议补充协议

（四）分公司、分院管理

完成分院/分公司对外投标提供投标信息、协助办理各种手续、资料等支持性工作；

完成河北、郑州分公司、北京民用设计院合同签约及收支信息台账的维护工作，完成了北京民用设计院产值核算；

对分院管理工作进行了年度检查，针对检查中发现的不规范的商务管理工作进行了沟通和指导；

对河北、郑州分公司进行公司合同管理制度和程序的宣贯和交流，对分公司合同商务管理工作的规范化提供指导和帮助。

（供稿人：盛丹）

五、招标管理

2015 年现行管理制度 2 项、各类工作程序 35 项，建立并投入使用了招标采购管理信息系统和对外招标采购信息网站，全年组织完成各类招标采购活动 395 项，同比 2014 年度招标项目增加一倍，累计中标金额约 102.20 亿元人民币，节约资金 7.12 亿元人民币，节资率达 7.7%。通过对招标活动专业化的组织实施，实现流程规范、效能提高，降低因招投标法律法规不熟悉所造成的采购风险；同时提高了公司招标采购廉洁从业风险的防控能力。

（一）招标管理

1. 组织机构建设

为更好地开展招标采购代理工作，公司于 2015 年 7 月 20 日正式成立招标三处。现内设招标一处、招标二处、招标三处及综合管理处。现有员工 27 人（其中技术服务 9 人，劳务派遣 5 人），其中研高 1 人，高级工程师 3 人，工程/经济师 13 人，助理工程/经济师 5 人。已获取招标师职业水平证书的 13 人。招标中心组织结构框图如图 5-1。

为规范管理，公司在《招标中心组织机构及职责》，规定了招标中心的机构设置、各处的职责以及中心各岗位人员的权利及职责。其中，招标一处负

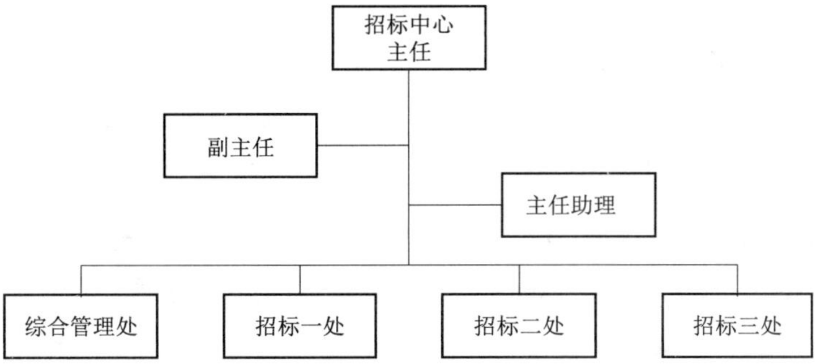

图 5-1　招标中心组织结构框图

责核电设备采购招标项目的组织实施；招标二处负责除核电设备采购以外类型的所有招标项目的组织实施；招标三处负责对外招标代理和非招标采购代理业务（以下简称招标采购代理）的承揽与组织实施工作，其中非招标采购代理主要包括单一来源采购、竞争性谈判、询价等采购代理业务技术咨询与服务；综合管理处负责中心计划管理、质量安全、文档管理等各类综合业务。

2. 制度体系建设

公司 2015 年度新发布及升版各类招标管理工作程序 10 项，其中公司级程序 3 项，部门内程序 6 项，部门内管理制度 1 项（见表 5-3）。

表 5-3　程序及制度

级　别	序 号	名　称	颁　布　日　期
公司级程序	1	《评标专家库管理》	2015 年 02 月 16 日
	2	《招标代理业务管理》	2015 年 11 月 27 日
	3	《田湾项目 3、4 号机组招标全过程文件编码规则》	2015 年 05 月 08 日
部门级程序	1	《招标中心招标风险管理》	2015 年 07 月 22 日
	2	《评标办法（综合评估法）》	2015 年 10 月 30 日
	3	《开评标会议组织与流程》	2015 年 09 月 28 日
	4	《部门培训管理》	2015 年 05 月 28 日
	5	《招标专项预算管理》	2015 年 07 月 27 日
	6	《非招标采购代理流程管理》	2015 年 08 月 31 日
部门内部管理制度	1	《招标中心 JYK 管理规定》	2015 年 03 月 06 日

3. 招标工作的年度亮点

（1）挖潜增效、精心策划，为公司招标采购节资增效。

2015 年度开展并完成招标项目 395 项，同比 2014 年度招标项目增加一倍，累计中标金额约 102.20 亿元人民币，节约资金 7.12 亿元人民币，节资率达 7.7%。为确保圆满完成如此众多的招标项目，公司调整招标中心处室配置、整合人力资源确保最大限度地承接招标业务，对各项招标策划和定标汇报材料进行认真分析研讨，确定最优的招标方案。精心策划努力完成招标业务，保证公司总承包项目的招标采购的进度计划和招标效果。

（2）大力开拓招标采购代理市场，为公司利润创收增效

在确保公司招标业务完成的情况下，把 2015 年确定为招标采购代理工作拓展的开局年。考虑到招标采购代理实施模式和服务要求与公司自行招标有较大不同，公司以建章立制为抓手，规范招标代理服务标准、明确职责，以标准高效更好服务于业主为目标，积极开拓招标采购代理市场，并取得了较大成绩。2015 年开展及完成招标代理项 72 个，招标代理合同额约为 500 万元人民币。为打造全集团集中招标采购平台，为公司重要的利润增长奠定基础。

（3）提升管理能力，为招标专业化提供保障

为加快招标工作标准化进程，2015 年公司将招标中心文件模版编制工作列为一项重要任务。通过对设计勘察类、信息资产类、设备类及施工建安类等项目招标文件归纳整理，分析项目共性及不同点，编制完成了适用于涵盖各类项目要点的完整、标准化模版，为招标工作提高工作效率和招标质量打下坚实基础。

同时，利用公司已完成的 700 余项招标项目数据资料，按照核电设备篇、建安篇、服务篇，总结整理投标人资格条件和资质信息，编制完成《核电项目潜在供应商资格目录明细》，建立的投标厂商数据库涵盖公司总包项目招标采购，为招标采购供应商评价体系的建立创造了条件，保证公司招标采购以取得良好的效果。

4. 招标代理工作

2015 年承揽招标代理项目 72 项，其中中核控制设备、保险、信息化类采

购 7 项；国家能源局财务验收会计事务遴选政府采购；哈密中核风电项目设备采购 15 项；核电秦山房屋修缮施工等 13 项；核动力院福清 5、6 号棒控和棒位系统（RPC）设备采购；中核集团项目 12 项；清华大学设备采购 8 项；原子高科设备集中采购；农科院钴源退役项目；原子能院科技馆布展、环境布置项目；中原公司 K-2/K-3 项目真空泵设备采购；中海油新能源潍坊风电勘察设计、风机吊装平台施工；中核财务 IBM P730 小型机服务器、软件采购；中核龙原快堆土石方工程 I 标段、霞浦核电进场道路施工招标。

5. 招标工作的信息化

公司招标采购平台各项功能逐步完善，为招标业务提供了有力保障。2015 年上半年，根据平台使用出现的问题等反馈意见，组织对问题进行分类整理、分析，并对其产生的原因及应对措施进行了研究探讨，编制完成《CNPE 招标采购平台项目（二阶段）使用情况分析评价报告》。主要问题涉及系统功能不完善、人员操作失误更正、需求变更、网络故障等共计 114 项，明确提出系统功能完善及处理改进意见。针对项目招标方式的转换、建立系统过程文件模版、统计分析功能、公告变更、答疑模块问题，须由原开发单位协商对系统进行开发，且已列入 2016 年信息化更正计划中。

6. 招标项目成果

2015 年公司开展各类招标项目 395 项，其中：821 项目 16 项，600 MW 示范快堆项目 19 项，K2K3 项目 1 项，方家山项目 6 项，福清项目 162 项，海南项目 12 项，田湾项目 35 项，徐大堡项目 1 项，漳州项目 15 项，河北海兴项目 9 项，科研项目 9 项，公司资产及其他项目 38 项，招标代理项目 72 项；按项目类型设备采购项目 190 项，建安及其他类项目共计 205 项。各项招标项目均取得了较好的招标效果，招标过程中违规现象为 0。

（二）招标相关工作

1. 招标领导小组办公室工作情况

2015 年度，招标领导小组办公室共组织招标领导小组会议 28 次，完成各类决议 428 项，其中定标议题 285 项，招标策划议题 5 项，采购策划议题 3 项，采购方式议题 113 项，其他议题 22 项。

办公室日常工作目前主要体现在会议组织以及纪要的编制、下发和跟踪反馈等方面，保证了公司各项采购工作的决策。

2. 供方评价

2015 年，按照管理体系优化安排，开展供方评价需求收集、组织紧急采购潜在供方评价等相关工作。2015 年，按照管理体系优化安排，公司安排招标中心配合质量保证部开展供方评价需求收集、组织紧急采购潜在供方评价等相关工作。公司全年共汇总提出供方评价需求 79 次，涉及供应商 320 个/次。另外，按照公司相关程序规定，组织开展及完成了紧急采购潜在供方评价 7 项。

3. 招投标文档归档、移交

积极梳理招投标资料的清理工作，并积极开展新增项目的文档整理移交工作，2015 年共完成 233 项招标项目、12 项紧急采购潜在供方评价的文档整理和移交工作。

4. 培训、质量安全等工作

定期开展培训工作，全年共组织各类培训达到了 37 次，人均培训 60 学时。年初即制定了一套年度培训计划，培训方式方法多样化，并要求月月有培训。通过各类培训的开展，落实业务操作标准化工作，提高了员工的业务水平，提升了员工的廉洁从业意识，强化了员工在工作过程中的质量意识，培训达到了预期的效果。

5. 招投标质量管理工作

在质量管理工作中，坚持工作程序、文档管理规范化、标准化和有效性，定期组织检查，保证了质量、环境、职业健康安全管理体系运行正常，受控，在公司质量内审、外审中无发现不合格项。

为了更好地提高招标文件的编制质量，总结工作经验，编制了招标项目经验反馈管理程序，通过对招标过程中出现问题的反馈，并针对出现的问题制定出解决方案和意见建议，分享工作经验，提高工作效率及员工工作能力，避免和减少相同问题的再次发生。继续质量趋势分析工作，定期发布完成质量趋势分析报告，及经验反馈简报，通过质量趋势分析，以查找日常工作中容易忽视或难以察觉的质量趋势以及影响工作质量的主要因素，使各管理层了解工作质量现状，明确今后质量管理的重点及改进质量控制的方法和措施。使管理层了解工作质量现状，明确今后质量管理的重点及改进质量控制的方法和措施。按照“中心 2015 年度质量目标分解表”要求，完成全年质量任务。

按照集团及公司关于开展 2015 年“质量月”活动的要求，公司以进一步强化招标中心全员质量意识、提升质量管理能力与水平为目标，积极响应“质量月”活动计划安排，制定了详细的活动方案，成立了“质量月”工作小组，将各项活动安排落实到人，定期检查活动开展情况，保证了“质量月”活动的有序开展，各项“质量月”活动均按计划顺利完成。在质量月活动总结会上，中心荣获“2015 年质量月活动先进集体”称号。

为了更好地服务于公司各招标需求部门、投标厂商及中心内部员工，提高和改进招标业务工作的质量要求，2015 年 6 月公司组织招标中心开展对 2014 年顾客满意度调查工作中 8 项整改措施的整改情况的总结工作，完成《2014 年顾客满意度调查工作中 8 项整改措施的整改情况总结报告》。2015 年 6 月针对员工本职工作，从员工培训、工作过程中指导、配备的软/硬件设备和工作安排方面开展部门员工工作满意度调查工作，完成《员工工作满意度调查报告》。2015 年 8 月向经常参与我司招投标活动的 22 家投标人发出关于招标中心顾客（投标厂商）满意度调查的问卷，通过对反馈的调查问卷中评分及意见的整理分析，完成《2015 年顾客（投标厂商）满意度总结报告》。2015 年 10 月通过对采购部、经营合同部、调试部、设计院以及徐大堡项目部等部门反馈意见进行统计、分析，找出中心在招标工作中存在的问题，制定改进措施，完成《2015 年顾客（公司内部需求部门）满意度调查总结报告》。

6. 保卫保密、风险管理和效能监察工作的开展

严格按照公司安全保密部和信息文档部的相关规定，组织招标中心领导与员工签订了《员工保密承诺书》，开展计算机保密自查工作，排查办公计算机的各类文件，保障了办公用电脑的保密要求。配合公司顺利完成国家军

工保密资格复查工作。

根据公司全面风险管理安排，进一步加强全面风险管理的力度。定期召开风险管理工作专题会议，学习风险管理、廉洁从业相关的文件规定，分析业务开展过程中存在的各类风险点，特别针对工程招投标风险和廉洁从业风险评价的表现、原因进行了分析，开展了风险跟踪，有效管控招标风险，确保招标任务目标的顺利实现。

2015年度中心成立能效监察工作小组，建立“创新经营管理，提升招标代理效益”效能监察工作项目，进一步优化招标管理工作，积极拓展公司外招标采购代理业务，提升公司招标采购活动的经济效益，保证工程质量，实现降本增效，并在“2015年度效能监察优秀项目评选会”荣获鼓励奖。

7. 党风廉政建设工作的开展

重视党风廉政建设工作的开展，党支部定期组织召开会议，并持续开展了“三严三实”专题教育工作，提升党员的党性修养，增强党员的纪律意识。

同时按照公司统一部署开展了反腐倡廉教育月活动和廉洁风险防控自查活动，积极组织开展廉洁从业内部培训教育，签订《员工廉洁从业承诺书》，将廉洁风险防控责任落实到每个员工。在日常工作中、月例会及各类业务培训中，也将廉洁从业作为重点予以宣贯，以提升员工的廉洁从业意识，避免违规事件的发生。

8. 资质维护

积极配合经营合同部于2015年3月完成了中央投资项目招标代理资质年审工作。2015年3月按照政府采购网关于政府采购招标代理资质注册备案的要求完成公司注册工作，具备政府招标采购代理资格。积极准备中央投资项目招标代理机构资格乙级升甲级的资料，为公司招标代理拓展增加业务范围。

（供稿人：李雯）

六、人力资源管理

公司人力资源管理按照公司整体工作部署和战略要求，全面完成公司

2015 年度各项 JYK 重点战略任务，有效开展从人力资源方面加强公司总承包能力建设的各项工作，积极有序地推进人力资源各模块的完善和体系建设，借鉴多种先进理念与工具提升人力资源管理的科学化水平。

截至 2015 年年底，公司从业人员 6 688 人。其中，劳动合同制员工 3 817 人，回聘 142 人，技术服务 1 496 人，劳务派遣 702 人，借用人员 102 人，业务外包 429 人，多元化用工比例达到 41.0%。各类专业技术人员 5 778 人，涵盖 70 余个专业。其中，院士 2 人，享受国务院政府特殊津贴人员 21 人，国家级勘察设计大师 2 人，中国核工业工程勘察设计大师 4 人，引进的海外高层次人才“千人计划”专家 1 人。高级专业资格人员（正高级）348 人，高级专业资格人员（副高级）994 人，具有国家级职业资格注册人员 700 余人。博士 75 人（占员工比例 1%），硕士 1 565 人（占员工比例 23%），本科 3 609 人（占员工比例 54%），专科及以下 1 439 人（占员工比例 22%）

（一）人力资源体系建设

1. 完成公司“十三五”人力资源发展规划

2015 年，完成《中国核电工程有限公司“十三五“人力资源发展规划》。由战略规划引领业务方向，“十三五”人力资源规划提出了新时期人力资源管理从保障公司战略层面、服务司属单位层面、促进员工发展层面和完善管控体系层面的整体规划目标。从公司未来人员数量、结构、素质、培养、精益化管理等方面出发制定了人力资源发展方向和保障措施。

2. 建立培训开发体系

2015 年 9 月完成公司培训体系建设方案和整体规划，按照“分层级、分阶段、分通道”的核心理念，建立包含培训管理体系、培训课程体系、培训讲师体系和培训信息支持体系“四位一体”的综合性培训体系。12 月编制发布《中国核电工程有限公司培训体系管理办法》和“CNPE 核聚英才计划”。

3. 落实 JYK 考核体系全员覆盖

2015 年 4 月，组织完成包括分、子公司在内的所有单位的全员 JYK 目标责任书签订工作，将 JYK 目标逐级分解到岗位，实现全员覆盖，是公司首次以“逐级签署，逐级承诺”的方式将目标责任落实到每个员工身上；5 月，公司受邀参加核动力事业部组织召开的全员 JYK 考核研讨与推进会，并作为典型案例向与会各单位做绩效考核经验汇报。获得核动力事业部领导的高度赞赏。

4. 完善落实岗位管理体系

2015 年 5 月，根据《岗位体系管理办法》统一组织符合条件的首批员工岗位等级晋升工作，实现了绩效考核结果在员工晋升中的有效运用，首次将“建立以业绩为导向的岗位晋升机制”以量化积分的形式落到实处。

5. 完善人力资源服务体系，积极落实“三个服务于”

任命新一批人力资源客户经理，提供更积极有效的人力资源服务，为各单位存在的人力资源问题提供切实有效的解决方案。加强对项目部的人力资源管理支持力度，2015 年对项目部信函回复率达到 100%，确保项目部人事问题能够得到及时处理。2015 年，人力资源部继续加强对员工援助计划的宣传力度，为公司员工提供高质量的心理咨询服务。经调查，员工对服务总体满意率为 100%，非常满意率为 85.9%；对咨询服务的总体满意度为 98.6%，非常满意率为 81.7%；有 66 人确认服务对自己有帮助，受益率为 93.0%。除一对一电话咨询服务外，还在各项目部组织召开场心理健康培训，在北京总部举办心理健康管理员专项培训，切实加强对员工心理健的积极干预。

2015 年，公司继续有序为骨干员工分居配偶协调落户，向集团公司争取到京外调干指标 4 个，解决夫妻两地分居配偶进京落户指标 47 个，指标数量居集团第一。截至 12 月，已完成共 51 人进京材料收集、整理与递交工作。

（二）干部管理

1. 推动干部管理工作规范化、制度化

2015 年，根据公司业务发展与管理提升的需求，共调整中层干部 46 人

次，调整内设机构干部 227 人次。按单位分类建立公司干部管理数据库，实时掌握公司各层级干部现状。完善现有选人用人工作程序，直管干部在上党委会讨论前进行充分沟通酝酿；严格按照要求进行领导个人有关事项报告；对提任的直管干部在公司范围内进行全面公示，加强群众监督。

2. 加强干部培训教育

2015 年 6 月，根据核动力事业部部署，制定公司中层及以上领导干部“三严三实”专题教育方案并组织实施。

基于领导干部岗位需求，完成两期直管干部领导力发展培训和内设机构干部领导力发展培训。按照“管理自我、管理团队、管理组织”三个阶段，层层递进，有针对性地帮助公司不同层次的管理者进行岗位资格与任职能力提升，不断强化干部团队管理能力，提升团队和单位管理效率。

（三）劳动用工

1. 发布职能部门、调试板块及招标中心定编人数

为实现公司人力资源精益化与精细化管理、加大对人工成本的控制力度、更好地实现人力资源战略规划和整体统筹配置，通过借助咨询公司等专业机构，结合公司实际状况与市场化标准，制定并发布了职能部门及招标中心定编人数。

2. 制定公司劳动用工优化方案

深入分析公司用工形式现状和存在的问题，按照人力资源与社会保障部颁布的《劳务派遣暂定规定》，制定了符合公司目前现状和未来发展需求的劳动用工优化方案。新方案在分析岗位工作内容性质的基础上，调整了不同岗位的用工形式和整体比例，很大程度上降低了公司用工方面的法律风险，提高了人员利用率，降低了劳动用工成本，极大程度上增加了公司人员数量弹性。除此之外，制定劳动用工方案的过程本身就是一个分析公司人力资源的总量与分量、存量与增量的过程。

3. 优化人员引进与配置机制

加大关键领域人才引进力度，制定年度项目人才引进计划，并通过借助猎头服务商、网络宣传、自主招聘等市场化机制，加大对骨干人才的引进力度，完成了引进项目人才 50 人的任务目标。确定公司优秀技术服务人员转为劳动合同制员工名单并完成用工形式转换。在人力资源优化配置方面，积极调研、分析海南项目部人员组成及技术背景并形成报告；强化公司人力资源的统筹协调能力，建立公司人员建立公司人员专业背景数据库，促进项目间的人员流通，并策划将徐大堡、方家山项目富余人员进行安置调配。形成用工优化方案，降低用工风险，提升组织人员数量弹性，降低用工成本。

（四）教育培训

1. 完成公司培训体系初步建设

在公司内部调研总结分析、外部市场对标的基础上展开了公司培训体系建设的工作。本着以“分层级、分阶段、分通道”管理体系为出发点；以课程体系为落脚点；以讲师体系和信息支持体系为支撑点的核心思路，策划并建立了特色鲜明的“核聚英才”培训体系。2015 年 9 月，召开公司培训体系建设研讨与交流会，征求属各单位对公司培训体系建设方案的改进建议，了解了各单位培训存在的问题、难点及需要公司给予关注和支持的方面提出了需求。随后，“核聚英才”培训体系通过公司党政领导办公会审议开始正式实施。12 月，正式发布《中国核电工程有限公司培训体系管理办法（版次：1）》。

2. 推动国际化人才培养

根据公司 2015 年年度工作会议精神，落实公司要求，为国家“核电走出去”战略以及“国际一流”的公司战略愿景提供坚实的支撑。7 月和 11 月相继举办了两期全脱产工程英语口语培训班，培养与提高工程技术骨干人员的涉外交流与业务能力，为公司储备满足国际化发展需求的年轻专业技术骨干队伍奠定基础。

3. 成立博士后科研工作站

2015 年 10 月中国核电工程有限公司喜获人力资源社会保障部、全国博士后管委会批准设立博士后科研工作站。继定向研究生培养、校企合作办学后，公司在产、学、研一体化进程中的又一重大举措。为公司吸纳更多的高级人才，加强公司与创新型青年人才的交流合作搭建了良好的平台。

4. 继续推进校企合作，联合培养工程项目人才

为了持续提升公司项目与技术骨干人才的专业水平，依托高校在项目管理、核能与技术、核化工等领域的学科优势及教育资源优势，公司与清华大学、南华大学分别联合开展了项目管理领域工程硕士班和核能与核技术工程（核化工方向）工程硕士班。2015 年共有 58 名来自公司总部、各项目部及分子公司的学员入班学习。

5. 完成 2015 年项目核心人才培养目标

为了提高总承包能力建设，进一步提升项目管理人员的履职能力和管理水平，促进项目管理骨干人才的成长，策划并组织了第二期工程总承包项目管理关键领域骨干人才研修班和核电工程总承包项目总经理及后备人才研修班，对项目管理各个领域的骨干人才开展了针对性和系统性的培养。为公司建设一支结构合理、素质优良的项目管理人才队伍提供了有力保障。

（五）薪酬福利和社会保险

1. 完成市场化薪酬对标报告

2015 年 12 月，本着与公司具有可比性的原则，选取了集团内部 2 家单位，外部同行业 3 家单位，跨行业跨地域 2 家单位共计 7 家对标单位，在经过充分的市场调查后，完成市场化薪酬对标报告，对于提高人工成本竞争力，推动管理提升，了解行业薪酬管理最佳实践、激励内部组织、稳定关键人才、吸引优秀员工等都有着重要的意义。

（六）考核管理

1. 落实 JYK 考核全员覆盖

2015 年 4 月，组织完成包括分、子公司在内的所有单位的全员 JYK 目标责任书签订工作，将 JYK 目标逐级分解到岗位，实现全员覆盖，是公司首次以“逐级签署，逐级承诺”的方式将目标责任落实到每个员工身上；5 月，根据《岗位体系管理办法》统一组织符合条件的首批员工岗位等级晋升工作，实现了绩效考核结果在员工晋升中的有效运用，首次将“建立以业绩为导向的岗位晋升机制”以量化积分的形式落到实处。5 月，公司受邀参加核动力事业部组织召开的全员 JYK 考核研讨与推进会，并作为典型案例向与会各单位做绩效考核经验汇报。获得核动力事业部领导的高度赞赏。9 月，公司在郑州分公司组织召开了全员 JYK 考核研讨与交流会，各业务板块、各单位通过突出问题、分享经验，为继续深化推进全员 JYK 考核奠定良好基础。2015 年 11 月以来，着手开展绩效理念宣传，推进绩效习惯的养成，促进绩效文化的形成。发布了全员绩效管理专刊。

2. 首次根据考核结果调整岗位晋级

5 月，根据《岗位体系管理办法》统一组织符合条件的首批员工岗位等级晋升工作，实现了绩效考核结果在员工晋升中的有效运用，首次将“建立以业绩为导向的岗位晋升机制”以量化积分的形式落到实处。

（供稿人：赵博瀚）

七、信息文档管理

（一）信息化管理

2015 年信息化工作紧紧围绕公司发展战略，以有效提升支撑业务规范化、精细化为宗旨，按照“信息部门搭台、业务部门唱戏”的信息化建设模式，公司各项信息化工作按计划有序开展。公司信息系统运行稳定，信息化办公环境不断优化，信息化价值得到体现，信息化管理体制逐步健全，信息化队伍能力稳步提高，为公司未来信息化工作发展奠定了坚实基础。

1. 业务驱动，推进四大业务应用系统的功能完善与应用深化

设计信息管理系统推广至新建核电项目（漳州/海兴项目），并通过虚拟化应用，实现了核动力院线上会签，为跨公司设计协作奠定了基础；合同采购仓储系统延伸至互联网，打通了与供应商之间的信息接口，为全面实现设备供应商在线管理创造了良好环境；启动了施工管理系统3.0版建设，并在福清5、6投入使用，效果良好，为施工管理系统的应用推广做好了技术储备；完成了调试管理系统的部署优化，并在福清3、4机组投入使用，为调试管理系统在其他在建核电项目进行推广部署奠定了实践基础。

2. 经营导向，推进项目管理平台及经营管理平台的建设和改进

项目管理平台得到进一步完善，各项业务数据准备基本就绪，具备为在建工程项目管理提供数据支持的能力；e-Learning培训平台成功投用，为公司员工的在线培训活动奠定了平台基础；协同办公系统、经验反馈系统、风险管理系统、任务跟踪管理系统等系统的功能得到持续改进，公司信息化办公环境得到进一步改善。

3. 善用资源，改善和提升公司信息化基础支撑能力

完成了公司与集团商网的互通互联，促进了集团核动力板块商业应用网络系统的建设；完成了总部局域网交换机、广域网防火墙的更新，改善了公司的网络应用环境；公司互联网外网数据中心初步建成，进一步提升了公司的数据处理和存储能力；推进桌面虚拟化系统试点应用，开展VPN性能优化项目，为公司日后安全高效开展移动办公业务建立了技术基础。

4. 关注安全，做好信息系统的运行维护保障工作

公司各信息系统运行管理制度得以完善，信息系统运行维护进一步规范，运维月报制度得到全面落实；核心机房及重大应用系统的应急演练初步开展，形成了应急演练总结报告，印证了关键安全性问题，提升了系统的应急处置能力；全年公司各信息系统运行稳定，未发生重大信息安全事件。

5. 深入管理，全面完善信息化管理体系和工作流程

升版了《信息化工作考核管理办法》《项目后评估管理办法》《公司信息化建设项目管理办法》《公司信息安全策略》等信息化管理制度，进一步优化了信息化项目管理方法和信息安全管理策略。发布了《信息系统外包服务管理程序》《信息系统服务工作量管理程序》等信息化工作程序，进一步规范了信息系统运维框架合同的执行流程。

6. 全面支持，做好技术服务和技术指导工作

参与福清 5、6 号机组、田湾 5、6 号机组、海兴项目总承包合同谈判，以及海南项目调概、海南项目信息化费用调整与确认工作，较好地支持了总承包合同签订和变更工作；落实河北、郑州两分公司涉密信息系统建设需求，协助分公司编制了涉密信息系统建设项目建议书，有效地推进了分支机构的信息安全工作；支持业务部门开展财务预算管理系统、合同管理系统二期等信息化项目的前期准备工作，为后续的系统建设奠定了良好基础。

（二）文件档案管理

2015 年公司文件档案管理工作稳步有序开展。以文档信息系统为支撑平台，以搭建统一管理体系和提供业务服务与指导为手段，以满足业务工作需求、安全保管文档资源、提供优质利用服务为目标，形成了以信息文档部统一归口管理，以合同关系为维度各业务部门分层级负责的文档管理模式。

1. 体系先行，全面优化文档管理体系

邀请国家档案局经科司、核工业档案馆、航天档案馆、中国人民大学等单位文档专家开展公司文档管理程序体系评审。对公司 51 份文档管理程序的合规合法性、系统性、完整性和有效性进行了评审，为公司文档管理程序体系优化、完善、指导和推广利用奠定了坚实的基础。

2. 业务导向，推进公司文档工作规范化

梳理了与设计院、采购部、质保部、规划发展部、招标中心等部门文档工作接口，解决了文档管理职责细化中存在的问题，规范统一了文件编制、出版等要求，同时承接设计院图纸扫描加工、项目商务文件传递等工作，支持了项目工作的顺利开展。

3. 资源整合，推动文档信息资源开发

完成了历史档案数字化加工协议的签订，开启了历史档案资开发序幕；更新搭建了数据期刊库和标准图集库，同时增补了国内外全部标准文摘数据库和“独秀”“发现”数据平台，为公司员工提供了多层次信息资源利用服务。

4. 注重安全，加强档案库房安全管理

升版了公司档案库房突发事件应急处置预案，优化了应急处置流程，加强公司各类档案库房的日常巡检工作，贯彻执行档案库房“九防”工作；完成了库存档案转运工作，合理调整了总部库房库存容积。

5. 深化服务，搭建文档服务反馈平台

开发文档借阅利用在线审批流程和文档服务反馈平台，完成了上线使用，具备档案系统登录、系统用户创建、文档借阅申请、文档服务指南、文档服务满意度调查等功能模块，不仅缩减了用户线下跑签的时间和流程，而且提供了一站式查阅利用及反馈的平台。

6. 加强宣传，强化公司员工文档意识

根据“6.9 国际档案日”宣传主题，以动漫宣传片、微信公众号、宣传册、展板等形式，开展了“对历史负责”“为现实服务”“替未来着想”系列活动，发放宣传册 2 000 余册，组织 4 000 余名员工参与文档法律法规知识竞赛，进一步提升了“文档是金”的理念和意识。

（供稿人：曹勇刚）

八、财务管理

2015 年既是“十二五”规划收官之年，也是谋划公司“十三五”目标和应对新常态、实现稳增长的关键之年。公司财务工作以《集团公司 2015 年财务工作要点》(中核财发［2015］24 号）为指引，以公司《2015 年度科学发展绩效考核责任书》年度 JYK 重点战略任务为目标，对 2015 年度财务重点工作任务进行分解细化，统筹推进、有序开展、认真落实，切实提高财务管理工作水平，圆满完成 2015 年度财务重点战略任务，确保公司经济稳步增长。

2015 年公司实现主营业务收入 145.00 亿元人民币，利润总额 4.13 亿元人民币，经济增加值（EVA）2.98 亿元人民币，成本费用比率 97.28%，集团外收入 2.66 亿元人民币，较好地完成各项经营考核指标。

（一）全面预算管理

加强预算执行与跟踪分析，提高预算管控能力，确保年度经营考核指标完成。配合 JYK 考核，按月、按预算主体对公司各职能部门、板块及项目现场预算执行情况进行反馈、修正；对公司整体预算执行情况进行全面分析、反馈；对公司 JYK 考核指标进行跟踪、分析，按季度反馈完成情况。从第四季度起定期召开经营指标预测分析例会，动态监控，对影响公司年度经营考核指标的重大事项，及时沟通、报告，提出解决措施，确保 2015 年集团考核指标完成。关注重点预算项目执行情况，了解差异原因，促进预算编制科学、合理。逐步解决预算口径与核算口径差异问题，促进实际执行数据更加及时、便捷的取得。

（二）内控体系建设

按照集团公司 2015 年内控体系建设工作的总体部署及要求，借助咨询机构支持服务，全面开展公司内控体系建设工作。

根据公司实际经营管理情况，分析各业务领域主要存在的风险、关键业务流程及环节等内控基础，结合《企业内部控制基本规范》《企业内部控制应用指引》要求以及公司各业务重要性水平等，建立公司业务流程框架，共确定了 26 个一级业务流程；开展业务流程梳理工作，明确流程的起点与终点，确定业务流程必备步骤，落实责任部门与实施岗位，共完成了 277 个末级业务流程的梳理工作，涉及公司各职能部门及板块；针对已确定的业务流程，辨识流程风险，固化流程风险控制措施，明确具体风险控制手段、控制频率、控制方式等内容，识别了424个风险点、梳理877个关键控制措施；从内部环境、风险评估、控制活动、信息与沟通、内部监督五个方面，对公司内部控制体系进行全面、系统的阐述，与业务流程图等内控文档汇编成公司《内部控制手册》（上、下册），初步建立起较完整、系统的内部控制管理运行机制，为今后的内部控制执行与监督检查提供依据，为推动公司内控与风险管理水平全面提升、规范各级人员的行为提供合理保障。

（三）固定资产财务管理

为加强固定资产管理，全面摸清公司固定资产现状，真实全面反映公司固定资产实物及价值情况，保证公司财产的完整性和财产使用的合理性，2015年作为一项管理提升重点工作，全面开展公司固定资产账务清理和实物资产实地盘点，构建资产动态管理体系。

制定"2015年度CNPE固定资产财务管理计划与实施方案"，发布《关于开展固定资产账务清理及实物盘点的通知》（核工财部发［2015］01号），成立固定资产账务清理及实物盘点工作小组，于2015年4月1日—9月30日，会同总经办完成公司资产实地盘点，并在固定资产账务清理和实物盘点的基础上，对公司资产管理存在问题提出整改建议，共发布固定资产管理建议书29份，涉及41个单位/部门，为进一步改善公司固定资产管理，提高固定资产管理水平打下了基础，杜绝不良资产的产生。

（四）项目资金管理

强化项目资金计划管理，推动项目资金及时收取，在预算范围内，每月按时下达资金收支计划，严格按计划支付，遇到特殊情况及时调整，需利用资金池垫付时严格履行审批手续，合理统筹安排资金使用，保证工程项目建设资金需求。按月对资金计划的执行情况进行跟踪分析、总结，提高资金管控水平。按月编制可用资金月报，对存量资金进行分析。理顺资金计划下达流程，加强项目部平衡职责，真正实现项目部对项目资金负责。此外，按照集团公司要求，完成公司月度资金收支计划的编制、上报。

（五）开展财务检查、严肃财经纪律

根据集团公司《关于开展财务检查、严肃财经纪律的通知》（中核财发［2015］77 号）要求，2015 年 5 月 28 日，公司由财会部牵头，联合监察审计部组成了财务自查组，根据国家审计署、中央巡视组及决算和专项审计中发现的问题，并针对 2013 年至 2015 年 4 月期间全公司范围内发生的财务事项进行系统检查，对公司内控制度健全性、制度程序有效性、重大事项决策规范性、财务收支合规性，以及财务人员廉洁从业、勤勉尽职等情况进行专项检查，同时，制定切实有效的改进措施和解决办法，把审计整改工作落到实处。同时，积极配合集团公司第六财务检查组对我公司总部以及两个子公司开展的财务检查，完成公司财务检查发现问题的整改报告并于 2015 年 10 月底上报集团财务部。

精心组织，圆满完成 2014 年度财务决算工作。公司获得集团“2014 年度财务决算管理先进单位”荣誉称号并受到集团通报表彰，是我公司连续第七年获此殊荣。

（供稿人：汪徐根）

九、内部审计、全面风险管理及物资采购稽核

（一）内部审计工作

2015 年，开展审计项目 14 项，其中：核电项目审计 2 项、分支机构审计 4 项、专项审计 4 项、科研经费决算审计 4 项，共计发现审计问题 99 项，披露风险关注 11 项，梳理建议 15 项，综合管理建议 7 项，重大事项披露 1 项。跟踪检查整改落实 88 项（含 2014 年末审计项目），审计整改落实率 77%。

1. 开展核电项目审计，有效推进项目管理规范化

开展田湾项目、福清项目的管理审计，全面检查项目部制度建设和内控执行情况，重点检查合同发包管理情况，关注工程物资管理、工程签证、变更、索赔、结算管理、项目财务管理等领域，提出审计意见 20 项，风险提

示3项。突出问题整改，被审计单位发布废旧物资、罚款管理程序，收回罚款欠款，规范合同发包管理，完善核电现场薄弱环节；从总部制度层面出发，督办公司职能管理部门开展审计整改工作。对以前年度4项未整改审计问题进行考核，有效推进项目管理规范化。

2. 开展分、子公司审计，强化经济责任履职监督，促进内控完善

开展河北分公司、监理公司、郑州分公司任中或离任经济责任审计和核净公司内控专项检查，以内控制度建设和执行为重点，检查了分子公司“八项规定”执行、财务管理、合同管理、总包项目管理等方面，监督司属单位负责人履职情况，评价管理绩效，提出审计建议36项，风险提示2项，重大事项披露1项。通过逐项检查审计问题整改机制，促进被审计单位完善内部控制管理，有效防控经营风险。

3. 公开通报“八项规定”检查情况，推动制度完善，促进作风转变

公开通报“八项规定”相关费用检查情况，持续监督“五项费用”执行情况，在违规购烟、超标接待、业务招待费制度执行等方面，提出审计意见7项，同时，梳理19项有关“八项规定”的公司制度，提出管理建议15项。通过公开通报、监督购烟退款，督办“八项规定”相关制度升版，促进公司和司属各单位作风转变，效果显著。

4. 开展全面预算审计，健全预算管理制度，堵塞管理漏洞

开展公司2014年度全面预算管理审计，检查全面预算的制度建设和执行情况，审查预算编制、执行、分析、考核的全流程，特别是预算主体权责一致性、预算全面性、预算调整审核、预算分析执行、预算考核的合理性进行深入剖析，提出审计意见6项，综合管理建议4项。通过整改落实，被审计单位升版2项预算制度，提高司属各单位上报预算的全面性，堵塞管理漏洞，提高经济效益，适时开展预算分析工作，保障公司目标的实现。

5. 开展科研决算审计，规范科研管理，降低审减风险

开展2014年度集团科研项目鉴证和年度决算审计，完成《非能动安全壳热量导出系统研究》《核电设计与分析软件研发》《核电站废物最小化技术》3项科研验收财务决算审计。检查了科研预算编制和执行、科目核算、超支调整等方面情况，提出审计建议27项、风险提示6项。通过决算审计整改，业务部门重新申请预算调整，调整核算科目，补充资料说明经费使用的合规性、合理性，促进了科研管理规范化，降低了审减风险。

另外，编制科研实物资产专项审计案例入选全国“百佳审计案例”；编制核电总包项目审计实施细则，提高审计规范化水平；完成集团、公司交办的相关工作，获得认可和表扬。

（二）全面风险管理

在深化推进全面风险管理工作的基础上，探索建立公司重大风险监控预警及快速处理机制，推进监控预警指标体系的建立，提高风险快速响应处理能力，提高重大风险应对的实效性。同时，紧跟战略重点，开展“走出去”海外技术风险课题研究，为战略发展提供支持。

1. 试点开展重大风险监控预警工作，提升风险管理工作成效。2015年7月，公司发布《重大风险监控预警及快速处理暂行办法》，根据公司安排，选取采购部进行风险监控预警试点工作，在采购部范围内，按照相关制度要求，逐渐推广建立风险监控预警机制，加强风险事前控制，提高风险管理工作实效，包括设立覆盖较全的采购业务的风险监控信号指标并落实监控职责、建立风险信息沟通和预警报告程序，制定快速反应预案，以及相关工作的改进完善机制等。

2. 多方位开展风险监控预警工作宣贯，推广落实风险监控预警机制。一是在今年8月召开的年中全面风险管理工作会议上，重点对《重大风险监控预警及快速处理暂行办法》进行了宣贯，详细介绍了风险预警信号指标清单建立、快速处理预案制定、重大风险监控实施、预警快速响应等等的工作内容、程序、要求和方法等；二是整理了风险监控预警相关知识和案例，编制了2015年总第2期风险管理专刊，在全公司范围内进行了发布，推广相关管理知识；三是组织总部各部门、各项目部、各生产所开展了2015年风险管理提升奖评选活动，围绕建立风险监控预警机制、设置风险监控预警指标等方面进行管理提升，加强风险管理能力。

3. 扎实完成风险管理日常工作，稳步优化全面风险管理体系。一是按季度及时收集、发布了公司风险清单，并对相关风险的变动和控制情况进行了跟踪，同时，每半年统计风险解决措施及跨部门管控情况并进行发布；二是组织召开了2015年中全面风险管理工作会议，监察审计部总结报告了2015上半年度公司风险管理工作整体情况，2015年年度TOP10重大风险跟踪情况，并对2015下半年度公司风险管理工作进行了安排等；三是持续改进风险管理工作评价办法，升版了《公司全面风险管理考核细则》第3版，将风险监控预警相关工作内容纳入了考核标准，完善优化了重大风险专项分析报告模板；四是积极开展公司内部风险管理交流活动，包括年中工作会议、风险管理提升奖评选会议等交流风险管理经验，以及深入经营合同部、采购部进行专门风险管理培训交流等。

4. 开展廉洁风险防控跟踪检查工作，将廉洁风险防控工作覆盖面拓展到分公司。一是制定分子公司廉洁风险防控工作方案，开展廉洁风险防控培训活动，组织分公司编制廉洁风险手册。郑州、河北分公司均完成了本单位廉洁风险手册的编制。二是廉洁风险防控工作跟踪检查方案，组织司属各单位均对照已发布手册开展全面自查，对照梳理更新手册风险点，完善防控措施。通过分解落实责任和跟踪检查活动，廉洁风险防控工作得到了进一步落实。

（三）物资采购稽核

2015年度共完成物资采购稽核201项，合计金额人民币36 507.17万元，美元215.57万元，欧元98.11万元，折合人民币约38 636.32万元，核减80.030 9万元，稽核率95.4%，核减率0.21%。提出管理有关稽核建议5条。

物资采购稽核取得显著成效，采购合规性和价格合理性得以不断提高。通过加大稽核力度，促使采购部门主动加强采购合规性，并促进管理提升，提升采购工作效果，加强合同价格谈判，降低采购费用。

1. 完善了公司价格稽核体系，加强稽核监督检查。发布了《物资采购稽核监督检查办法》，规范了对分支机构、项目部、子公司物资采购稽核开展情况进行的监督检查工作。

2. 实现物资采购稽核信息化，提升了稽核效率。建成了物资采购稽核系统，涵盖了稽核流程在线审批，稽核数据统计分析，稽核信息展示、价格信息库和监察审计工作支持专家库等五大功能，解决了稽核靠人工传递纸质文件效率低、数据统计分析手段不足、亟须建设价格信息库等问题，为提高稽核及采购工作效率，规范稽核流程提供了有力的保障。

3. 加强稽核能力建设，打造复合型稽核队伍。一是建立了监察审计专家支持机制，为加强监察、审计、风险管理及稽核等能力建设，保障监察审计工作效果提供了有力的支持。发布了《中国核电工程有限公司监察审计工作专家管理办法（版次1）》，基本完成来自各部门50名专家入库。二是加强对稽核人员专业知识能力培训，使稽核人员学习了解不同类型的核电站设备工作原理、基本结构、市场状况等知识，打造复合型的稽核能力。

（供稿人：宋鹏）

十、企宣及企业文化建设

（一）宣传工作

1. 建立了《中国核电工程公司新闻宣传工作管理规定》，并建立了相关配套制度。

2. 建立了完善的舆情监测机制，并在舆情应对时发挥重要作用，未对项目建设等造成负面影响。

3. 公司根据集团每季度的新闻宣传要求，利用公司内外宣传平台进行专题宣传。如对“华龙一号”的宣传、三严三实专题教育宣传等内容都进行了专题宣传。同时，根据集团要求传达学习了“两会精神”“中纪委第五次会议精神”“2014年贯彻中央八项规定情况的报告”等中央形势任务进行了宣传教育。

4. 配合集团公司对“华龙一号”进行公众科普宣传，共参加国内外展览12次，同时，在集团公众开放周活动期间，向参加单位及周边民众发放科普资料。

5. 发布了《职工思想动态定期分析制度》，通过召开座谈会、开设总经理和书记邮箱、调查问卷、领导开放日、开设员工论坛等形式，听取职工诉求，分析、关注职工的思想动态。要求各级领导干部开展“谈心日”活动。

6. 按照集团要求开展党建思想政治工作研究。

7. 注重提升内网稿件的时效性、外网稿件的编发质量，年度刊载内网新闻稿件 2 630 余篇。全年累计刊载稿件在《中国核工业报》51 篇，《中核网》108 篇，《核工业杂志》11 篇。

8. 积极组织开展公司年度十大新闻评选工作，公司报《中核工程》按月刊发。

（二）企业文化建设

公司企业文化建设不断加强，提炼了公司企业文化理念体系，不断深入人心，增强公司企业文化软实力。

1. 公司 2010 年 7 月公司发布了《关于成立公司企业文化建设工作领导小组的通知》，建立了公司企业文化建设的领导体制和工作机制，并根据公司相关人员的变化及时调整公司企业文化建设工作领导小组人员情况。

2. 公司研究制定了《中国核电工程有限公司企业文化建设规划（2015—2020）》并结合年度工作需要，细化年度企业文化建设计划。

3. 公司每年年初召开党委扩大会听取党群工作部汇报公司企业文化建设情况，公司党政主要领导参会，并认真听取研究部署相关工作安排。

4. 公司于 2014 年确立了“海纳百川、聚德思变”文化理念体系，还将集团公司的愿景、使命融入公司的文化理念，并在全公司范围内利用各种平台宣贯，配合开展企业文化有奖知识答题和征文等主题活动。

5. 印发《中国核电工程有限公司企业文化手册》。

6. 公司根据集团公司的统一要求规范使用视觉/听觉识别系统，发布了公司《视觉识别系统手册》，并于 2011 年 10 月发布《中核集团中国核电工程有限公司视觉形象识别系统暂行管理规定》。

（供稿人：张妍妍）

第六部分　党、纪、工、团工作

一、党建工作

2015年，公司党委突出全面从严治党这条主线，落实党建工作责任和党风廉政建设主体责任，深化党的十八大和十八届三中、四中全会精神、习近平总书记系列重要讲话精神和集团公司第三次党建工作会议精神的贯彻落实，紧紧围绕公司“成为引领核能行业发展的国际一流工程公司”愿景目标和改革发展稳定的大局，不断健全和完善体制机制，不断提高党建工作科学化水平，以改革创新精神努力抓好领导班子建设、基层党组织建设、党员队伍建设、人才队伍建设和党风廉政建设，认真组织开展“三严三实”专题教育，为公司创新发展提供坚强的政治、思想和组织保证。

（一）切实抓好领导班子和人才队伍建设

2015年，公司党委制定并发布了《中国核电工程有限公司党委工作规则》，进一步明确公司党委工作职责、研究决定事项的范围，规范公司党委研究问题的程序及要求，党委参与决策的重大问题等；认真梳理现有党建工作制度，进一步健全党建规章制度，编制《公司党建制度汇编手册》，为基层党组织工作提供指导。按照集团公司党组要求，认真组织学习党章和党内有关法规，增强法治意识；组织公司中层以上领导干部开展“三严三实”专题教育活动；并且有效利用党委中心组学习会、党支部月度学习指南等平台，将学习贯彻党的十八大和十八届三中、四中、五中全会精神、习近平总书记系列重要讲话精神、集团公司党组有关加强党纪工作精神引向深入。全年共召开中心组学习16次。

（二）公司党员教育管理不断提升

1. 制订落实年度党员学习教育计划，通过网络、专题讲座等方式，组织广大党员开展学习培训活动；邀请中央党校罗平汉教授进行《中国梦与中国共产党奋斗目标的历史演进》党课讲座；举办 1 期入党积极分子培训班，培训入党积极分子 63 名，新吸收党员 45 人；组织新发展的党员于“七·一”前夕进行集体宣誓并接受爱国主义教育。

2. 规范党员教育管理。规范党员发展流程，印发了《中国核电工程有限公司党员发展规定（版次：2）》；贯彻落实“一预审、两审批、三备案”等工作程序；严格执行发展党员计划审批制度。

3. 每月初结合中央精神、行业信息、集团声音、时事政策、理论经典、企业文化、精益管理等内容，编制基层党组织《党支部月度学习指南（电子版）》，为各基层党组织组织理论学习，落实“三会一课”提供指导和服务。

4. 组织了公司党总支书记工作会，形成了内容涵盖党务人员管理、党组织建设、党员管理、纪检监察等四个方面的行动项。

5. 组织开展了“十佳员工”评选表彰活动。

6. 为各基层党组织搭建特色党支部活动平台，组织开展特色党支部活动创建活动。

（供稿人：张妍妍）

二、纪检监察工作

2015 年，在集团公司党组纪检组、事业部党组和公司党委的领导下，公司纪委认真贯彻落实第十八届中央纪委五次全会精神、集团公司党风建设和反腐倡廉工作视频会议精神，严明政治纪律和政治规矩、加强纪律建设，推进公司纪律检查体制改革、推动组织和制度创新，落实“两个责任”，不断深化和推进公司党风廉政建设和反腐败工作。

（一）强化对重点领域关键环节的全流程监督

一是加强对“三重一大”决策制度的监督。2015 年上半年，公司按照核动力事业部要求，进一步明确了公司决策主体、决策流程和职责，细化了“三重一大”审批职责、权限，纪委书记全程参与公司“三重一大”决策会议，加强对决策程序的监督。

二是加强对干部任用的监督。发布公司《干部任职前征求纪检监察意见的实施办法》，按照分级负责的原则，凡是需要提拔任用的干部，任命前均需征求各级纪检监察意见。

三是加强对关键环节的监督。针对公司“项目多，投资大，采购内容复杂”的业务特点，对公司系统性、全局性问题进行梳理分析，针对存在的问题，提出监察建议，明确整改时间和要求，并对监察建议的落实情况进行跟踪，督促主责部门发挥作用。

（二）推进监督手段创新

参照中央巡视和集团公司巡视工作做法，提出开展公司巡查工作。统筹公司监督资源，统一监督计划，通过例行巡查、专项巡查等工作方式，及时发现问题，形成震慑，促进整改提高，进一步加强公司党风廉政建设工作。同时，明确了转变招标监督方式：由招标中心定期向监察审计部发送双周招评标工作计划，监察审计部随机挑选项目进行抽查，不定时、不定点、不事先通知，既可对整个招标过程进行监督检查，也可挑选某个关键的环节进行监督检查。

（三）健全完善反腐倡廉制度体系

对公司现有的反腐倡廉制度进行梳理，按照中央和集团公司党组有关党风廉政建设的新要求，对现有的制度进行修订升版。2015 年，升版发布了公司《党风建设和反腐倡廉检查考核办法》《领导干部任职前征求纪检监察意见实施办法》《纪检监察线索处置和案件管理规定》《党风廉政建设责任制实施办法》《公司工作人员廉洁从业规定》；新建了《领导人员函询办法》《巡查工作办法》（待党委会讨论后发布）《案件审理委员会管理办法》《领导人员廉洁档案管理办法》等一系列制度，确保公司党风廉政建设工作的开展有章可循、有法可依。

（四）全面推进效能监察工作

根据集团公司有关效能监察工作的部署，以不断深化公司党风廉政建设和反腐败工作为目标，充分发挥效能监察作为监督工具的作用，坚决遏制腐败蔓延势头。同时，将效能监察工作纳入到年度 JYK 重点工作目标。2015 年公司共有 32 个单位（部门）立项开展效能监察工作；共计立项 54 项，结项 53 项，结项率 98.2%；发现管理中存在的问题 168 处，提出整改建议 180 条，被采纳 180 条；建立和完善制度 17 项；节约资金 12 423.78 万元人民币，增加经济效益 6 149.36 万元人民币。

（五）深入抓好中央八项规定精神的落实

2015 年，公司梳理了与落实中央八项规定精神有关的配套制度，对不符合中央、集团公司现行标准的制度向相关职能管理部门提出了升版要求；持续跟踪检查了公司总部及各项目部与“八项规定”相关的业务招待费、差旅费、出国经费、会议费、办公费、通讯费等费用的管理和支出情况（2014 年 7 月—2015 年 6 月），以及公司“八项规定”制度程序的执行落实情况。针对个别单位存在的问题，从审批流程、预算执行、报销标准、核算规范等方面提出了整改建议。

（六）认真抓好廉洁从业教育工作

一是组织抓好公司中心组廉洁从业学习。组织中心组成员认真学习习近平同志关于加强党风廉政建设的系列讲话精神，同时以《中国共产党党章》《中国共产党纪律处分条例》等有关纪律规定的条款为重点内容，开展党委中心组学习活动，准确把握党的各项纪律、规矩的内涵和外延。

二是突出教育主题，抓好公司反腐倡廉教育月工作。按照集团公司党组纪检组的要求，坚持每年一个主题，抓好教育月活动的开展。

三是加强对标学习，推进公司廉洁文化建设工作。积极组织到江苏核电等兄弟单位的调研活动，在公司企业文化的引领下，深入贯彻“聚诚心、知廉耻、受监督、尚自律”的廉洁文化理念，不断完善公司廉洁文化建设工作方案，推进公司廉洁文化建设工作。

四是抓好对领导干部的廉洁从业教育工作。认真贯彻执行公司《新提任领导人员廉洁谈话办法》，2015 年完成 21 名新提任领导人员任职廉洁从业谈话。同时，切实做到抓早、抓小，对存在苗头性问题的单位领导人员，及时进行约谈、提醒，避免小问题发展成大错误。

（七）加大信访举报线索的核查力度

2015 年，公司纪委把纪律审查工作作为核心任务，把违反中央八项规定精神和六项禁止的行为列入纪律审查重点，以及纪律处分的重要内容。2015 年 1—11 月，公司纪委共收到信访举报线索 10 件，其中集团公司监察部转办 1 件，核动力事业部转办 4 件，事业部转办 4 件（均属于中央巡视组移交的线索）。目前，完成初步核实 10 件。其中，了结 10 件，立案 0 件，不存在由地方纪检监察部门核实、立案的情况以及被地方检察、公安机关直接查办或采取强制措施的情况。

（八）积极配合完成中央巡视政治任务

2015 年 3—4 月，公司纪委积极支持集团公司纪检组、核动力事业部完成中央巡视组交办的线索初核工作。选派精干的专业人才组成工作组，参加集团公司专项初核工作。共选派 27 人次参加核查工作，调查核实集团公司专项初核信访举报线索 11 件，完成初核报告 11 份。同时，对于中央巡视期间发现的问题，公司认真组织自查整改，圆满完成上级交办的工作任务。

（供稿人：李毅）

三、工会工作

（一）民主管理

1. 2015 年 4 月 10 日，召开了公司第一届第七次职代会，听取审议公司年度工作报告和财务工作报告。通过发挥职代会作用团结凝聚职工，提升企业竞争力，实现企业全体职工共建共享，进一步促进企业管理层和职工群众的良性互动，以有效提高广大干部职工对企业各项决策、目标的认同度、支持率；不断增强企业的活力和凝聚力，促进企业在尊重职工和理解职工的基础上，充分激发职工群众对企业的向心力和满意度。

2. 2015 年 3 月 20 日，召开了职工代表组长会议，推荐公司职工董事、监事，按照《中华人民共和国公司法》《中国核电工程有限公司章程》及工会相关规定，推荐、选举公司新一届职工董事 2 名、职工监事 2 名。会上，职工代表组长对选举职工董事人选、职工监事人选进行了无记名投票表决，经统计，职工董事由刘巍、马宇箭担任，职工监事由陈首雷、张胜利担任。民主选举推荐职工董事、监事在参与公司重大经营决策、维护职工合法权益、加强监督等方面发挥不同程度的作用，实现了对职工合法权益的源头参与、维护，从而使工会更好地履行维护职能。

（二）加强基层分工会组织建设

1. 2015 年 5 月 22 日，为促进分工会换届选举工作顺利开展，提高工会干部的业务工作水平，举办了分工会主席培训班（视频）“关于做好分工会换届选举工作的专题培训”，来自公司总部、各项目部、分公司基层分工会主席、副主席共 50 名同志参加了培训班。公司党委书记兼工会主席马宇箭出席了培训。工会组织换届选举工作，是实施民主管理一项十分重要的组织制度，是在新形势下更好地发挥工人阶级和工会组织的作用，加强工会组织建设的重要内容和措施。

2. 2015 年 8 月 21 日，公司工会举办了 2015 年分工会主席培训班（视频），来自公司总部、各项目部基层分工会主席、副主席共 42 名同志参加了培训班。公司党群工作部主任兼工会副主席吴建云出席了培训。通过工会基本业务知识培训，进一步提高了工会干部的业务素质，提升工会干部的实际工作能力和水平，确保了工会组织在服务大局、推动发展中充分发挥应有的作用，切实发挥好工会组织的桥梁纽带作用，促进各项工作的有效落实。

（三）关心职工生活

1. 组织 35 名单身职工参加中核集团公司举办的京区单位单身青年联谊会。为公司单身青年员工提供了良好的婚恋交友平台和相互交流的机会。

2. 在春节、国庆节之前，公司开展送温暖和困难补助活动，对 18 名困难职工进行困难补助，补助金额共计：71 000 元。帮扶特困职工 1 名，帮扶金额 26 290 元。开展送温暖和困难帮扶活动，充分体现了公司对困难职工的关怀，让困难职工深切体会到工会大家庭的温暖。

（四）积极开展文体活动

1. 2015 年 3 月 8 日，公司举办了庆“三八”节——“健康快乐大步走”活动，活动的目的在于号召全体女职工努力追求“科学、健康、文明”的生活方式，营造“和谐、健康、快乐”的工作氛围，展现“积极、向上、健康、阳光”的精神风貌，同时也激励女职工将以更加饱满的精神状态投入到自己本职工作中去。

2. 2015 年 4 月 13 日，公司举办了乒乓球团体比赛，共有 12 个队参加，活动的开展丰富了职工的业余文体生活，体现了良好的竞技状态和精神风貌，也展现了公司广大职工顽强拚搏、攻坚克难、团结协作的优良作风和形象。

3. 2015 年 9 月 16 日，公司举办了职工集体跳绳活动。跳绳比赛作为公司范围的集体活动，体现出各分工会的集体协作能力、凝聚力和荣誉感，为构建积极向上、和谐奋进、充满活力的企业文化氛围起到积极的推动作用，更为公司的企业文化营造出团结拼搏、协作奉献的精神。

4. 2015 年 10 月 24 日，公司举办了第五届职工运动会，共有 9 类运动项目，来自公司 38 个代表队的 1 488 名运动员参加了运动会。运动会的举办，为职工在紧张工作之余提供了一个减压阀、降压器，使广大员工在享受生活的同时，以更加强健的体魄、更加饱满的热情投身到“国际一流工程公司”的奋斗征程中。

5. 2015 年 10 月 30 日，公司组织代表队参加了“集团公司京区单位职工趣味运动会”比赛，并获得了团体总分第一名的优异成绩，刷新了公司在集团历届职工趣味运动会上的最佳纪录。

（供稿人：杜晓颖）

四、共青团工作

（一）加强共青团组织建设

制度流程方面，公司团委制定了的《团委工作条例》《团支部工作条例》《团委例会管理办法》《中国核电工程有限公司团总支/团支部考评计分细则（试行）》《公章制度》《团支部考评计分细则》《团委专项经费使用办法》《中国核电工程有限公司团委新闻发布制度》和《司属团支部（团总支）活动申请工作规定（试行）》《中国核电工程有限公司团支部换届选举制度》《关于中国核电工程有限公司共青团员推优入党的暂行办法》等；完善基层团组织换届工作流程和团员推优入党程序等。

人员培养方面，公司团委召开团干部培训交流会，强化团干部的责任意识、岗位意识和务实意识；公司团委 2015 年在全公司范围开展纳新活动，为共青团组织吸收新鲜血液。

按期完成基层团组织的换届工作。目前，公司团委设有团总支 3 个，团支部 31 个，建立健全了团的各级组织，全面覆盖公司各单位。按照集团公司团委的相关要求，公司完成了团员信息的统计工作和团费收缴工作。同时，共青团组织工作得到公司领导的大力支持，批准拨付团支部专项经费 200 元/人。

（二）评选表彰青年优秀典型

1. 五四表彰

2015 年，福清项目部团支部获得集团公司“五四红旗团支部”荣誉称号；系布所力学室获得集团公司“青年文明号”荣誉称号；宋代勇获得集团公司“十大杰出青年”荣誉称号；高鑫获得集团公司“优秀共青团干部”荣誉称号；王晓轩获得集团公司“青年岗位能手”荣誉称号。

为鼓励先进、树立典型，充分调动广大团干部和青年团员的积极性，鼓励各级团组织带领广大团员青年为公司持续健康发展再创佳绩，在五四青年节之际，公司团委表彰在共青团工作中表现突出的先进集体和个人：授予堆工所团支部等 5 个团支部“2014—2015 年度红旗团支部”称号；授予建筑所团支部通信室等 5 个集体“2014—2015 年度青年文明号”称号；授予孙金龙等 10 人“2014—2015 年度青年岗位能手”荣誉称号；授予王文祥等 5 人“2014—2015 年度优秀团干”荣誉称号；授予何一乐等 10 人“2014—2015 年度优秀团员”荣誉称号。

2. 青年突击队

公司团委组织开展了“保增长，抓改革，促发展，青年突击队在行动”活动，各单位高度重视、精心准备，对“急、难、险、重、新”任务进行立项。在活动时间内，各突击队凝心聚力，以昂扬的精神状态和扎实的工作作风，积极投入到完成公司科研生产、经营管理的各项紧张任务中，青年突击队成为青年员工服务公司工程项目、科研设计攻关的有力抓手。公司团委授予河北分公司电气自动化所 ACP1000 仪表管 ISO 图出图定制等 5 支队伍“金牌突击队”荣誉称号；授予总图地质所核电厂软岩地基承载力及其破坏机理研究等 5 支队伍“银牌突击队”荣誉称号；授予招标中心积极开展招标代理业务提升公司经济效益等 9 支队伍“铜牌突击队”荣誉称号；授予盛龙等 19 人“优秀青年标兵”荣誉称号。

3. 创新创效系列

（1）“十分精彩”创新创效评选

根据集团公司《关于进一步深化青年创新创效活动的意见》文件精神，为推动创新驱动战略的实施，公司团委开展“十分精彩”青年创新创效活动，促进青年学术与业务交流，推进创新成果的共享、推广和应用，发挥创新典型的示范引领作用，推动青年创新创效活动不断深入。

（2）2015 年青年创新优秀论文评选

公司团委开展青年创新优秀论文评选活动，公司广大青年员工以积极饱满的热情参与其中。本届评选活动共收到论文投稿 125 篇，经过相关专家对全部参评论文进行审阅、评审打分，从形式和内容上鼓励具有密切结合科研与工程实践、解决实际工作中问题、理论分析与计算相结合、具有创新性或独到见解等特点的优秀论文，评选出一等奖 10 名、二等奖 30 名、三等奖 50 名、优秀奖若干。

（3）第一届青年创新基金项目

为推动创新型人才的培养，提高公司青年员工的创新意识和创造能力，公司团委自 2015 年开始设立“中国核电工程有限公司青年创新基金项目”，旨在通过鼓励“小发明、小创造、小革新”（简称“三小”）的模式支持围绕主营业务的研究、设计和开发工作，培育青年团队、培养青年人才。第一届青年创新基金项目活动自开展以来，受到了公司各级领导的重视，青年员工以积极饱满的热情参与其中。首届青年基金项目实施过程管理，经过项目立项、中期审核、过程监督和结项验收等阶段共形成结题报告50篇。公司相关专家对青年创新项目成果进行评审，评选出一级项目5个、二级项目10个、三级项目15个、优秀项目若干。

（三）开展丰富青年文体活动

1. 五四主题月“聚五四星火　耀华龙腾飞”

传承五四精神，激扬中核风采。为纪念五四运动，并进一步加强公司共青团组织和青年员工的凝聚力与向心力，公司团委将五月定为“聚五四星火　耀华龙腾飞”五四主题活动月，开展青年员工座谈会及“寻找华龙”“华龙一号”科普答题等系列活动。

2. 星火书院

星火书院是公司多维度青年在线学习平台，共有云学堂、清茶沙龙、云书馆三大子品牌。云学堂主要是在线学习系统，清茶沙龙为青年沟通交流平台，云书馆为分布式实体书分享系统。公司团委于2015年4月28日召开星火书院发布会正式推出独创的“星火书院”品牌；2015年公司团委共举办了5期清茶沙龙，分别是第二期《清茶沙龙之核工业60周年赋赏析》、第三期《清茶沙龙之怪诞行为学》、第四期《清茶沙龙之跨文化交流》、第五期《清茶沙龙之打理内心》、第六期《清茶沙龙之创新中的感悟》。

3. 倾城之恋

公司团委创立“倾城之恋”单身青年婚恋网站，与各部委机关、央企、教育卫生系统、金融行业等40多家单位自发联合搭建婚恋联盟，共享单身青年资源，定期开展线上线下的各类活动。2015年组织多场不同规模的联谊活动：9月26日与国家大剧院联合举办“‘核’你有约”单身青年联谊活动，共有260余名单身男女青年参加了活动；小雪时节，与清华大学联合举办“清华·小雪”单身青年联谊活动，共有 200 余名单身男女青年参加了活动。

4. 微信平台

公司团委运用互联网+的思维，搭建团委公众微信平台，主要用于消息推送、调研投票、积分兑换、抽奖等。微信官方平台旨在凝心聚力、服务青年，充分利用互联网思维将公司青年紧密联系在一起，打造沟通交流的纽带。

5. 迎新晚会

为帮助新员工融入工程公司大家庭，感受公司人文精神，增强新老员工的向心力和凝聚力，2015 年 9 月 21 日公司团委承办了迎新晚会。朝气蓬勃的新员工、热情洋溢的晚会现场，让新老员工手牵手肩并肩，共同创造核电事业美好明天。

6. 精英英语培训

为加快公司创建国际一流工程公司的步伐，进一步提升公司青年员工英语综合应用水平，为“核电走出去”奠定坚实的基础，公司团委和精英英语合作在公司青年员工范围内组织开展商务英语培训，邀请外教讲师根据学员英语基础开展不同难度的培训。该项培训受到团员青年的一致好评，并表示希望可以长期的开展下去。

7. 爱国主义教育观影活动

为增强公司青年的爱国主义意识，激发青年继承优良传统，为核工业建功立业的热情，公司团委举办爱国主义观影活动，分批组织公司北京总部和各单位共 1 684 人观看爱国主义系列电影。

8. 纪念核工业发展史九十年话剧巡演

2015 年，公司团委积极参与编排和承办了核工业发展史话剧演出，公司团委选送的姜冬雪（饰魏核梦）、熊章辉（饰核梦丈夫熊院士）、曾庆珠

（饰核梦爸爸魏国强）、卢欣然（饰核梦妈妈何萍）、王思远（饰核电同事大周）参与了集团公司新员工入职培训的巡演任务，得到了领导的好评；今后，每年都将为集团公司新入职员工出演核工业发展史。

（四）推进实践青年志愿服务

为了积极推进和实践青年志愿者服务，公司团委于 2015 年 6 月 18 日开展“热血相聚　点亮生命”——员工公益献血活动；组织公司青年志愿者参加清华大学国际志愿者日主题活动。

具体见表 6-1 至表 6-7。

表 6-1　2014—2015 年度中国核电工程有限公司红旗团支部名单（共 5 个）

序　号	团支部名称
1	堆工所团支部
2	郑州分公司团总支
3	信息文档部团支部
4	工程经济所团支部
5	监理公司团支部

表 6-2　2014—2015 年度中国核电工程有限公司青年文明号名单（共 5 个）

序　号	获奖部门
1	建筑所团支部通信室
2	福清项目部团支部施工管理二部土建科
3	核设备所团支部堆本体与非标设备室
4	调试部团支部 DCS 专项组
5	海南核电项目部团支部施工管理部

表 6-3　2014—2015 年度中国核电工程有限公司青年岗位能手名单（共 10 人）

序　号	所在部门	姓　名
1	建筑所团支部结构二室	蒋　迪
2	总体所团支部	孙金龙

续表

序　号	所在部门	姓　名
3	核设备所团支部核燃料运输与工艺室	叶阳春
4	系统与布置设计所团支部系统一室	丁　亮
5	科技部团支部科研管理处	刘立平
6	河北分公司团总支核电工艺所工艺布置二室	习磊朋
7	堆工所团支部热工水力与安全分析室	石雪垚
8	电仪所团支部　电气二室	肖孟男
9	总图地质所团支部　岩土工程室	吕　涛
10	郑州分公司团总支电气仪控设计所仪控室	陶明杰

表 6-4　2014—2015 年度中国核电工程有限公司优秀团干名单（共 5 人）

序　号	所在团支部	姓　名
1	方家山团支部	王文祥
2	821 项目部团支部	李宗方
3	田湾项目部团支部	侯　宜
4	采购部团支部	吴光升
5	北京核工程研究设计院	史海丽

表 6-5　2014—2015 年度中国核电工程有限公司优秀团员名单（共 10 人）

序　号	所在团支部	姓　名
1	总经办团支部	何一乐
2	徐大堡团支部	王　垒
3	化工所团支部	熊佳丽
4	人力资源部团支部	陈　磊
5	北京民用设计院团支部	杨玉平
6	财会党群监察联合团支部	曹　镠
7	工程管理部团支部	贺朝晖
8	经营合同部团支部	陈　丹
9	招标中心团支部	张泽丰
10	质安团支部	陈聪毅

表 6-6　2015 年度中国核电工程有限公司获奖青年突击队名单

荣誉称号	突击队所在单位	项　目　名　称
金牌突击队	河北分公司电气自动化所	ACP1000 仪表管 ISO 图出图定制
金牌突击队	福清项目部	推动 2 号机组 WANO（世界核电营运证协会）评估工作顺利通过
金牌突击队	核设备所	华龙一号核燃料转运装置研发中的动态仿真及试验验证
金牌突击队	建筑所	用青春助飞“华龙一号”
金牌突击队	反应堆工艺研究所	乏燃料水池失冷试验研究
银牌突击队	总图地质所	核电厂软岩地基承载力及其破坏机理研究
银牌突击队	河北分公司核工所、民用所	地热电站电气仪控系统设计技术攻关
银牌突击队	经营合同部	基于核电工程总承包项目的公司商务工作内容、组织分工及人员情况的调查分析
银牌突击队	福清项目部	福清核电 5 号机组反应堆厂房 A 层阀基混凝土浇筑完成
银牌突击队	海南项目部	1 号机组核清洁工作
铜牌突击队	招标中心	积极开展招标代理业务，提升公司经济效益
铜牌突击队	电气仪控所	ACP1000 工程 ETAP 软件建模及设计应用
铜牌突击队	郑州分公司民用建筑设计研究所	洛阳古城保护与整治项目一期
铜牌突击队	海南项目部	施工管理信息化办公平台
铜牌突击队	田湾项目部	田湾核电 3、4 号机组核岛土建、安装项目
铜牌突击队	田湾项目部	田湾核电 3、4 号机组核岛土建项目
铜牌突击队	系统与布置设计所	ACP1000 支吊架校核计算程序
铜牌突击队	调试部（海南）	海南昌江核岛工艺系统热态功能试验
铜牌突击队	总体所	核电厂内外部飞射物的防护设计

表 6-7　2015 年度中国核电工程有限公司“优秀青年标兵”名单

突击队所在单位	项　目　名　称	优秀青年标兵
电气仪控所	ACP1000 工程 ETAP 软件建模及设计应用	盛　龙
调试部（海南）	海南昌江核岛工艺系统热态功能试验	郑海望
福清项目部	福清核电 5 号机组反应堆厂房 A 层阀基混凝土浇筑完成	祝文荣
福清项目部	推动 2 号机组 WANO（世界核电营运证协会）评估工作顺利通过	冷水亮

续表

突击队所在单位	项　目　名　称	优秀青年标兵
海南项目部	1 号机组核清洁工作	陈秋良
海南项目部	施工管理信息化办公平台	吴传华
河北分公司电气自动化所	ACP1000 仪表管 ISO 图出图定制	焦立兴
河北分公司核工所、民用所	地热电站电气仪控系统设计技术攻关	刘文峰
核设备所	华龙一号核燃料转运装置研发中的动态仿真及试验验证	孙福江
建筑所	用青春助飞“华龙一号”	于　晖
经营合同部	基于核电工程总承包项目的公司商务工作内容、组织分工及人员情况的调查分析	张春雨
反应堆工艺研究所	乏燃料水池失冷试验研究	贺　楷
田湾项目部	田湾核电 3、4 号机组核岛土建、安装项目	朱海宇
田湾项目部	田湾核电 3、4 号机组核岛土建项目	侯　宜
系统与布置设计所	ACP1000 支吊架校核计算程序	许克凤
郑州分公司民用建筑设计研究所	洛阳古城保护与整治项目一期	赵柏玲
总体所	核电厂内外部飞射物的防护设计	张雪霜
总图地质所	核电厂软岩地基承载力及其破坏机理研究	耿学勇
招标中心	积极开展招标代理业务，提升公司经济效益	张泽丰

注：以上排名不分先后

（供稿人：吴斌）

第七部分　分支机构（各分、子公司）

一、郑州分公司

（一）2015 年全年工作总体评价

2015 年，是郑州分公司“十二五”工作的收官之年，任务繁重，责任重大。一年来，郑州分公司主动适应核工业发展“新常态”，认真贯彻落实公司各项工作部署，牢记使命、聚焦前沿、砥砺奋进，持续推进郑州分公司健康稳定发展。

全体干部员工攻坚克难、锐意进取，分公司经济指标持续较快增长，“十二五”工作完美收官，国家重大军工专项顺利推进，薪酬改革全面实施落地，各项生产经营和管理提升任务及考核指标全面完成，核心竞争力、综合实力继续增强。

（二）组织机构设置

2015 年，郑州分公司设总经理 1 名，公司副总工程师 1 名，分公司副总经理 3 人、分公司副总工程师 4 名。下设：

综合办公室、人力资源部、财会部、经营合同部、技术质量部、项目管理部、三维信息档案中心 7 个职能管理部门；

核电工艺设计所、电气仪控设计所、土建设计所、核工程研究设计所、民用建筑研究设计所、技术经济所、岩土工程所、实物保护技术研究所、核技术应用与无损检测研究所、工程管理部 10 个生产科研单位（郑州分公司组织机构见图 7-1）。

（三）人力资源情况

截至 2015 年年底，郑州分公司在职人员 750 人（合同制工 514 人、退

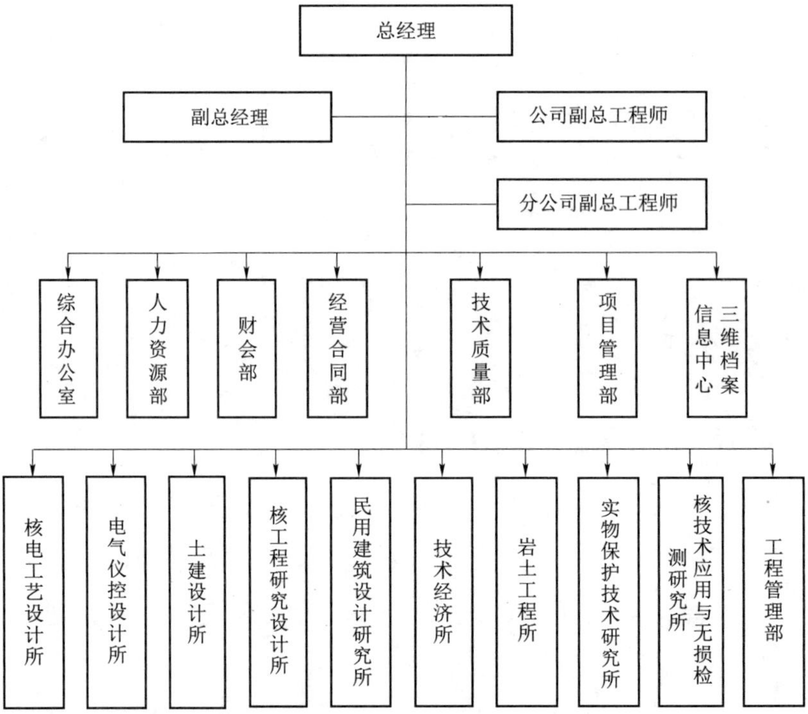

图 7-1　郑州分公司组织机构（2015 年）

休返聘 5 人、劳务派遣和技术服务 214 人、借调入 13 人），其他人员 4 人。其中：

职能管理部门 65 人；科研生产单位 666 人（核电设计单位 338 人，军核及民用设计、科研单位 295 人，工程部 33 人）；借调总部及现场人员共 15 人。

（四）经济指标完成情况

经济指标继续保持较快增长。2015 年分公司签订合同 7.34 亿元人民币，完成内控目标的 120%，同比增长 12.8%。实现财务收入 5.41 亿元人民币，完成公司下达目标的 101%，同比增长 20.7%，其中：集团外收入 1.385 亿元人民币，完成公司下达目标的 101%，同比增长 20.4%。实现利润总额 6 544 万元人民币，完成公司下达目标的 120.3%，同比增长 46.1%。超额完成公司下达的各项经济考核指标，为公司发展做出了积极贡献。

（五）科研任务完成情况

1. 顺利完成国家重大军工专项科研节点任务

专项科研工作时间紧迫、任务艰巨，牵头组织申报并承担了多项工程科研任务；为确保新工艺、新技术的顺利工程化，主动争取并承担了相应的预研任务。2015 年按计划完成了各专项科研的里程碑性节点任务，为下一步工程实施奠定了良好基础。

2. 在研项目按计划顺利进展

装备预先研究项目顺利通过 2014 年年度验收，并通过了 2015 年合同评审；2015 年研究任务开展顺利，部分研究成果已在工程中实现应用。

核能开发科研“中国实验快堆 MOX 燃料单棒和组件制造技术研究”项目按期完成关键设备的加工制造，“核燃料芯块先进烧结系统研究”成果已提前应用于压水堆核燃料元件生产线；集团优先发展技术“MOX 燃料芯块制备技术研究”已完成全部研究内容，进入验收准备阶段。

横向科研方面，新签“X 光探伤装置”“凝胶球转运通道”等设备供货合同过亿元；顺利完成“生坯芯块自动装舟装置”“燃料元件球传输线”等设备的供货任务。

3. 积极布局科研“十三五”规划

完成了《“十三五”武器装备预研规划》及多个专题论证报告的编制和上报，主要研究方向和内容已纳入总装备部《武器装备预研“十三五”指南》。

（六）生产任务完成情况

1. 军核工程优势地位更加巩固

（1）核军工领域

以“祖国需要我，我们要担当”为使命，精心组织、落实军工首责，创新设计手段、扩大技术合作，按节点完成了专项工程、核材料与核部件以及实物保护等军工任务，取得突出成绩。

（2）核燃料元件领域

完成812厂第二代某元件生产线的设计工作，并承担该生产线十二套关键设备的总包供货任务；三代某元件实验线顺利完成设计，燃料核芯制备进入工程总承包阶段；完成中国实验快堆MOX燃料元件实验线工程设计；承担设计的全球首条高温气冷堆燃料元件生产线全面完成工程建设，投入试生产。

2. 核电设计业务能力进一步提升

按计划高质量完成了徐大堡一期、田湾3号和4号机组、漳州一期等各项核电项目节点设计任务；田湾5号和6号机组各项工作快速推进，为国家正式批准FCD做出积极贡献；在役核电站技术支持服务的市场开发取得新突破；圆满完成了海南、田湾、徐大堡、福清核电现场技术服务及派驻公司设计支持工作；核电项目造价咨询工作得到进一步发展。

3. 民用建筑与岩土勘察业务保持健康发展

（1）民用建筑设计业务再创历史新高

在保持传统优势的同时，及时调整经营策略、加强技术开发与创新，在全国40余家知名勘察设计单位参与投标的中核建中棚户区改造项目中成功中标；在仿古及旅游地产、主题文化乐园等方面实现了新突破，承担了洛阳金元古城、郑州乐园等项目。全年完成施工图设计600余万平方米，签订合同过亿元，在房地产市场整体趋势下行的情况下，保持逆势增长。

（2）岩土勘察业务取得新发展

承担了中核甘肃核技术产业园项目等大型军核工程勘察任务，单项合同额创历史新高；在极其艰苦的条件下，较好完成了多项工程勘察任务。

4. 工程总承包取得重要成果

814厂应急能力建设项目和实物保护能力建设项目按期顺利通过国家验收；新承接9098-9099工程、津10工程总承包任务，总金额约2.9亿元人民币；在建项目规范运作、精细管理，进展顺利；对总包模式下的设计优化进行了有效探索；顺利通过 K2/K3 项目全厂实物保护系统合格供方评价，为开展海外项目总承包业务奠定良好基础。

（七）经营活动及管理工作开展情况

1. 战略规划及 JYK 管理体系不断完善

编制完成了《郑州分公司十三五规划》《核燃料核心领域技术发展路线图》，“十三五”发展战略进一步完善、明晰。

JYK 管理体系进一步健全，全员 JYK 考核得到有效落实，重点任务进展受控，保证了年度 JYK 目标的全面完成。

2. 经营管理进一步规范

强化分公司各业务板块经营职能，收集市场信息，制定营销策略，合理利用、调配分公司各类优势资源，拓宽业务范围和经营领域；建立完善了经营合同管理制度体系，合同管理、招投标管理进一步规范。按照“以经营为龙头”的工作理念，加强经营体系建设，全员、全方位市场经营意识进一步提高，“以核为主、同心多元”的经营局面初步形成。

3. 设计管理能力不团提升

以合理分配任务、充分利用资源、调动生产单位积极性、提升设计能力为重点完善了设计管理制度体系；通过合理分配生产任务、完善核工程项目设计管理组织机构模式，保证了专项和其他核工程项目的良好运行；引导民用所参与核工程方案设计；组织推动核电设计能力提升，完成了核电技术支持服务组织机构和设计管理体系建设；不断探索管理手段创新，积极推进设计管理信息化和核工程三维设计，完成了协同信息系统多个模块的建设，构建了核电设计岗位知识平台；逐步理顺总包项目和设计之间的业务配合关系。

4. 技术成果总结取得可喜成绩

全年共获得国防科技进步一等奖 1 项、二等奖 1 项，其中“GFX-200

铀干法转化装置研制及产业化应用”获得国防科技进步一等奖；获得国家级工程咨询奖1项，省部级设计、咨询、勘察、软件奖17项；全年申请专利8项，已获授权5项；完成科技成果鉴定2项；软件著作权获受理6项；5篇GF报告被评为集团公司优秀GF报告。

5. 人力资源改革进一步深化

分公司薪酬体系改革全面落地实施，发布实施了《薪酬管理制度》等一系列薪酬改革制度；实施了员工岗位等级首次定级，建立了JYK考核与浮动工资核算挂钩的分配机制；薪酬管理进一步规范。

持续提升教育培训，超额完成年度培训目标。首次开展了“副总工大讲堂”，有效发挥了副总工在技术领导、技术能力培养等方面的重要作用；成功举办“第一期内设机构干部管理知识”培训，取得良好效果。全年共组织完成各类培训560余项（公司级50余项、所级510余项），9 097人次参加了培训学习，人均继续教育59.4学时，培训覆盖率达到93.96%。

6. 财务精细化管理继续加强

加强全面预算管理，严格控制成本费用支出，确保了成本费用比率等指标的完成；进一步规范合同和收款管理，开发了合同-发票-收款系统，提高了核算的准确性；认真落实物资采购的价格稽核要求，非招标物资价格稽核率达100%，稽核金额930.5万元人民币，核减21.87万元人民币；积极开展分公司内部控制体系建设，对分公司业务流程进行梳理和确认，并对各流程进行了穿行测试，为内控体系的建立打下了基础。

7. 质量和安全管理措施有效落实

完成了三体系程序的升版、年度管理评审、内部审核/监查等工作；通过了北京中设认证有限公司、业主及公司的质量监督检查；构建了分公司经验反馈体系，组织各设计所建立所级经验反馈库；积极推进QC小组活动，获得国家级优秀QC小组二等奖2项。

坚持安全生产责任落实到人，开展了安全教育、应急演练活动和项目部安全生产检查，通过了公司安全生产标准化自评审。

8. 信息化建设工作加快实施

积极推进信息化建设，完成了核工程设计协同和管理系统一期、核电知识管理系统的开发和验收，实现了核工程协同设计、核电知识的集中管理及“岗位、技术角色”知识的自动推送，合同、收费管理系统按计划完成开发并上线；继续开展档案信息系统目录数据录入及电子文件挂接工作。

信息安全保密管理得到进一步加强，优化工作流程并开发了电子化审批流程，建立了信息安全报告制度；积极推进涉密局域网建设，建设方案通过了集团公司评审。

9. 保卫保密职责得到切实履行

按照重视责任、履行义务、巩固成果、持续改进的思路，严格标准、严格措施，认真落实武器装备科研生产单位保密资格认证标准的各项管理措施，通过了国家一级保密资格认证复审；全年未发生失泄密和保卫安全事件，切实保障了国家秘密和工作区安全。

10. 综合行政服务进一步加强

积极做好了文秘和文书处理工作，加强了文件批示办理的落实和反馈；积极做好退休职工管理和服务工作；加强了公共设施的维护保养工作，确保科研试验楼的安全运行。严格执行八项规定，较好完成了各项接待任务。

（八）党建工作和企业文化建设开展情况

围绕落实公司党委2015年工作要点，全面学习贯彻党的十八大、十八届五中全会精神，贯彻落实习近平总书记重要讲话精神，突出落实党建工作责任、党总支党风廉政建设主体责任，健全完善工作机制，党建工作水平进一步提高。

完成了党总支换届改选；开展了“三严三实”专题教育、“依法治国”知识竞赛和“反腐倡廉教育月”等主题活动；开展了效能监察和风险管理工作，编制了分公司廉洁风险手册，获得公司效能监察鼓励奖、组织奖及风险管理提升奖。

企业文化建设持续优化改善，完成了各分工会的换届选举，继续加强对各分工会、各协会的支持力度，开展了乒乓球赛等文体活动。组织参加了公司第五届职工运动会，再获第一名。

关心职工，落实了 2015 年为职工办理的实事，开展了职工体检和困难职工“送温暖”等活动。

（九）“十二五”取得的主要成果

五年来，经济保持快速增长。“十二五”期间签订合同年均增长率 62%，收入年均增长率 45%，利润年均增长率 112%，2015 年度利润达 2011 年的 5 倍多。历年均超额完成目标任务，较好实现了五年规划的经济目标。

五年来，分公司科研生产成果丰硕，业务领域核心竞争力持续提升。圆满完成了一批关系国家战略安全的重点军工和核燃料任务，承担了国家重大军工专项工程，军核工程能力与领先地位不断强化；具备了开展核电成熟堆型的核岛施工图设计及 BOP 工程设计的能力，形成了较为成熟的设计技术能力、技术手段和设计管理体系；民用建筑业务经济总量、品牌价值和高端市场占有率继续保持河南省领先地位；完成了多项工程总承包任务，在核应急、实物保护工程方面积累了丰富经验，核燃料元件化工生产线总承包取得突破，为承接大型核燃料和核军工工程总承包任务打下了基础；全面完成“十二五”各项科研任务，多项成果成功应用于军核工程生产线；自主研发的“200 吨级 IDR 干法铀转化（GFX-200）装置”，实现了我国陶瓷 UO_2 粉末转化技术由湿法向干法的革命性突破。“十二五”期间，共获得省部级以上科技、设计、咨询、QC 小组奖 90 余项，其中，获全国优秀工程咨询成果奖 2 项，国家“广厦奖”2 项，国防科技进步奖 12 项（其中一等奖 1 项）、中核集团科技进步奖一等奖 5 项；国家级工程建设优秀 QC 小组奖 2 项。通过项目和任务的锻炼，培养了一批敢打硬仗、勇于奉献、开拓创新的科研、设计、工程管理的复合型技术人才，核心竞争力得到较大提升。

五年来，管理体系持续优化。建立了符合现代企业发展要求的体制和机制，管理制度日趋健全；战略规划体系不断完善，实现了战略、计划、预算、JYK 考核四位一体；形成了“以经营为龙头”的市场开拓理念，理顺了分公司、所、室等多层次的经营体系；优化了机构设置，建立了管理和技术“双通道”的人才发展序列，平稳实施了薪酬体系改革；建立了全面预算管理体系，成本费用控制取得良好效果；建立了风险管理体系和内控体系；通过了国家一级保密资格认证和军工单位安全生产标准化一级达标评审；信息化水平大幅提高；分公司管理的理念、方法及水平达到了现代企业标准。

五年来，党总支勇于担当、党建与廉政工作扎实推进。按照公司党委要求，积极推进创先争优活动，深入开展群众路线教育实践活动，认真践行“三严三实”专题教育。分公司权力运行的制衡约束监督机制更加规范，各级干部的反腐倡廉责任意识进一步增强。

（十）获奖情况

1. 科研、咨询、设计、勘察、QC 小组奖项及已受理技术专利和软件著作权

（1）“GFX-200 铀干法转化装置研制及产业化应用”获得国防科技进步一等奖和中核集团科技进步一等奖。

（2）“生坯芯块自动装舟装置”获得中核集团科技进步三等奖。

（3）“高温气冷堆核电站示范工程燃料元件生产线可行性研究报告”获得全国优秀工程咨询成果一等奖。

（4）获得核工业部级优秀工程咨询奖 7 项，其中：

“秦山三期（重水堆）核电站工程配套除氚设施项目建议书”“MOX 燃料组件实验线建设项目建议书”分别获得部级优秀工程咨询成果一等奖；“高温气冷堆核电站示范工程燃料元件生产线工程职业安全专篇”项目获得部级优秀工程咨询二等奖；“×××产品研制保障条件建设工程”“中核建中核燃料元件有限公司×××燃料元件生产线建设工程可研报告”“中核建中核燃料元件有限公司×××燃料元件生产线建设工程项目建议书”“中核北方核燃料元件有限公司压水堆核电站燃料元件生产线续建工程（AP1000 核燃料元件生产线配套工程）职业安全专篇”4 个项目分别获得部级优秀工程咨询三等奖。

（5）获得核工业部级优秀工程设计奖 6 项，获得河南省优秀工程创新奖 1 项，其中：

“郑州希尔顿酒店”项目获得部级优秀工程设计一等奖；“郑州升龙凤凰城 A 区高层商住综合体”“郑州曼哈顿广场 F、G 地块”项目分别获得部级优秀工程设计二等奖；“富田 · 兴龙湾”“郑州升龙城 6#地高层居住小区”“升龙 · 又一城 D 区 1－8 号楼”3 个项目分别获得部级优秀工程设计三等奖。

“国电驻马店热电有限公司一期热水管网项目”获得 2015 年度河南省勘察设计行业“创新奖”三等奖。

（6）获得核工业部级优秀工程勘察奖 2 项，其中：

“703 工程”项目获得部级优秀工程勘察二等奖；“天宏大厦”项目获得部级优秀工程勘察三等奖。

（7）分公司首次申报的计算机软件成果，获得核工业部级优秀工程软件奖 2 项：

“核燃料棒芯块间隙和区域长度检测软件”和“核燃料棒有源富集度和异常芯块检测软件”分别获得部级优秀工程软件三等奖。

（8）申请并得到受理专利 6 项，分别为：

“一种煅烧炉推送抓取机构”“一种高含盐量放射性废液的处理装置及方法”“一种 UF_6 水解柱水解系统及水解工艺”“一种高温专用热电偶”“一种热室或手套箱内液体物料自动取样方法”“一种磁力非接触传动式转运装置及其自适应位置控制方法”。

（9）申请并得到受理软件著作权 6 项，分别为：

“AP1000 支架受力核算程序软件”“管道力学计算辅助工作软件”“核工程三维电缆敷设软件”“三维综合碰撞管理平台软件”“手套箱参数化设计平台软件”“箱体抗震分析软件”。

（10）获得国家工程建设（勘察设计）优秀 QC 小组成果奖 2 项、中核集团优秀 QC 小组成果奖 1 项，其中：

核电工艺所“设计信息管理系统图纸转换新方法”分别获得 2015 年度国家工程建设（勘察设计）优秀 QC 小组二等奖、核工业勘察设计协会部级优秀 QC 小组一等奖。

电仪所“降低核燃料生产线项目中仪控专业因接口问题导致的设计差错率”分别获得均 2015 年度国家工程建设（勘察设计）优秀 QC 小组二等奖

及河南省工程建设（勘察设计）优秀 QC 小组一等奖。

核电工艺设计所“提高 AP1000 管道力学计算效率”获得 2015 年度集团公司优秀 QC 小组二等奖。

2. 集体和个人奖项

（1）集体

分公司被河南省勘察设计协会授予“河南省勘察设计行业突出贡献奖”；

郑州分公司电气仪控设计所党支部被河南省国防科工局授予“五好党支部”称号；

分公司工会获公司 2013—2014 年度先进分工会；

电仪所分工会获公司 2013—2014 年度先进工会小组。

（2）个人

电气仪控所王德军被河南省国防科工局授予“优秀党务工作者”称号；

工程部孙海涛、民用所马伟光、核工程所江保军被河南省国防科工局授予“优秀共产党员”称号；

王景常被郑州市总工会授予“2015 年度郑州市科技标兵”。

（供稿人：胡仙凤）

二、河北分公司

（一）2015 年工作总体评价

2015 年，是全面完成“十二五”规划的收官之年，也是河北分公司深化巩固改革成果，以创新为驱动、培育核心竞争力，扎实推进同心多元发展再上新台阶的一年。一年来，在公司的正确领导和亲切关怀下，在公司各部门的大力支持和帮助下，河北分公司以公司和分公司规划为指引，以“三严三实”精神为行动指南，顽强拼搏、团结进取，加强业务建设，狠抓生产管理，进一步提高科研设计能力，力保重点战略任务顺利完成；强化市场意识，全力推进生产经营工作；编制发展规划，以目标引领未来发展；编制人力发展规划和人才培养计划，培养储备发展战略资源；优化完善薪酬绩效管理体系，建立并实施全员“JYK”管理体系，激发员工的最大潜能；理顺技术管理工作程序，奠定技术线管理基础；启动信息化建设，推动管理水平和管理效率提升；持续规范开展日常保密管理工作，确保国家秘密安全；扎实开展“三严三实”和党风廉政建设工作，为分公司持续健康发展提供坚强有力的政治保障。全体员工和衷共济、奋发踔厉，为完成全年工作任务付出了艰苦的努力，有力地推动了分公司持续、健康发展。

（二）组织机构设置

河北分公司共设置 6 个职能部门，4 个专业性生产单位与 3 个综合性生产单位。调整后的组织机构形成了涵盖核电核岛及 BOP、核电常规岛、核工程、民用工程四大业务领域的板块化组织架构（见图 7-2）。

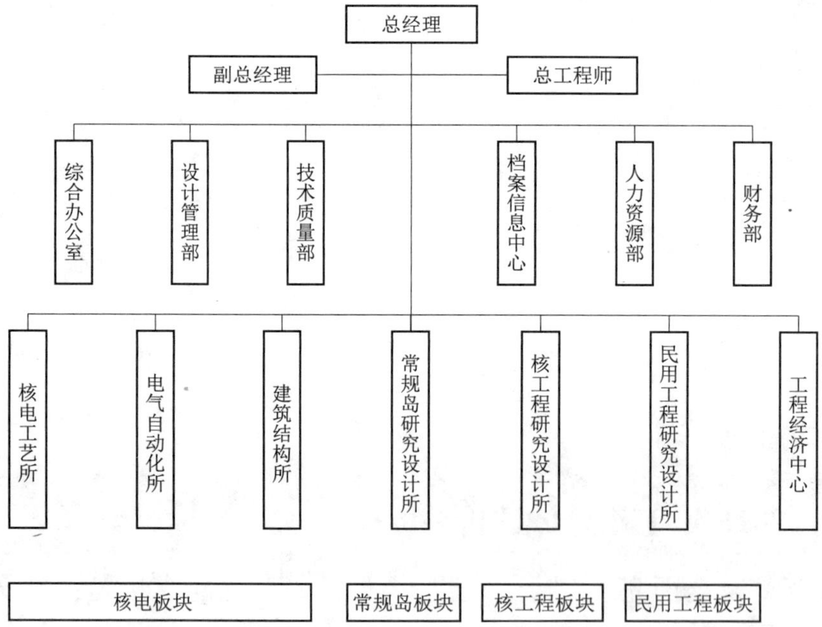

图 7-2　河北分公司组织机构

（三）人力资源情况

2015 年，河北分公司员工队伍发展到 449 人，其中本部 440 人（含劳务派遣员工 132 人），借调公司：9 人，领导班子构成与具体机构干部配备、人员分布见表 7-1。

表 7-1　领导班子构成及干部配备与人员分布

领导班子构成							
总经理		王勇跃					
党总支书记、副总经理		牟　疆					
副总经理、总工程师（兼）		王献庭					
副总经理		赵荣					
机构		人数		行政负责人		技术负责人	
				主任（所长）	副主任（副所长）	总工程师	副总工程师
职能部门	综合办公室	51 人（劳务派遣员工 18 人）	9	—	张鹏（主持工作）	—	—
	设计管理部		23	—	高俊芳（主持工作） 王书峰	—	—
	技术质量部		5	任建平	—	—	—
	档案信息中心		6	余自力	—	—	—
	人力资源部		3	陈士良	—	—	—
	财务部		5	杨　屹	—	—	—
设计部门	核电工艺所	385 人（劳务派遣员工 114 人）	111	程　中	苏新艳	武文广	
	电气自动化所		53	康　乐	吕晓婷	吕晓婷（兼）	
	建筑结构所		58	陈庆国	刘建辉	刘建辉（兼）	—
	常规岛研究设计所		33	李舒平	谭李师		
	核工程研究设计所		68	方　琳	李建敏	尹增广	
	民用工程研究设计所		49	解险峰	成　军	卢春田	
	工程经济中心		13	兰彦超	—	—	—
公司借调人员		9		—	—	—	—

职称情况：研究员级高级工程师 22 人、高级工程师 76 人、工程师 192 人、助理工程师 58 人、其他系列 9 人、无职称 92 人（其中 47 人为 2015 年新进应届毕业生，45 人为劳务派遣人员）。

资质情况：2015 年，河北分公司共 88 人拥有各类职业（执业）资格，共 28 类 127 项。各类职业（执业）资格数量详见表 7-2。

表 7-2　各类职业（执业）资格数量表

序号	类别	数量	序号	类别	数量
1	注册核安全工程师	12	16	注册咨询工程师（投资）	1
2	注册环保工程师	1	17	注册城市规划师	3
3	压力管道设计审批	22	18	全国造价员	2
4	注册公用设备工程师（给水排水）	7	19	高级人力资源管理师	3
5	注册公用设备工程师（暖通空调）	6	20	高级项目管理师	8
6	注册公用设备工程师（动力）	5	21	项目管理师	1
7	注册化工工程师	2	22	全国工程总承包项目经理	6
8	注册电气工程师（供配电）	7	23	消防专项合格证	9
9	注册电气工程师（发输变电）	3	24	勘察设计注册采矿	1
10	一级注册建筑师	2	25	国家注册监理工程师	3
11	二级注册建筑师	1	26	注册设备监理师	2
12	一级注册结构工程师	11	27	招标师	2
13	注册咨询工程师（市政）	1	28	注册压力容器设计审核	1
14	注册咨询工程师（火电）	1			
15	注册造价工程师	4	合计		127

（四）经济运行平稳，收入利润创最好水平

2015 年，河北分公司全体员工，蛮拼坚持，协同进取，高效保质地完成了所承担的核电、核工程及部分民用工程的设计、服务任务，全年实现财务收入 2.038 5 亿元，较 2014 年增长 10%，利润 8 500 万元，较 2014 年增长 5%，收入和利润均创历史最好水平，完成公司下达的财务收入 2.035 9 亿元，年度利润 8 400 万元的责任目标。积极推进全面预算管理和成本精益管理，加强经济运行监控和预警，开源节流、降本增效，各项财务指标平稳运行，经济效益实现稳步增长。

（五）开拓市场、服务客户，促进多元发展

始终坚持面向市场、服务客户、快速反应的经营方针，通过树立全员经

营理念，建立所级领导、经营人员、项目设总、设计人员多层次经营模式，以过硬的技术为先导，以一流的质量为中心，以完善的服务为基础，以有效的沟通为手段，收到了良好的效果，得到了业主单位的高度认可。

在公司领导的大力支持下，在河北分公司的不懈努力下，成功承揽600 MW示范快堆常规岛全阶段设计任务和福建漳州核电项目常规岛联合设计任务，海兴核电项目常规岛任务也得到落实，常规岛工作迈出坚实的一步。核工程板块积极维护原子能院和核动力院的两大主要市场，以提升工艺设计能力为目标，承揽了原子能院中国先进堆高温高压试验回路以及快堆专项热工水力实验室和堆外高温高压试验回路相关设计工作，实现工艺系统设计的突破。与中原公司、404厂、新疆维吾尔自治区环保厅等相关单位建立合作关系，为进一步扩大市场奠定了基础。民用板块迎难而上、奋力拼搏，在新能源领域踏出了光伏设计的第一步，承接了第一个集团外总承包项目（河北西柏坡发电有限责任公司供热改造工程）。通过坚持不懈的努力，2015全年共签订核工程、民用工程设计合同33项，合同金额14 155.25万元人民币（其中集团内项目13项，合同金额12 523.3万元人民币，集团外项目20项，合同金额1 631.95万元人民币）。

（六）核电、核军工、民用项目统筹兼顾，年度生产任务圆满完成

面对板块化后人力资源相对分散的情况，2015年，河北分公司精心组织、统筹安排，各单位牢固树立大局意识，板块之间通过内部市场化等方式相互支持、密切配合，广大员工发扬攻坚克难、只争朝夕的精神，圆满完成了各项设计、服务任务。

1. 周密组织、认真筹划，按期完成“华龙一号”首堆设计任务

根据年度工作计划，按期完成了公司下达的福清核电工程5号和6号机组、巴基斯坦K2和K3核电项目的核岛及BOP施工图设计与服务任务。

2015年，“华龙一号”首堆福清核电工程5号和6号机组、巴基斯坦K2机组先后实现FCD。新堆型设计难度大、技术问题多、设计周期紧。面对挑战，河北分公司精心组织、认真筹划，重视设计策划，合理调配设计资源；加强计划管理，提前进行预警管控；注重设计提资管理，强化过程控

制；采取三维建模提资，提高提资效率，保证设计质量；加强接口管控考核，有效保证多专业之间配合节点。首次全面参与、承担了燃料厂房、核废物厂房、DCS 系统画面设计、综合技术廊道 G 段和 N 段、0.3 *g* 抗震仪表管敷设等设计工作，在工程实践中锻炼队伍，设计能力不断提升。面对多个升版设计和初版设计交叉重叠的出图高峰，核电板块为保进度加班抢工，建筑结构所更是奋战多个通宵，保证了核岛及 BOP 施工图设计重要里程碑节点和各项任务的完成。

在施工图设计之外，加强核电核岛系统设计学习，向公司系布所派驻 4 名技术骨干开展系统学习及设计工作，使核电综合布置设计能力得到了进一步提升。出版核电现场经验反馈集，对现场设代工作经验进行了深入总结，为首堆设计提供实用参考。

2. 勇担重任、服务国防，按计划完成核军工设计任务

根据项目进度计划要求，全年共完成包括 30B 工程可行性研究报告、LW 工程项目建议书和取供水初步设计、快堆专项工程项目建议书、中国核动力研究设计院放射性废物处理中心建设工程职业安全专篇在内的近 15 个项目高阶段文件和专篇的编制工作。继续开展包括 HEA 建设工程、CENTER 工程、30B 工程、中国先进研究堆应用平台建设等 16 个项目施工图设计及现场技术服务工作。重点完成了 CENTER 工程通风中心提前建设部分、密闭厂房、辅助厂房结构施工图设计、密闭厂房环吊等多项大型设备技术规格书的编制、中放扬液器等多项安全级设备和多项非安全级设备的施工图设计；根据 HEA 工程指挥部要求开展了基于进度要求的主厂房施工预留项设计优化工作和现场施工服务工作；30B 项目重点开展可研报告、初步设计报审和外部电源施工图设计；根据 LW 工程指挥部计划安排，主要完成方案文件深化设计、厂址适应性分析报告升版、取水工程初步设计工作，并配合动力院完成环评报告、安全壳方案等论证材料的补充工作；克服了快堆专项工程缺少可研和初步设计支撑的困难，完成项目建议书后直接进行《热工水力××综合试验设施建设》等的施工图设计。

3. 常规岛设计开发实现历史性突破

经过近 4 年的艰苦努力，通过专项技术开发、分包院设计管理、模拟设计等多项技术能力培养储备工作，河北分公司基本具备了 1 000 MW 核电常规岛全阶段咨询、设计及管理能力。有志者，事竟成，多年苦心孤诣的追求终于取得了初步的成果，2015 年 3 月，河北分公司承担了 600 MW 示范快堆常规岛全阶段咨询设计工作，该工程是河北分公司承担的首个全阶段咨询设计的常规岛项目，标志着常规岛设计开发迈出了工程化的第一步。2015 年 9 月，根据业务发展需要，河北分公司将常规岛研究设计所和民用工程研究设计所组织机构运行方式进行调整，两所整合以“电力工程研究设计所”的组织形式运行，在优先发展常规岛业务的基础上兼顾民用工程业务，为常规岛业务发展提供组织保障和人力支持。常规岛“首堆”的取得来之不易，这是在公司领导殷切指导、鼎力帮助下打开的崭新局面，是分公司审时度势、居安思危，将目光定位于未来发展的集体智慧的结晶，更是分公司干部员工埋头苦干、锲而不舍所取得的开拓性成果。600 MW 示范快堆常规岛工程是分公司在常规岛设计开发道路上的重要里程碑，相信在公司的大力支持和分公司的不懈努力之下，常规岛业务必将成为河北分公司未来发展的核心竞争力和新的业务增长点。

认真开展田湾 3 号和 4 号机组、田湾 5 号和 6 号机组、福清 5 号和 6 号机组、巴基斯坦 K2 和 K3 机组、福建漳州一期、徐大堡一期的设计管理工作。完成 600 MW 示范快堆项目、河北海兴核电项目的可行性研究报告、总体设计中常规岛部分的编制，完成福建漳州核电项目可行性研究报告的编制工作，并与华东院联合完成初步设计工作。配合公司完成海南昌江 3 号和 4 号机组及海外推介项目的常规岛工作。

4. 勤勤恳恳、兢兢业业，开展已承揽的民用工程设计任务

民用板块努力克服设计收费低、数量多、工期紧、业主要求变化频繁的困难，全年共完成昌黎大滩 20 MW 太阳能发电项目可研、西山煤电古交矿区集中供热工程等高阶段 7 项，完成南山铝业股份有限公司东海热电厂 1~4 号机组环保改造工程、大唐环境黄岛电厂 3 号机组脱硝改造工程等施工图 18 项。

5. 扎根现场、无私奉献，服务工程建设

河北分公司高度重视现场技术服务工作。2015 年，圆满完成核电、核工程、民用工程现场服务工作。核电板块承担福建福清、巴基斯坦卡拉奇 2 个现场的服务，服务时间共计 23 人 · 年。核工程板块派驻 5 名常驻设代服务 HEA 和 30B 现场工程建设。设代们远赴他乡，带着扎根现场的毅力和恒心，克服来自工作和家庭的重重困难，无论严寒酷暑，持之以恒地忙碌在各个建设现场，为保证各重大节点的顺利实现默默付出，在平凡的岗位上无私奉献。“我为现场做贡献”已经内化为每一位设代的心声，外化于他们严谨高效的服务。

（七）科研任务按进度完成，自主创新助力业务工作

完成集团公司重点科技专项 ACP100 科研项目常规岛部分子题及小堆多用途分析研究，其中 4 项科技成果通过集团公司鉴定，其中 1 项达到国际先进水平，3 项达到国内领先水平。与公司、环保部、辽核联合编制的《缺乏受纳水体区域核电厂液态流出物液转气排放研究》获得“2015 年度中国核能行业协会科学技术奖”三等奖。在核心期刊发表论文 17 篇，其中 1 篇被 EI 检索收录。2 项实用新型专利获得授权，3 项发明专利得到受理。自主研发项目“核电工程管道 ISO 图深度定制、批量出图和修改及大宗材料管理设计方法和软件系统”，获国家版权局软件著作权证书。该软件提高了设计过程的大宗材料和文件管理能力，大幅提升了设计效率，并在福清 5 号和 6 号机组、巴基斯坦 K2 和 K3 项目上广泛使用，为“华龙一号”首堆工程做出贡献。

（八）围绕中心，服务生产，精细化管理水平持续提升

1. 完善制度体系，提高管理效率

全年共发布（升版）各项规章制度 41 个，为各项工作提供制度保障。建立和完善内部控制管理体系，通过外部咨询和自我评价，梳理确定一级流程 19 项，二级流程 72 项，并完成内控手册初稿、诊断报告、缺陷汇总、风

险数据库等成果，初步完成内控体系建设。为进一步规范经营管理行为、保障发展战略的实现奠定了良好的基础。

2. 编制“十三五”发展规划，加强战略引领

编制并向公司上报《河北分公司“十三五”发展规划（2016—2020）》。规划中分析了河北分公司具备的竞争力、面临的市场环境，提出了经济指标和重点任务，制定了保障规划落地的具体措施，并明确提出在“十三五”末应达到的总体发展目标，即“以增强核心竞争力为引领，河北分公司致力成为‘核电设计重要力量、常规岛具备行业竞争力，核工程培育核心技术，民用工程形成品牌，总承包打造形象工程’的综合设计单位”。通过编制发展规划，明确了发展方向，对未来发展具有现实的指导意义。

3. 完善薪酬绩效考核制度，建立职能部门岗位评价体系

在 2014 年完成薪酬考核体系改革的基础上，2015 年重点强化了薪酬管理体系的动态监控机制，通过召开座谈会、深入岗位一线调研、征集反馈意见等多种方式，征求各级领导干部、员工对薪酬体系的意见和建议，完成绩效考核体系和收入分配机制的优化工作。

通过对岗位职责工作量定额分析完成了 6 个职能部门的定岗定编工作，初步建立职能部门岗位评价体系，为职能部门各岗位薪酬水平的确定提供依据，为最终实现“以岗定薪”打下基础。

4. 编制人力发展规划和人才培养计划，培养储备战略发展资源

在分公司发展规划的引领下，编制人力发展规划，通过对人力资源现状、承担业务、人才发展环境和员工能力分析，深刻剖析出制约规划战略目标实现的人力资源能力短板和机制障碍，提出改进措施，完成人才培养的顶层设计工作，为今后发展培养储备战略资源。

在人力发展规划的指导下，制定人才培养计划。结合板块管理与发展情况，及每位员工的技术基础和特点，有目标地进行重点骨干人才的培养工作，提出了未来三年人才培养实施方案，以提高员工素质，提升技术短板，实现分公司技术水平和核心竞争力的不断提升。

5. 深化完善 JYK 体系，建立实施全员 JYK 管理

继续完善 JYK 管理体系，对管理制度进行升版，与各单位签署责任书，并按责任书要求有效开展工作。在制定经济指标和任务时，综合考虑公司指标、市场行情、行业动向，并结合部门全成本核算，力争制定出科学、合理的目标，使 JYK 考核更趋于公平合理。在设置职能部门重点任务和扣分项时体现工作重点并设置难度梯度，力图通过 JYK 管理切实提升管理能力。

建立、落实全员 JYK 管理体系，将战略任务逐级分解，并以《员工 JYK 考核目标责任书》的书面形式加以确认，进一步明确员工工作目标和方向。全员 JYK 考核实行集体评价，尽可能减少人为主观因素影响，力保考核结果更加公平、公正。

6. 理顺技术管理工作程序，奠定技术线管理基础

根据《河北分公司技术线管理规定》对部门工作程序进行全面梳理，开展了技术管理体系建设、部门工作程序梳理等工作的总结，全面评价了管理手册、体系程序、部门工作程序的适应性和与《分公司技术线管理规定》的衔接，为全面实施技术管理体系打下坚实基础。

7. 严格执行质量目标，有效保证成品质量

按照年度质量目标积极开展工作，完善升版了《河北分公司核电工程设计质量管理实施纲要》和相关体系程序；对总承包和分包项目开展质量监督检查和质保监查；开展定期质量检查和非定期质量抽查；召开核电设计经验反馈会议，推广设计经验，避免相似问题重发；积极开展顾客意见调查和设计质量回访，收集意见持续改进；开展质量月活动，全员参与、富有成效，获得公司 2015 年质量月活动先进集体称号。通过实施以上措施，有效保证了设计成品质量，整体质量稳定受控。

组织开展 QC 活动，仪表管阀件三维元件库开发 QC 小组获得公司优秀 QC 小组一等奖、核工业部级工程建设优秀 QC 小组一等奖、国家工程建设（勘察设计）优秀 QC 小组二等奖；小堆（ACP100）常规岛 QC 小组成果获得电力建设 QC 成果二等奖。

8. 完善总承包管理体系，迈出工程总承包第一步

继续完善总承包管理体系，升版并补充相关制度和程序文件，现有的《工程总承包项目管理手册》和工作程序，涵盖了总承包项目各执行阶段的主要工作范围，满足了现阶段承接总承包项目任务的要求。承揽河北西柏坡发电有限责任公司供热改造工程，迈出工程总承包的第一步。

9. 启动信息化建设，助力分公司业务发展

编制《河北分公司信息化发展规划》，制定信息化建设工作计划，明确了建设目标、建设方式和建设进度。信息化建设采取“整体规划，分步实施”的方式，力争在2020年实现信息化水平达到国资委信息化考核标准的A级水平，从而达到以一体化的信息系统支持一体化的业务管控，降低成本、优化管理流程，提高工作效率的目标。

10. 推进精细化管理与管理创新，提高管理效益

发布《河北分公司2015年精细化管理实施细则》，建立精细化管理体系，成立组织机构，确定实施步骤，加强宣贯和动员部署。对各生产所精细化管理进行阶段性评估和指导，并通过落实奖励政策，提高单位员工参与精细化管理的积极性。本年度精细化管理工作亮点项目——“核电设计进度、质量、工作量考核”，抓住了管理中的关键环节，提高了管理效率，实现了资源的高效配置，具有很好的推广和借鉴价值。开展分公司管理创新工作，5项管理创新活动获得立项，其中核电工艺所“华龙一号核岛管道布置设计管理创新实践成果申报”由公司推荐到集团公司参加评选。

11. 扎实做好风险管理，确保各项风险可控

制定分公司风险管理工作计划，扎实做好日常风险管控工作，对各部门风险进行编号管理，并利用共享平台实现风险信息资料共享。建立临时风险上报机制，加强风险识别的及时性和准确性。制定跨部门风险解决方案，规范跨部门风险管理。加强分公司重大风险管控力度，确保风险处于可控范围。

12. 通过保密资格复审，持续规范开展日常保密管理

积极响应、认真筹备，完成一级保密资格复审准备工作。开展保密教育培训 18 次，进行保密检查 11 次，处理违反保密规定事项 1 起，评选保密先进集体 1 个、先进个人 4 名，进行风险评估 2 次、计算机审计 12 次。通过规范化的日常管理，有效地保持了保密工作的安全运行状态，确保国家秘密安全。

13. 提高安全意识和应急处置能力，提供坚实安全保障

完成分公司消防、交通、安全保卫等培训工作，组织消防疏散、档案库房、交通事故、电梯事故等应急演练，理顺事故处理流程，提高了员工的安全意识和应急处置能力。加强对办公楼租户的安全教育和检查，对出租楼层安全状态进行有效管控。完成节假日综合安全检查及隐患整改，为生产经营管理工作提供坚实保障。全年未发生各类安全事故。

（九）党群工作稳步推进，群众路线活动取得实效

1. 扎实推进纪律作风建设，“三严三实”活动取得实效

始终坚持作风建设，认真学习领会中央、集团公司、公司关于党风廉政建设责任制的各项规定，持之以恒抓好中央八项规定精神的贯彻落实，把严明党的政治纪律放在首位，加强纪律教育和监督。

按要求积极开展“三严三实”专题教育，按月分解落实任务，通过集中学习文件、专题学习研讨、党课培训、召开民主生活会和组织生活会等方式宣贯“三严三实”精神，提高党员干部的思想意识，有力推动了活动深入开展，取得了明显的成效。召开“三严三实”专题领导班子民主生活会，重温入党誓词，结合自身思想和工作实际对照检查践行“三严三实”存在的主要问题，开展了批评与自我批评，明确了今后的努力方向和改进措施。

积极开展纪检工作，提升反腐意识。积极组织反腐倡廉宣传教育月系列活动，组织全体党员签订廉洁从业承诺书，邀请石家庄市人民检察院为分公司各级领导干部举行了反腐倡廉专题讲座。通过一系列活动，

切实提高了广大干部员工的廉洁从业意识，分公司本年度未发生违法违纪现象。

2. 坚持党内民主监督，注重落实“一岗双责”

建立健全惩防体系，强化党内监督。进一步完善党内民主生活会制度，对涉及职工切身利益的相关事项，及时征集员工意见，接受干部群众的民主监督，杜绝以权谋私。

注重落实领导干部“一岗双责”，坚持“谁主管、谁负责”，与各部门签订党风廉政建设责任书，落实党风廉政建设主体责任和监督责任。将党风廉政建设纳入部门 JYK 考核范围，与业务工作“同布置、同检查、同考核”。坚持落实公司《领导人员谈话实施办法》，加强对干部的日常监督，确保党风廉政工作扎实推进。

3. 重视对外宣传，不断扩大影响力

拍摄形象宣传片，全方位展示分公司优质企业形象，为招聘、经营工作提供良好媒介手段，扩大对外影响力。在分公司 OA 网发表各类稿件共计 535 篇，对外发表稿件 92 篇，在中核集团公司网站发表 3 篇，在《河北工人报》发表 1 篇，对外宣传工作稳步提升。

4. 构建分公司企业文化体系，增强企业凝聚力

继续利用多种方式宣贯公司“海纳百川，聚德思变”的企业文化，并着手构建符合分公司发展战略且为广大员工认同和遵守的特色亚文化体系。通过征集企业文化精神短语、发布调查问卷、与各部门职工座谈、召开企业文化领导小组会，凝练企业文化大纲。发布《河北分公司企业文化管理办法（试行）》对企业文化的形成和发展做出了规范和指导。

5. 发挥工会工作优势，推动中心工作开展

积极组织球类、游泳、瑜伽、棋牌、摄影、劳动知识竞赛等丰富多彩的文体活动，活跃职工文化生活。在国庆和中秋双节开展送温暖和困难帮扶活动，及时探望分公司受伤、生病、退休、生育职工及设代家属，送去组织关怀。认真组织评优评先工作，调动广大职工创先争优的工作热情，建筑结构所获得“河北省工人先锋号”荣誉称号，综合办公室获得全国“安康杯”竞赛“优秀班组”荣誉称号。

（供稿人：白璐）

三、上海分公司

（一）总体评价

2015 年上海分公司认真学习和执行党的十八大以来的路线、方针和政策，深入贯彻和落实科学发展观，积极加强班子建设，促进党建工作和行政工作有机结合、协调发展。上海分公司全体员工齐心协力、攻坚克难，克服经济低迷和民用建筑设计市场陷入最低谷的影响，努力实现转型，基本完成上海分公司 2015 年 JYK 任务。

在内部管理上，结合新形势、新常态和新问题，升级各项管理制度，防范各种管理风险。

在经营上，克服民用建筑设计市场陷入低谷的影响，积极探索业务转型。一年来，继续巩固核电站承包商营地业务，同时积极向新能源和高校业务方向发展，承揽了南华大学主入口广场和景观设计，不断拓展新的领域和地域。

（二）组织机构及人力资源状况

上海分公司主要从事工业与民用建筑工程设计业务，具有从业人员 30 人，其中研究员级高级工程师 2 人、高级工程师 3 人、工程师 12 人、拥有国家各类执业资格人员 7 人。

组织机构图如图 7-3 所示。

（三）2015 年工作亮点

1. 认真履行职责，全面落实党风廉政建设和“一岗双责”

按照党风廉政建设责任制的相关规定，认真履行“一岗双责”，在抓好业务工作的同时，把党风廉政建设作为一项主要工作，做到与业务一起部

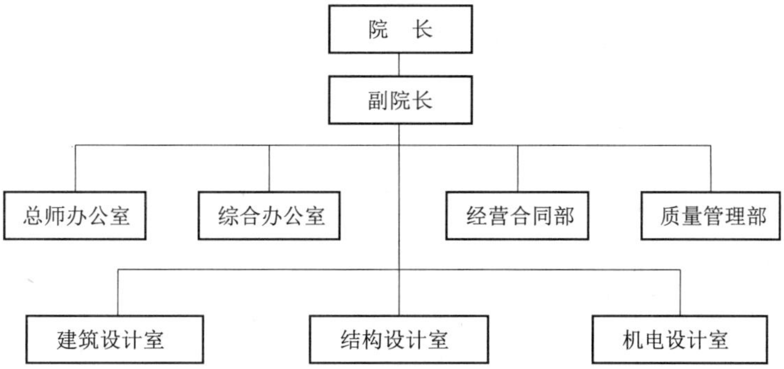

图 7-3　上海分公司组织机构

署、一起落实、一起检查、一起考核。结合公司总部的相关文件精神，在班子成员中大力倡导学习之风，学政治、学正气、学业务，提高廉洁从业能力，加强教育，警钟长鸣。

在班子成员中签订廉洁从业责任书和 JYK 考核责任书，明确目标，强化责任，同时在班子成员中实行循环监督和年终绩效考核分配挂钩，提高了执行的自觉性和监督的有效性性；认真执行“三重一大”，在重大事项的决策上，充分发挥班子集体决策的优势，无论在内设机构干部的任用，重大商务合同的谈判，以及分配体系的建立等重大事件中，充分发挥班子的集体智慧，避免权利集中和寻租，减少决策失误。

2. 积极加强企业文化建设，提升凝聚力

2015 年，上海分公司党支部向全体员工宣贯和学习了公司总部的企业文化理论，并根据公司企业文化理论体系（聚文化）结合实际建立文化理念（赢文化），我们为了共同的目标“聚”在一起经过艰苦不懈的努力就必须“赢”，最终实现共同目标。

3. 积极参与大中型项目的设计投标工作

参与项目投标 3 项并中标 2 项，特别是在核电厂厂前区标准化和南华大学项目设计投标中，与清华大学、同济大学、中国建筑西北院和中国新材料建筑设计院等国内顶级设计院同台竞技，中标 2 项。

4. 2015 年度上海分公司获部级优秀设计三等奖 1 项

（四）2015 年完成的典型工程及概况

1. 核电厂厂前区标准化设计

中国核能电力股份公司拟将各核电企业文化和中国核电核心文化相融合，从而打造中国核电品牌、形成中国核电文化合力，实现“做强做优、和谐发展，成为具有魅力的国际一流核能企业”的愿景目标。因而中国核能电力股份公司委托湖南桃花江核电有限公司通过社会招标的形式征集方案，此次投标有清华大学设计院、西北建筑设计院等五家大设计院参加设计投标，上海分公司参加了此次投标并一举中标。

该项目是按照六台机组进行设计，总建筑面积约 14 万平方米。

2. 南华大学新校区电气数理实验楼、计算机信息楼工程

该两个项目是南华大学新校区建设的一部分内容，也是上海分公司通过社会投标中标与南华大学合作。通过这次合作，南华大学相关部门更加认可了我们的实力。

两个项目的总建筑面积约为 36 000 平方米。

（五）2015 年完成的各项经济指标

完成经营合同金额：1 020. 21 万元人民币，较 2014 年增加：21. 61%；

完成产值：780. 18 万元人民币，较 2014 年增加：22. 53%；

完成财务收入：772. 628 万元人民币，较 2014 年增加：10. 38%。

（六）管理工作

1. 规范管理机制，强化设计服务意识

上海分公司在注重经营力度的同时，更加注重设计质量。严格按照质量管理体系进行设计控制，同时围绕质量管理体系，结合市场及上海分公司的实际情况，编制了《员工管理手册》和《技术管理手册》，并根据运行中发现的问题不断完善及修改，向规范化管理逐步提高，从而确保上海分公司在二十多年设计市场竞争中一直能够占有一席之地。

2. 注重员工培训，强化奖罚机制

上海分公司在注重年轻人的培养加强设计人员技术培训的同时，结合自身的实际情况，制定了一套适合上海分公司的奖罚制度，对完成的每个工程设计项目都进行评优罚劣，给予设计优秀者予以奖励，使得他们受到鼓舞，更加努力工作。对于设计出现问题的人员给予处罚，给他们敲了警钟，引起重视。

严格的奖罚机制，使得上海分公司的设计成品质量都为优良，也获得了相关部门和业主们的认可。

（供稿人：张进）

四、深圳设计院

（一）2015 年工作总体评价

2015 年深圳设计院的经营主业依然是在以垃圾焚烧发电为主的环保类设计领域，另外配合其他一些如垃圾填埋、污水处理、污泥焚烧等环保项目的设计和前期工作。目前深圳设计院依然保持在垃圾焚烧发电厂设计这个细分行业的品牌优势，为公司在环保领域保持了一定的知名度，对于公司以核电为主、多种经营的方针政策上也是一个良好的补充。

深圳设计院的各项业务管理活动，如质量管理体系的建设、人力资源管理、员工培训机制及财务管理等都纳入到公司统一管理下，各项业务活动与公司同步并轨。

（二）深圳设计院组织机构设置

深圳设计院组织机构如图 7-4 所示。

深圳设计院领导层是由总公司直接任命，由 1 个院长，2 个副院长共 3 人组成。院内设置综合办公室、工程设计管理部、质量管理组三个部门，主要的业务部门：工程设计管理部下辖 5 个专业设计室（包含了总图、建筑、结构、机炉、暖通、电气、自控、水工、技经共 9 个专业），以及 1 个档案管理室。

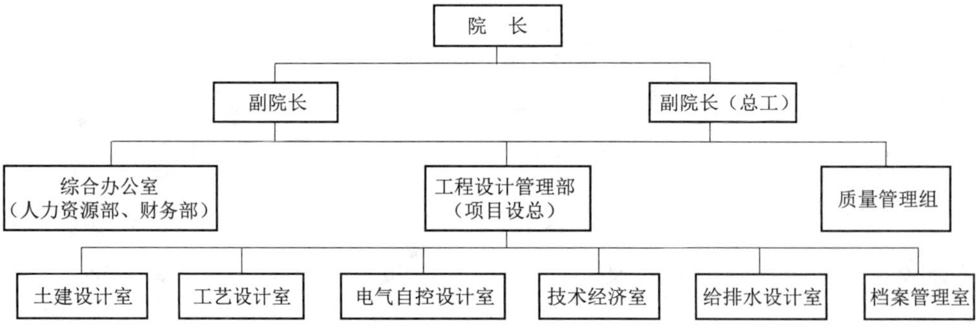

图 7-4　深圳设计院组织机构

（三）人力资源情况

2015 年深圳设计院共 68 人，除院长和两位副院长由公司直接任命，其余人员由深圳设计院自主招聘。深圳设计院用工采用两种模式：一是院内直接聘用（共 31 人），二是劳务派遣模式（共 37 人）。

（四）管理模式

深圳设计院的内部管理一直都是纳入到公司统一管理下，院内的各项规章制度符合公司的框架制度。

1. 质量管理

深圳设计院纳入在公司的质量管理体系下，外审机构（每两年一次）及公司质量安全部（每年一次）定期到深圳设计院进行 ISO 质量体系的检查，均顺利获得了通过。

2. 合同及项目管理

设计项目定期（每月、每季度）向公司经营合同部汇报并汇总，项目完成后的归档最终也交由经营合同部留存。

3. 资质管理

深圳设计院目前使用公司的综合甲级设计资质和咨询资质承揽设计任

务，在使用公司资质的过程中能严格按照公司相关规定，并在公司经营合同部的管理下进行。

4. 财务管理

财务方面，深圳设计院每年向总公司上交一定的管理费用，另外人力资源部每年向深圳设计院下发工资奖金额度，院内财务遵守公司的规章并定期（每年两次）接受公司财务部检查。

5. 党群工作

深圳设计院党支部现有正式党员 18 人，工会随深圳设计院的改制后正式成立，并已纳入到公司工会的管理。

（五）2015 年经济指标完成情况（见表 7-3）

表 7-3 2015 年经济指标完成情况

	指标类别	目标值/万元人民币	实际完成/万元人民币
年度主要经济指标	1. 主营业务收入	1 430	2 029
	2. 集团外主营收入	1 430	2 029
	3. 上缴管理费	90	90
	4. 上缴房屋租金（核二院）	67.92	67.92

（六）2015 年生产任务完成情况

2015 年深圳设计院完成的设计任务主要有：

1. 北京市通州区垃圾焚烧发电项目初步设计（规模：日处理垃圾 2 250 吨）；

2. 眉山市城市生活垃圾环保发电项目施工设计（规模：日处理垃圾 1 500 吨）；

3. 贵州省黔东南州凯里市城市生活垃圾焚烧发电项目施工设计（规模：日处理垃圾 1 200 吨）；

4. 宁阳盛运垃圾焚烧发电项目施工设计（规模：日处理垃圾 600 吨）；

5. 深圳市平湖垃圾焚烧发电厂技改项目施工设计（规模：日处理垃圾 225 吨）；

6. 福清市生活垃圾焚烧发电二期工程施工设计（规模：日处理垃圾 300 吨）；

7. 广西博白生活垃圾焚烧发电项目初步设计（规模：日处理垃圾 800 吨）；

8. 蚌埠市生活垃圾焚烧发电项目可行性研究报告（规模：日处理垃圾 1 960 吨）。

另外还包括一些垃圾填埋场的可研及去年部分项目收尾配合等工作。

由于这些环保垃圾电厂项目相对于一般工业民用项目的特点有所不同，即包括前期筹备的建设周期较长（一般两年以上），而设计过程又是不同于后者的先设计后施工，而是普遍采用边设计边施工的方式，设计周期及配合基本贯穿于整个项目的前期筹备和施工过程，因此以上项目基本均属于跨年度设计任务，今年这些项目设计完成的工作量在 50%～90%，明年这些项目依然有不少收尾配合工作。

（七）2015 年获奖情况

2015 年 9 月，深圳设计院设计的“佛山市南海区垃圾焚烧发电二厂”获得了 2015 年度核工业部级优秀工程设计二等奖。

（供稿人：魏嵘）

五、河南核净洁净技术有限公司

（一）工作总体评价

2015 年，河南核净洁净技术有限公司（以下简称“核净公司”）紧紧围绕 2015 年工作目标，进一步扩大了核电项目的供货范围，对民品市场也开展了深入的研究，在管理方面“零缺陷”的管理理念得到贯彻落实，较好地完成了公司各项工作任务。

（二）组织机构设置及人力资源情况

公司下设人力资源部、财务部、行政部、质保部、军核市场部、民品市场部、设计开发部、生产部、采购部等 9 个部门，每个部门各设置一名部门经理。公司组织结构合理，运行良好。

公司共有员工 158 人，其中正研级高级工程师 1 名，高级工程师 17 名、副译审 1 名、工程师 22 名、经济师 2 名、会计师 5 名、企业人力资源管理师 1 名、网络工程师 1 名，助理工程师 22 名、助理会计师 2 名、高级工 2 名、中级工 4 名，初级工 1 名，中级以上职称占员工比重 31.65%，技术人员占员工的比重为 22.78%。公司技术力量雄厚，队伍相对年轻，人员结构合理，是一支富有战斗力的队伍（见图 7-5）。

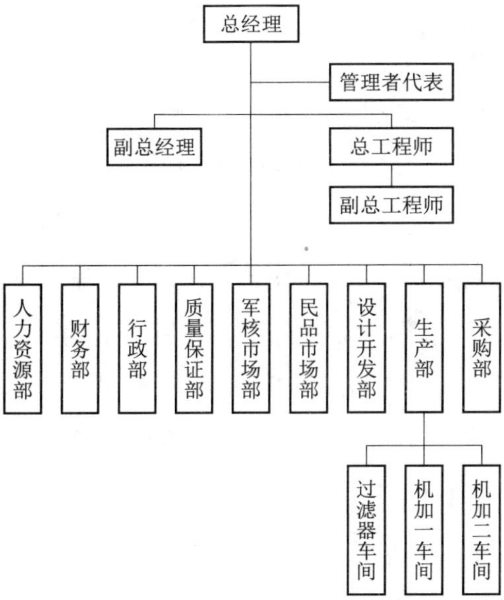

图 7-5　河南核净洁净技术有限公司组织机构

（三）主要经济指标完成情况

核净公司严格按照 JYK 一体化管理思想和要求，定期检查分析各项计划的执行情况，严格预算管理和成本控制，较好地完成了各项经济指标。

2015 年，主营业务收入达到 10 207 万元人民币（其中集团外收入 4 150 万元人民币），比上年增长 14%，创历史最高水平；净资产达到 11 646 万元人民币，比上年增长 25.3%；利润总额 2 721 万元人民币，比上年增长 27.6%；经济增加值 2 350 万元人民币；成本费用比率为 74%；年销售合同 12 920 万元人民币。

（四）生产任务完成情况

2015 年，核净公司从多个角度强化生产管理，执行生产一线文件性资料无纸化、操作员工绩效考核月度化、工艺人员跟单服务等新的改进工作项，加强设备管理，出色地完成了各项生产任务。特别是田湾 3 号、4 号机组等重点核电工程项目的顺利执行，受到了客户的好评。全年，核净公司共完成过滤器生产任务 56 516 台，生产及时率 99.73%；完成净化设备加工任务设备重量 182 吨。

（五）合同签订情况

2015 年，国家核电建设迎来了新的高峰期，这为核净公司的发展提供了难得的机遇和挑战。核净公司在维护现有市场的基础上，进一步拓展新建核电项目业务和民用市场业务，确保年度销售目标的完成。

公司累计完成合同额 12 920 万元人民币（其中军核 11 996 万元人民币，民品 924 万元人民币），超额 19% 完成年度目标，重点大项目合同主要是：

◆ 核电领域：K2、K3 项目，5 810 万元人民币；红沿河 5 号、6 号机组 LOT150Ae 核岛净化设备及过滤器项目，1 153 万元人民币。德州艾荷过滤设备有限公司中标广核阳江 5 号、6 号 LOT150Ae 项目（我公司投标价 446.55 万元人民币）。为应对这一情况，公司已进行研究，制定了相应的措施，已反映在工作计划和战略规划等文件中。

◆ 军核领域：中国工程物理研究院 205 室项目，150 万元人民币；207 室项目，363 万元人民币。

◆ 非核领域：西安微电子技术研究所年度过滤器供货合同，107 万元人民币。

民品市场过滤器销售累计完成合同额 924 万元人民币，比 2014 年合同额（715 万元人民币）提高 29%，超额完成年度目标。公司民品业务长期面临困难局面，为扭转这一局面，公司采取了以下措施：

◆ 深入、系统地研究民品业务，制订了《民品市场三年规划》。

◆ 启用年轻干部担任部门主管，修订民品提成管理办法，加大新客户提成比例，进一步调动民品销售人员的积极性。

◆ 转变生产模式，寻求代工合作单位，降低生产成本，提供产品价格竞争力。

（六）科研项目完成情况

2015 年，核净公司加大科技研发力度和投入，多个科研项目取得阶段性成果。同时，核净公司在着眼于现有产品的技术革新，先后完成了多项技术改进，使公司产品在机构和性能上更加完善。全年，核净公司科研项目完成情况包括：

（1）按照下达的研制任务书要求，完成了辅助过滤器的设计，样机的研制、检测，样机各项符合任务书要求。按照项目鉴定要求，编制完成所有产品鉴定文件，具备项目验收和鉴定条件。

（2）成功研制了商用空气净化器并取得第三方测试报告，各项性能满足国家标准要求。

（3）基于“华龙一号”第三代核电技术的Ⅲ型碘吸附器机组样机通过鉴定。

（4）申报受理 3 项实用新型专利和 2 项发明专利；取得 2 项实用新型专利。

（七）大事记

◆ 公司主营业务收入 1.02 亿元人民币，创历史最高纪录。

◆ 公司家用空气净化器开始试销，标志着公司业务开始进入家用市场。

◆ 公司党委组织召开全体党员大会，成立了中共核净党委，选举产生了党员委员会和纪检委员会。

◆ 公司工会组织召开了第三次职工大会，选举产生了新一届工会委员会、经费审查委员会和女职工委员会。

◆ 基于“华龙一号”第三代核电技术的Ⅲ型碘吸附器机组样机通过鉴定。

◆ 申报受理 3 项实用新型专利和 2 项发明专利；取得 2 项实用新型专利。

（八）获奖情况

1. 内部奖项

◆ 年度优秀员工：赵展、王葳、李继世、黄朕、岳立山、耿振龙、李萌萌、眭奕、黄瑞、汪庆春、孙风霞、李宾

◆ 年度优秀部门经理：韩秀珅

◆ 年度优秀部门：质量保证部

◆ 年度最佳协会：摄影书画协会

2. 外部奖项

◆ 郑州市教科文卫体系统优秀工会工作者：刘歌

◆ 郑州市教科文卫体系统女职工工作先进个人：沈小兵

◆ 郑州市教科文卫体系统科技标兵：岳立山

◆ 河南省国防科工局 2015 年度统计工作先进个人：张秀蓉

◆ 河南省国防科学技术进步三等奖："基于'华龙一号'技术要求的第三代核电空气处理机组"科研项目组

◆ 河南省国防科学技术进步三等奖："Ⅱ型碘吸附器"科研项目组

◆ 郑州市女职工工作示范单位、郑州市先进工会女职工委员会：公司工会女职工委员会

（供稿人：李超）

六、北京四达贝克斯工程监理有限公司

（一）2015 年工作总体评价

2015 年是监理公司齐心协力，攻坚克难、努力开创多元化发展局面的一年。公司上下一心、凝心聚力、共克时艰，不断优化工作流程、提升管理水平，多方开拓业务领域，寻求项目突破。2015 年，公司在企业管理、资质管理、业务拓展、文化建设等方面都取得了令人振奋的成绩（见图 7-6）。

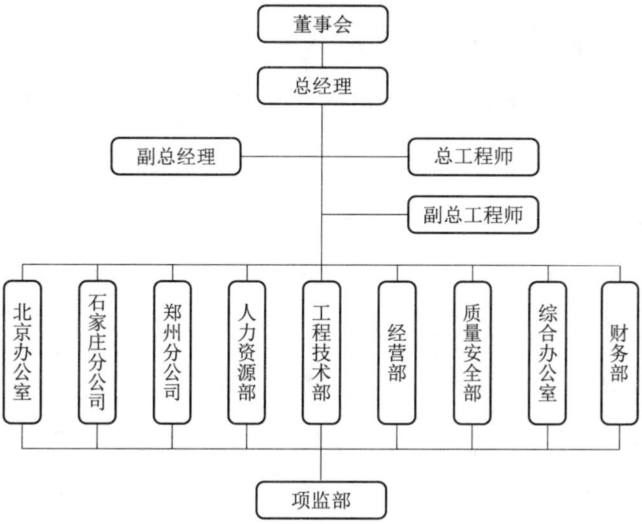

图 7-6 北京四达贝克斯工程监理有限公司组织机构

（二）组织机构设置

监理公司设总经理 1 名，副总经理 3 名，总工程师 1 名，副总工程师 1 名。总部下设工程技术部、人力资源部、经营部、质量安全部、财务部、综合办公室 6 个职能部门，另设北京办公室、石家庄分公司、郑州分公司 3 个分支机构。

（三）人力资源情况

截至到 2015 年年末，公司共有从业人员 735 人，其中国家注册监理工程师 128 人，核工业监理工程师为 380 人，国家注册安全工程师 103 人，国家注册造价师 28 人，一级建造师 41 人，注册设备监理工程师 41 人。具有高级职称 89 人，占技术人员比例为 13. 05%；中级职称 288 人，占技术人员比例为 42. 23%。

2015 年，公司对人力资源管理体系建设、招聘管理、资质与培训管理、绩效考核、劳动关系管理等方面加大力度进行了完善与提升。优化了绩效考核体系、修订了岗位薪酬体系制度、加强了公司骨干员工的培养及储备、调整了招聘计划、改革了培训内容及方式、提升了人力资源信息化水平。

（四）经济指标完成情况及市场经营概况

2015 年，公司完成经营收入 12 578（12 400）万元人民币，比上年增长 6%，利润 618（605）万元人民币，比上年增长 8%，经济增加值 EVA312（262）万元人民币，比上年增长 9.66%，实现集团外收入 348（330）万元人民币，比上年增长 14.57%，成本费用率 95.10%（95.12%），各项任务目标均圆满完成。

在确保核电项目监理同时，公司加大经营力度，有计划、有重点地开发和拓展核电外监理市场。2015 年全年签订合同总额 9 879.036 万元人民币，自主经营获得合同额 7 913.176 万元人民币，其中工程监理 6 899.596 万元人民币，设备监造 2 201.4 万元人民币，大修 QC 778.04 万元人民币。

（五）监理项目进展状况

1. 福清核电

2 号机组：2015 年 10 月 14 日，性能试验结束并签署机组临时验收证书；

3 号机组：2015 年 10 月 22 日完成冷态功能性试验，2015 年 12 月 23 日热态功能性试验开始；

4 号机组：2015 年 12 月 14 日 4 MX 汽轮机三缸扣缸工作完成，2015 年 12 月 28 日 4 号机组电气厂房送冷风实现；

5 号机组：2015 年 5 月 7 日实现 FCD；

6 号机组：2015 年 12 月 22 日实现 FCD。

2. 方家山核电

2 号机组：2015 年 2 月 13 日，性能试验结束并签署机组临时验收证书。

3. 海南核电

1 号机组：11 月 7 日完成并网发电，12 月 23 日完成临时验收（PAC）；

2 号机组：12 月 8 日 2 MX 汽轮机非核冲转成功；12 月 10 完成热态功

能试验。

4. 田湾核电

3 号机组：土建全面进入装修阶段；10 月 13 日常规岛汽轮机安装工作全面启动；

4 号机组：9 月 26 日完成穹顶吊装；

5 号机组：12 月 27 日，反应堆厂房 FCD。

5. 三门核电

3 号、4 号机组核岛，10 月开始 CV、CA 模块施工；

3 号、4 号机组负挖：截至 12 月底，负挖工程累计挖运土石方 107 万 m^3，完成总量的 85%。

6. 徐大堡核电

1 号机组：1 号核岛钢筋维护、CV 安全壳底封头拼装、CA20 结构模块拼装、海工码头安全收尾等工程。

7. 恰希玛核电

3 号机组：压力容器进水、送冷风、倒送电、安全壳密封试验完成；管道符合性检查接近尾声，部分系统开始调试；

4 号机组：核岛管道全面进入符合性检查阶段；电缆敷设端接进入高峰期；132 kV 倒送电已完成。

8. 卡拉奇核电

2 号机组：2015 年 8 月 20 日，2 号机组实现 FCD；

3 号机组：核岛预应力廓道墙体施工完成。

9. 漳州核电

土石方工程累计完成 450 万 m^3；

4.5 m 以下海堤完成 1 000 m；海域回填完成 10 万 m^2；扭王字块安装完

成400块。

10. 示范快堆（霞浦）

山体爆破累计完成204.9万m^3，完成总量11%；

西内护岸和厂区回填爆破挤淤施工累计完成26.4万m^3，完成总量6%；

进场道路和桥梁施工完成总量的60%。

（六）综合能力大幅提升

1. 成功申请监理综合资质

2015年11月3日，公司成功获取了工程监理综合资质，成为中核集团第一家具备“综合资质”的监理企业。综合资质的取得，使公司业务承揽由原来的5个专项甲级扩展到全部工程建设领域，为多元化经营创造了有利条件，同时完成了“中长期战略发展规划（2015—2020年）”的第一项任务。

2. 公司保密管理体系整体运行有效

3. 公司技术管理

（1）标准规范修订编制

为展现公司实力、提升公司知名度，牢固树立公司在政府主管部门中的形象和地位，2015年公司积极推动工程建设标准规范的编制修订工作。

2015年11月，住房和城乡建设部已批准中国核工业集团公司作为主编部门，我公司作为主编单位，对《核电厂建设工程监理规范》GB/T 50522—2009进行修订，拟于2018年6月完成报批。公司已将此项工作纳入2016年工作计划。

作为《大体积混凝土施工规范》GB 50496—2009的修订参编单位，2015年3月以来，公司以福清项监部为主收集整理了大量的数据资料，三次参加研讨会，对《草案征求意见稿》的编制提出了建设性的意见和建议。目前《草案征求意见稿》已基本完成。

（2）标准化工作

继2014年完成以M310堆型为主的核电通用工作程序（209份）编制工作后，本年度公司组织福清、三门、田湾项监部制订了“华龙一号”等各堆型核电专用标准工作程序清单及编制计划，其中“华龙一号”标准程序35个（第一批，2015年完成），AP1000标准程序37个（2015年完成），VVER标准程序80个（2015年完成57个，2016年完成23个）。目前2015年度的编制工作均按计划完成。

10月26日按计划全部完成了43份标准化核电管理程序的编制及发布。

投标文件技术部分标准化。根据不同项目类型，分别建立了核电、核电大修QC、光伏电站、综合办公楼、住宅小区、设备监造等投标文件技术部分标准化模板。

按计划编制完成《设备监造质量保证大纲》《设备监造规划》的标准模板，以及编制完成了设备监造管理程序及监督导则151份、招标代理工作程序19份、项目管理工作程序27份。

（3）经验反馈

在《核电工程技术论文集-核电篇》正式出版后，2015年继续组织力量对M310堆型核电建安不符合项（2 806份）、设备制造不符合项（146份）进行了整理、固化并汇总成册，已发至福清核电5号、6号机组设备监造项目部和田湾项监部使用。

4. 财务管理工作

（1）成本费用控制工作

随着公司经营收入的增加，各项成本费用也在不同程度的增长，为了把钱花在刀刃上，该花的钱要用好，不该花的钱一分不花。年初，财务部确定了各项费用的预算额度，在报销过程中严格控制，为公司实现各项经营指标提供了有效保障。

（2）税务工作

配合尤尼泰（北京）税务师事务所顺利完成2014年度所得税汇算清缴审计，完成了2014年企业所得税汇算清缴工作，及公司三地2015年“全国税收调查”“减免税调查”“企业所得税税源调查“。同时，在不违背税收政策法规的前提下，进行税收筹划，为公司和员工节约税收成本，降低个人税负。

（3）配合监察审计部内审和集团公司财务检查

6 月，配合监察审计部完成公司 2013—2014 年的内部审计，7 月，配合集团公司第 6 检查小组的财务检查。针对审计组提出的问题和建议，公司认真分析原因，逐层落实责任，并逐项进行整改。

5. 质量安全部 2015 年年度工作完成情况

（1）管理评审

2015 年对综合管理体系的运行情况进行了评审。管理评审 3 项改进事项，按照要求完成并关闭。

（2）综合管理体系文件管理

2015 年，公司新编制发布程序 4 份，升版程序一份。

（3）内审

根据内审计划，对公司 19 个部门进行了内审，开具的 11 项不合格项均关闭。公司综合管理体系运行有效。

（4）外审

北京中设分别对田湾项监部及公司总部实施了审核，结论为确认保持认证注册资格。

（5）总监交流会

11 月，公司组织开展总监交流会，针对公司长远发展的 4 个议题进行了讨论，达成共识。

6. 质量安全管理

（1）成立安全生产管理委员会，明确了“安委会”“安委办”及组成人员的职责。

（2）组织质量、安全检查，进行了“总监质量安全责任六项规定”自查，14 个项监部完成了“总监质量安全责任六项规定”自查。依据计划，对 6 个监理部进行了检查，共发现问题 19 条，统一纳入公司的体系运行报告中。

（3）组织开展相关活动

织开展了“4.6 安全日”“安全生产月”“2015 全国质量月”“安全生产责任体系五落实、五到位”自查、新安全生产法宣贯学习等一系列活动。

（4）根据公司承接运行核电站大修 QC 技术服务需要，整理出《辐射相关知识》培训材料，进行辐射防护知识培训宣贯与培训。

7. 网站管理

（1）对《公司网站管理规定》进行了升版。

（2）公司网站共发布新闻稿件 268 篇。

（3）260 条经验反馈录入到公司网站供员工查看参考。

（七）全面推进党支部和工会工作

截至 2015 年年底，公司党总支下设 8 个党支部，179 名党员。2015 年度，公司共转入党员 3 人，转出党员 7 人，新发展党员 5 人。

在上级党委的领导下，2015 年公司党总支组织开展了以下活动：

1. 入党积极分子培训

2015 年 4 月，公司组织了入党积极分子培训，共 6 名入党积极分子参加了此次入党积极分子培训，并经考试合格。

2015 年 7 月，组织公司 9 名入党积极分子参加了党群组织的入党积极分子培训，并经考试合格。

2. 领导班子民主生活会

2016 年 1 月，在征求公司员工对领导班子及成员“三严三实”方面意见建议的基础上，公司领导班子组织召开了以“三严三实”为主题的专题民主生活会。

3. 组织开展相关活动

2015 年度，公司党总支组织开展了中央巡视组动员会及再动员会相关文件精神的学习、反腐倡廉教育月、“三严三实”专题教育学习、组织观看

《筑梦中国》专题纪录片、廉洁风险防控学习等一系列活动。组织编制了监理公司《廉洁风险防控手册》并向上级党委提交。

4. 工会工作及组织活动

公司工会下设石家庄分公司和郑州分公司两个基层工会，会员594人。

2015年，公司工会及各分工会共组织体育趣味竞赛、运动会、读书活动、女工活动、观影、拓展训练等文体活动35次，参与会员1 726人次。

在10月举行的运动会中，监理公司荣获“优秀组织奖”。

（八）企业荣誉

2015年7月，公司获得北京市建设监理协会颁发的“2013—2014年度北京市建设行业诚信监理企业”称号。

2015年9月，公司获得中国核工业勘察设计协会颁发的“2015年度核工业部级优秀监理企业”称号；刘忠厚、魏振军等2人获得“2015年度核工业部级优秀总监理工程师”称号；赵晓华、檀冲冲、张由道、王梅东、白学林等5人获得“2015年度核工业部级优秀监理工程师”称号。

2015年8月，在国家住建部组织的“2014年度全国工程监理行业工程监理收入前100名排序”中位列第85名，北京地区第19名。

2015年度，公司共有3项QC成果分别获得中国核工业勘察设计协会1、2、3等奖。

2015年度，为鼓励和表彰工作中表现突出的支部和党员，公司党总支组织进行了优秀党支部和党员的评比工作。通过各支部推荐、评比，共评出优秀党支部一个，优秀党员18人。

2015年度，为鼓励和表彰在安全管理工作中成绩突出的部门和个人，通过部门推荐和公司安委会评选，共评出安全管理先进部门2个，安全管理先进个人23名。

2015年度，公司组织对24篇QC成果进行评比，共评出1等奖1项，2等奖2项，3等奖3项。其中1、2等奖将推荐到中国核工业勘察设计协会参加评选。

公司总经理助理兼经营部主任张小龙同志荣获中国核电工程有限公司

2015 年度“十佳员工”称号。

（供稿人：冯婧）

七、北京民用设计院

（一）2015 年全年工作总体评价

2015 年，民用设计市场大幅下滑，任务来源和设计收费受到很大影响。但在全体员工的努力下，各项工作仍平稳有序的展开，运行基本稳定。根据公司工作会议确定的重点工作目标和分解目标要求，完成了预期的目标。

在内部管理上，执行公司的管理规定，加强对规范有效管理，2015 年根据工作需要对《北京民用设计院工作手册》进行升版，首次发布《北京民用设计院组织职责权限》，按照程序文件开展各项工作，进一步规范、完善各项管理制度，防范各种经营风险。

在项目经营上，任务的来源主要是全国各地民用设计市场和集团内部的民用设计项目，同时也参与公司核电及其他与民用建筑相关的设计任务。

（二）组织机构设置及人力资源情况

为适应市场体制、开拓民用市场、实现多元发展，根据《中国核电工程有限公司组织管理规程》关于“组织机构管理规范”的要求，北京民用设计院现有设总办、建筑一室、建筑二室、结构室，设备电气室和综合办公室六个内设机构；现有员工 44 人，其中一级注册建筑师 6 名，一级注册结构工程师 5 名，注册公共设备工程师（暖通空调及动力）1 名，注册电气工程师（供配电）1 名（见图 7-7）。

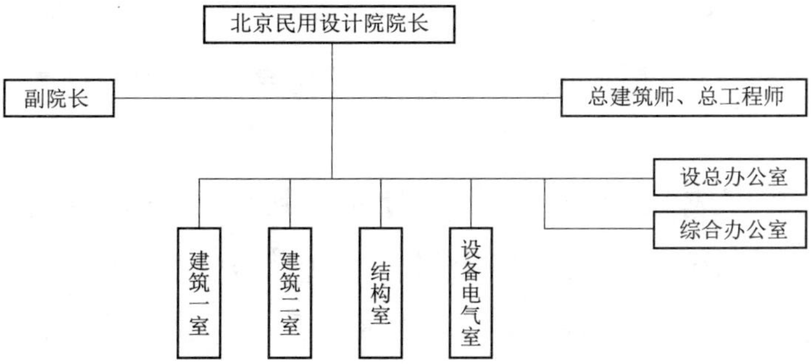

图 7-7 北京民用设计院组织机构

（三）经济指标及生产任务的完成情况

2015年工作主要分为项目咨询及项目设计工作。项目咨询主要是项目建议书及可行性研究报告的编制，项目设计主要是方案设计、初步设计及施工图设计等工作。2015年完成了中国核科技信息与经济研究院会议室装修改造项目、田湾核电站新建维修承包商办公楼项目项目建议书及可行性研究报告；完成了核燃料循环科技示范项目、漳州核电厂厂前区总体规划及单体建筑、廊坊研发基地总体规划、石家庄54所生活区改造工程等方案设计；完成了中金辐照（镇江）有限公司辐照中心项目、辐照加工建设项目（重庆项目）、中核控制山东海阳电子产品生产线建设项目、北京市通州区再生能源发电厂等初步设计；完成了重庆辐照加工建设项目、巴基斯坦卡拉奇K2/K3核电项目、龙熙堡葡萄酒庄酒厂项目、华清爱琴海三期F苑公寓项目、礼拜日温泉小镇修改、安徽聚合辐化化工有限公司年产1万吨高吸水树脂、2万吨印花助剂、1.25万吨水刺无纺布和2万吨低温黏合剂项目、哈尔滨工程大学综合实验楼工程、摩登国际项目等施工图设计，另外还进行多项工程的前期跟踪及后期施工配合。2015年民用设计院超额完成年初与公司签订的合同额、收入额目标。

（四）整体工作思路、重点工作目标

1.2016年民用设计院管理提升的主要目标：在民用建筑领域打造一个综合性发展平台。我们将继续探索利用先进的管理模式，通过条理化的管理，争取承接更多的项目，招揽更多的人才，创造更大效益，为公司创建一支在民用市场上拥有良好口碑和更强能力的队伍。

2. 重点工作目标：努力完成年度产值目标；进一步完善内部组织机构及人员的责、权、利目标。调整固化工资和奖金的比例，极大程度调动设计人员的积极性。

3. 确保目标完成的计划：民用设计院承接的任务涵盖民用项目和工业项目两大部分。2016年积极寻找项目，开拓集团内外项目，组织力量多开展甲方的前期工作，并有选择的进行投标的工作；通过长期合作，做好已完成设计项目和后期配合工作，争取同一业主的更多项目；在集团内部树立良好的口碑，多为公司、二院及集团设计精品项目，使民用设计院在此类项目的土建设计中达到一定深度。我们的目标是与各类设计力量合作多签项目，在不断丰富业绩的同时扩大效益。

（五）党支部、工会、团委工作

北京民用设计院现有党员 19 名，在集团和公司党委的正确领导下，始终坚持以邓小平理论、“三个代表”重要思想，2015 年北京民用设计院共有工会会员 35 名，民用院协助配合党、团组织，做好职工的思想政治工作，把工会建成职工群众信赖的职工之家。从制度上畅通了职工参与部门管理的渠道；从职能上维护职工的合法权益，调动职工投身生产经营建设的积极性和创造性，维护了职工的切身利益，增强了基层工会的向心力和凝聚力。

（六）其他

2015 年北京民用设计院持续组织篮球体能锻炼运动，在工作的业余时间组织员工参加，每次参加十余人左右，以加强企业文化建设，增强北京民用设计院全员的凝聚力、向心力，展现员工精神风貌，活跃业余文化生活，提高全员的身体素质，以饱满的精神状态投入到工作中。

附录一　大　事　记

2015 年 1 月 4 日，公司举行升国旗、集团、司旗仪式。公司总部干部、员工代表等共计 600 余人参加。各分公司、分院、子公司、现场项目部同时举行升旗仪式。

2015 年 1 月 6 日，公司民用业务成果展览在北京总部、郑州分公司和河北分公司同时开展。

2015 年 1 月 12 日，方家山核电工程 2 号机组于首次并网成功。

2015 年 1 月 13 日，英国阿美科清洁能源总裁 Clive White 代表团一行来公司访问。

2015 年 1 月 19 日，国防科工局发布 2014 年度国防科技工业十大新闻和十大创新人物（团队）。“华龙一号” 研发设计团队入选十大创新团队。

2015 年 1 月 20 日，田湾核电工程 3 号机组环吊调试可用。

2015 年 1 月 21 日，中央军事委员会委员、中国人民解放军总装备部部长张又侠上将一行参观纪念核工业创建六十周年成就展。集团公司董事长、党组书记孙勤等集团领导陪同参观。公司副总经理、总工程师邢继就“华龙一号”、ACP100 等核电技术的特点及设计进展情况向总装备部领导进行了认真介绍。

2015 年 1 月 23 日，加纳能源部副部长 John Abdulai Jinapor 一行到公司访问。

2015 年 1 月 26 日，福清核电工程 4 号机组反应堆压力容器筒体吊装就位完成。

2015 年 1 月 27 日，中国勘察设计协会理事长王素卿一行至公司参观调研。

2015 年 1 月 30 日，福清核电工程 4 号机组 DCS 核级设备安全运抵项目现场。

2015 年 1 月 31 日，海南昌江核电工程 2 号机组压力容器联合冲洗正式开始。

2015 年一季度，公司报送项目《贯彻落实中央八项规定、加强业务招待费控制》获得集团公司 2014 年效能监察优秀项目一等奖。

2015 年 1 月，公司共获得 2014 年度省部级及以上科技奖 40 项。“百万千瓦级核电站自主设计与技术创新”科技成果是公司首次牵头完成并获得国防科学技术进步一等奖的科目。

2015 年 2 月 6 日，公司召开 2015 年度工作会议，集团公司总经理助理、核动力事业部主任李晓明出席会议并讲话。会议全面回顾了公司 2014 年工作，并围绕习总书记为核工业 60 周年做出的重要批示，提出“六个必须，六个确保”的公司改革发展新要求，并全面部署公司 2015 年的重点工作。

2015 年 2 月 7 日，海南核电工程 2 号机组 DCS 核级设备出厂验收顺利完成并安全运抵项目现场。

2015 年 2 月 10 日，2016 年“第二十届太平洋地区核能大会（PBNC20）”第一次筹备会在公司召开。

2015 年 2 月 11 日，集团公司党组成员、副总经理吕华祥到公司就核化工领域设计研发能力及人力资源情况进行调研指导。

2015 年 2 月 13 日，方家山核电工程 2 号机组临时验收（PAC）签字仪式在海盐举行，公司全面完成方家山核电工程总承包建设任务。

2015 年 2 月 16 日，集团公司董事长、党组书记孙勤一行到公司慰问指导工作。孙勤董事长对工程公司 2014 年的各项工作和成绩予以充分肯定和高度评价。

2015 年 2 月 24 日，集团公司总经理助理兼核动力事业部主任李晓明一行到公司海南项目部慰问并指导工作。

2015 年 3 月 4 日，中央网信办、国资委新闻中心共同组织开展“走进新国企 · 创新之核”活动，邀约人民网、新华网等 20 家媒体的记者和 3 位“大 V”走进公司，深入了解“华龙一号”等自主创新成果。

2015 年 3 月 6 日，为庆祝“三八”妇女节，公司工会在玉渊潭公园组织开展了“女职工健康、快乐大步走”活动，来自公司各单位 600 余名女职工参与了活动。

2015 年 3 月 7 日，巴基斯坦原子能委员会主席安萨·帕维茨一行参观中核集团首个“华龙一号”示范堆工程福清核电工程 5 号机组，集团公司总经理助理兼核动力事业部主任李晓明陪同。

2015 年 3 月 12 日，公司召开 2014 年度优秀共产党员表彰大会，公司党政领导出席会议，党总支书记、党支部书记代表及受表彰的优秀共产党员参加了会议。

2015 年 3 月 21 至 22 日，“第九届国际青年核能大会（IYNC2016）”执行委员会第一次会议在公司召开。来自美国、英国、意大利、比利时、印度等国家的国际青年核理事会主席、理事会成员参加了此次会议。

2015 年 3 月 23 日，海南核电工程 1 号机组热态功能试验圆满结束。

2015 年 3 月 26 日，中核集团福清 5 号、6 号机组工程建设专题会在公司召开。集团公司总经理、党组副书记钱智民，党组成员、副总经理俞培根出席会议。钱智民强调福清 5 号、6 号机组各参建方要高度重视，统一思想，全面推进项目建设。

2015 年 4 月 10 日，英国商标局向公司颁发“华龙一号”“HUALONG”商标注册证书，公司在英国正式享有“华龙一号”商标专用权。

2015 年 4 月 10 日，公司召开第一届第七次职工代表大会，公司总经理刘巍、党委书记兼工会主席马宇箭、副总经理唐景宇、邢继、总会计师温新利出席了会议，来自公司各个岗位的 125 名职工代表参加了会议。

2015 年 4 月 11 日，田湾核电工程 3 号机组 2 号蒸汽发生器顺利吊装至+34 m 平台，核岛安装工程正式开始。

2015 年 4 月 13 日，公司举办乒乓球团体比赛，12 支参赛队伍赛历经 18 天 35 场的激烈角逐，工程经济所、财会部并列冠军，电气仪控所、管理大联队分获二三名。

2015 年 4 月 15 日，公司完成政府采购代理机构注册并通过了相关部门的审核，公司除可以承担工程建设项目和中央投资项目招标采购代理业务外，正式具备承揽政府采购代理业务资质（不限额）。

2015 年 4 月 15 日，国务院总理李克强主持召开国务院常务会议，决定核准建设“华龙一号”三代核电技术示范机组。

2015 年 4 月，海南昌江核电工程获评国家电力安全生产标准化一级工程建设项目。

2015 年 4 月 22 日，2015 年中国核能行业协会年会在北京召开，公司承担的“乏燃料接收与贮存水池工程设计”等 14 个项目获得中国核能行业协会科技奖，获奖总数在中国核能行业协会中蝉联第一。

2015 年 4 月 23 日，公司 2015 年一季度工作会在北京召开。公司领导肯定了公司一季度所取得的成绩，并从继续推进管理体系优化，进一步提升经营管理水平、加强人力资源管理、振奋精神状态以及牢记安全、质量、廉政和保密“四条高压线”等多个方面对下阶段工作提出了具体要求。

2015 年 4 月，公司收到国防科工局颁发的军工系统安全生产标准化一级单位奖状和等级证书。

2015 年 5 月 4 日，公司团委举行了“聚青春星火 耀华龙腾飞”五四表彰暨青年员工座谈会。与会领导与青年员工代表就公司发展、科研创新、业务培训、青年员工职业规划及生活中的困难等多方面问题展开了深入而广泛的交流。

2015 年 5 月 3 至 7 日，公司副总经理姜宏一行访问埃及，在埃及总统顾问、能源部部长穆斯塔法、埃及原子能委员会主席及厂址所在地马特鲁省省长艾哈迈德等的陪同下，实地踏勘了埃及达巴核电厂址，并进行深入交流。

2015 年 5 月 5 日，漳州核电新建气象站完成竣工预验收，这是公司漳州核电总承包项目中完成的首个子项。

2015 年 5 月 7 日，福清核电工程 5 号机组主体工程正式浇筑第一罐混凝土（FCD），中国自主三代核电技术“华龙一号”（ACP1000）全球首堆示范工程正式开工。

2015 年 5 月 9 日，环境保护部副部长、核安全局局长李干杰到福清核电工程现场视察工作，集团公司董事长、党组书记孙勤陪同。

2015 年 5 月 17 日，福清核电工程 2 号机组所有燃料组件安全准确就位装入反应堆堆芯，2 号机组首次装料顺利完成。

2015 年 5 月 26 日，集团公司外部董事王树山等领导一行到公司参观调研。

2015 年 5 月 29 日，公司举办党委书记“三严三实”专题党课。公司党委副书记、纪委书记钱远华作了题为《践行“三严三实”夯实党员干部作风之基》的专题辅导。公司领导及全体中层以上领导干部参加了学习会。

2015 年 5 月，公司主编的国家标准《核电厂岩土工程勘察规范》正式出版，并于 2015 年 8 月 1 日实施，标准编号 GB 51041—2014。

2015 年 6 月 1 日，中央党校（第 64 期）“中国特色社会主义理论体系”研究班领导到公司进行工作调研，国家核安全局副局长郭承站参加调研活动。

2015 年 6 月 2 日，公司副总经理徐鹏飞在七层会议室会见了法国达索公司（Dassault）全球副总裁 Stephane declee 先生。双方就目前项目合作进展进行了沟通，并深入交流进一步合作方向。

2015 年 6 月 3 日，公司“供应商门户管理平台”接收第一封供应商函件《分供方报告》，公司与供应商间的信息化桥梁正式建立开通。

2015 年 6 月 4 日，集团公司总经理助理兼核动力事业部主任李晓明到田湾核电二期工程项目现场检查指导工作。

2015 年 6 月 5 日，公司在第十届中国企业社会责任国际论坛荣获“2014 金蜜蜂企业社会责任·中国榜”“永续发展奖”。

2015 年 6 月 15 日，中共中央政治局常委、国务院总理李克强一行到公司考察调研。马凯、杨晶、周小川等出席活动。总理要求要用最高标准、最优质量、最好性价比，提升中国核电装备在国际市场的竞争力。

2015 年 6 月 16 日，公司组织 60 名中层领导干部及关键岗位人员赴海淀区反腐倡廉警示教育基地开展廉政警示教育活动。

2015 年 6 月 16 日，海南昌江核电工程 2 号机组二回路水压试验顺利完成。

2015 年 6 月 17 日，国务院国资委党委委员、副主任黄丹华一行到公司调研座谈。

2015 年 6 月 19 日，中央电视台经济新闻部制片人张勤一行，针对国家“一带一路”战略，来公司调研“华龙一号”相关情况。

2015 年 6 月 19 日，公司顺利通过国家军工保密资格复查审查。

2015 年 6 月 23 日，国防科工局系统工程二司副司长段六一一行到公司调研座谈。

2015 年 6 月 24 日，国家能源局规划司副司长李福龙、何勇健一行 27 人到公司调研座谈。

2015 年 6 月 26 日，公司参加福岛事故后的首次国家级核应急演习“神盾-2015”。国家核事故应急协调委员会主任委员、工业和信息化部部长苗圩担任演习总指挥。

2015 年 7 月 4 日，集团公司党组成员、副总经理俞培根到郑州分公司调研指导工作。

2015 年 7 月 16 日，公司总部进行了三体系认证监督审核，审核组认为公司管理体系运行持续有效。目前，公司已正式通过质量、环境和职业健康安全管理体系认证注册。

2015 年 7 月，国防科技工业军民融合发展成果展在北京举行。公司“华龙一号”获得国防科技工业军民融合发展技术创新奖。

2015 年 7 月 21 日，公司总经理刘巍会见法国 EDF 集团高级执行副总裁 Xavier Ursat 先生一行，公司副总经理、总工程师邢继陪同会见，双方对核能领域合作展开交流。

2015 年 7 月 24 日，国资委分配局局长李燕斌一行到公司调研指导工作。集团公司党组成员、副总经理曹述栋等陪同。

2015 年 7 月 28 日，公司声乐协会举办两周年联欢会，声乐协会名誉会长、公司总经理刘巍担任领唱。

2015 年 7 月 31 日，公司 2015 年年中工作会在河北分公司召开。会议对“公司项目费控体系应用”“公司项目管理信息化平台全面推进方案”“推进‘华龙一号’工程建设保障措施”三个重要专题进行深入讨论，并形成行动项。

2015 年 8 月 6 日，福清核电工程 3 号机组安全壳整体打压试验圆满成功。

2015 年 8 月 20 日，“华龙一号”首个海外项目巴基斯坦卡拉奇核电项目正式开工建设。

2015 年 8 月 27 日，伊朗副总统兼国家原子能组织主席萨利希来司参观，伊朗国家原子能组织副主席扎里安、卡玛凡迪等陪同来访。集团公司党组成员、副总经理俞培根陪同。

2015 年 8 月 28 日，海南昌江核电工程 1 号机组顺利完成首次装料。

2015 年 8 月 30 日，海南昌江核电工程 2 号机组一回路水压试验顺利完成。

2015 年 9 月 9 日，福清核电工程 2 号机组首次实现 100% FP 满功率运行，各项主要参数符合要求。

2015 年 9 月 14 日，公司总经理刘巍会见东芝公司核电部部长山本一生一行。双方就 ABWR 和华龙一号等核电机组技术路线的经济性、安全性及发展前景深入交换了意见。

2015 年 9 月 16 日，举办职工集体跳绳比赛。来自分工会的 26 个代表队参加此次比赛。总经办分工会获得冠军。

2015 年 9 月 19 日，“华龙一号”首堆工程-福清核电工程 5 号机组整体筏基最后一段施工完成，核岛区域全面进入上部主体结构施工阶段。

2015 年 9 月 21 日，公司团委、工会联合举办 2015 年迎新晚会。国防科工局、团中央、集团公司等相关领导应邀出席晚会。

2015 年 9 月 24 日，公司第二届职工羽毛球团体赛圆满闭幕。经过 20 余日 36 场紧张激烈的角逐，系布所、采购部、总体所、设计院（科研设计管理部）分获本次赛事的一至四名。

2015 年 9 月 26 日，田湾核电工程 4 号机组穹顶吊装作业圆满完成，标志着田湾二期工程全面由土建施工转入设备安装。

2015 年 9 月 29 日，中核集团总经理助理李晓明携同公司总经理助理袁旭等领导调研了昌江核电项目。

2015 年 10 月 15 日，集团公司党组成员、副总经理杨长利一行到 821 项目工程现场调研指导工作。

2015 年 10 月 16 日，福清核电工程 2 号机组具备投入商业运行条件。

2015 年 10 月 19 日，福清核电工程 5 号机组（“华龙一号”首堆示范工程）常规岛正式浇筑第一罐混凝土（FCD）。

2015 年 10 月 24 日，公司第五届职工运动会顺利召开，来自公司 38 个代表队的 1 488 名运动员参加了运动会。

2015 年 10 月 27 日，公司在第十五届核工业新闻宣传工作研讨会上荣获“2014—2015 年度新闻宣传先进单位”。

2015 年 10 月 30 日，集团公司京区单位职工趣味运动会在中国原子能科学研究院召开，共 21 支代表队，360 名运动员参加了运动会。公司代表队获得了团体总分第一名的优异成绩，刷新了公司在集团历届职工趣味运动会上获得的最佳纪录。

2015 年 10 月，公司喜获人力资源社会保障部、全国博士后管委会批准设立博士后科研工作站。

2015 年 11 月 1 日，国防科工局副局长王毅韧到 821 项目工程现场检查指导工作，集团公司党组成员、副总经理杨长利等领导参加了检查。

2015 年 11 月 2 日，集团公司核动力事业部主任、党组副书记卢洪早一行到公司调研指导工作。

2015 年 11 月 3 日，公司技术支持服务中心承接承担的首个大修总承包技术改造项目顺利完成。

2015 年 11 月 3 日，公司子公司“北京四达贝克斯工程监理有限公司”取得工程监理综合资质，成为中核集团唯一具备“综合资质”的监理企业。

2015 年 11 月 4 日，福清核电工程 1 号机组及公共子项项目档案通过了国家档案局组织的专家组阶段验收。

2015 年 11 月 4 日，集团公司总经理、党组副书记钱智民到福清核电工程现场调研“华龙一号”工程建设情况。集团公司党组成员、副总经理俞培根，中国核电总经理陈桦等参加调研。

2015 年 11 月 7 日，海南核电 1 号机组首次并网成功。

2015 年 11 月 16 日，由公司承办的“国际原子能机构（IAEA）核电厂建造和运行期间行业安全绩效实践、经验和指标技术会议”在福清核电工程现场召开。

2015 年 11 月 16 日，公司总经理刘巍会见法国 AREVA（阿海珐）集团高级执行副总裁 Michael cerruti 先生一行，公司副总经理、总工程师邢继陪同会见。

2015 年 11 月 23 日，公司副总经理钟华会见了来司访问的经合组织核能署总干事 William D. Magwood 先生一行。

2015 年 11 月 25 日，公司 2015 年度务虚会在京召开。

2015 年 11 月 26 日，阿根廷副总统兼参议长阿马多・布杜到公司参观，阿根廷驻华大使古斯塔沃·马蒂诺、全国人大常委会办公厅外事局副局长熊伟陪同来访，集团公司总工程师雷增光陪同。

2015 年 11 月 26 日，公司申报的《科研项目实物资产专项审计》在中国内部审计协会举办的“2015 年百佳审计案例展示活动”被推选为百佳审计案例，成为中核集团首获该奖成员单位。

2015 年 11 月，2015 年度核工业部级优秀咨询成果奖和优秀工程勘察成果奖评审结束。公司荣获优秀咨询成果一等奖 4 项，二等奖 4 项，三等奖 9 项；优秀工程勘察成果奖一等奖 1 项，二等奖 1 项，三等奖 1 项。

2015 年 12 月 8 日，由国务院新闻办公室、国家核事故应急办公室主办，公司承办的“中央外宣媒体走进中国核电企业集中采访活动”启动仪式在京开幕。来自人民日报、新华社、中国日报、中央电视台等中央重点新闻网站媒体的 30 余名记者参加了此次活动。

2015 年 12 月 10 日，海南核电工程 2 号机组热态功能试验顺利完成。

2015 年 12 月 22 日，福清核电工程 6 号机组正式开工建设（FCD）。

2015 年 12 月 23 日，海南核电工程 1 号机组临时验收（PAC）仪式在昌江隆重举行，标志着公司已全部完成海南核电 1 号机组的总承包工作。

2015 年 12 月 23 日，福清核电工程 3 号机组热态功能试验开始。

2015 年 12 月 24 日，外交部翻译司司长张建敏一行 28 人来公司参观调研，中核集团总经理助理李晓明、中核集团国际合作开发部副主任刘长欣陪同来访。

2015 年 12 月 25 日，“华龙一号”总设计师、公司总工程师邢继获选中央电视台《科技盛典》年度十大科技创新人物，集团公司党组成员、副总经理和自兴，董事会秘书潘建明及公司华龙团队参加了颁奖典礼。

2015 年 12 月 27 日，田湾核电工程 5 号机组正式开工建设（FCD）。

2015 年，公司获得国防科工局、国家能源局、核能行业协会、中核集团等省部级及以上科技奖 50 项，其中特等奖 2 项，一等奖 5 项，二等奖 12 项，三等奖 31 项。公司科技奖数量连续三年在集团及核能行业协会中排名第一。

附录二　荣　誉　栏

一、省部级及以上级别奖项（见附表 2-1）

附表 2-1　2015 年度省部级及以上级别奖项统计表

序　号	获奖项目	奖项名称	奖项等级	颁奖机构	获奖日期	获奖集体或个人
1	动力堆乏燃料后处理中间试验厂设计与建造	中国核工业集团科学技术奖	省部级特等奖	中国核工业集团公司	2015 年	中国核电工程有限公司
2	首届全国勘察设计行业摄影大赛	人物类	省部级一等奖	中国勘察设计协会	2015-07-20	张殿元
3	“提高核岛安装竣工资料审查一次合格率”课题	核工业部级工程建设优秀 QC 小组成果奖	省部级一等奖	中国核工业勘察设计协会	2015-04	主要获奖人员：李建民、马尚国、邢洋、汪达根、申保柱、花卫、刘光磊
4	福建福清核电厂 5、6 号机组节能评估报告书	核工业部级优秀工程咨询成果奖	省部级一等奖	中国核工业勘察设计协会	2015-05	孙晓龙、张国强、刘诗华、史海富、宋代勇、李京彦、金宏、陈超、赵斌、贺楷、陈洪涛、路清、郑保军、崔明路、王洁如（华东院）

续表

序 号	获奖项目	奖项名称	奖项等级	颁奖机构	获奖日期	获奖集体或个人
5	三代核电 ACP1000 自主知识产权和出口相关问题分析报告	核工业部级优秀工程咨询成果奖	省部级一等奖	中国核工业勘察设计协会	2015-05	范黎、张雪霜、于勇、宋代勇、张国强、袁霞、李京彦、张鹤、万砺珂、李伟、李崇、孙晓龙、高力、赵侠、李大波
6	福清核电厂一期工程实物保护系统设计	核工业部级优秀工程设计奖	省部级一等奖	中国核工业勘察设计协会	2015-09	丁燕、郭璇、郭韶华、汪永忠、范君龙、朱丰林、郑申、王威、邵瑛、王健、丁大翊、陈怀宇、牟瀛涛、李征、张丽霞
7	海南昌江核电厂一期工程主厂区岩土工程详勘	核工业部级优秀工程勘察奖	省部级一等奖	中国核工业勘察设计协会	2015-06	唐志强、陈哲（南京院）、顾斌、莫映辉（南京院）、白维卿、刘涛、王跃庚（南京院）、陈立伟、冯军（南京院）、牛鋆培、李金旺（南京院）、王旭宏、胡双跃、杨球玉、吴魁彬（南京院）

续表

序 号	获奖项目	奖项名称	奖项等级	颁奖机构	获奖日期	获奖集体或个人
8	秦山三期（重水堆）核电站工程配套除氚设施项目建议书	核工业部级优秀工程咨询成果奖	省部级一等奖	中国核工业勘察设计协会	2015-05	薛海宁、郑亚娟、武高平、李世生、熊小红、李明、陈天立、聂兰强、李璨、张建辉、孔令利、谢伟、贾晨光、张峻岭、宋安坤
9	MOX 燃料组件实验线建设项目建议书	核工业部级优秀工程咨询成果奖	省部级一等奖	中国核工业勘察设计协会	2015-05	尚改彬、魏定池、江保军、陈天立、袁玉静、聂兰强、张成跃、刘素鹏、柴昱林、陈亚宁、李璨、张白羽、苗顺占、李雅男
10	升龙希尔顿酒店	核工业部级优秀工程设计奖	省部级一等奖	中国核工业勘察设计协会	2015-09	雷红岩、王景常、郭磊、史宏伟、骆建、王琨、马伟光、柴云峰、林元庆、李伟、陶少华、鲁晓旭、伍成凯、贾瑞萍、韩丹
11	＊＊＊－＊＊＊铀干法＊＊＊研制及产业化应用	中国核工业集团科学技术奖	省部级一等奖	中国核工业集团公司	2015 年	中国核电工程有限公司

续表

序号	获奖项目	奖项名称	奖项等级	颁奖机构	获奖日期	获奖集体或个人
12	******纯化***研究与应用	中国核工业集团科学技术奖	省部级一等奖	中国核工业集团公司	2015 年	中国核电工程有限公司
13	动力堆***后处理中间试验厂设计与建造	国防科学技术进步奖	省部级一等奖	工业和信息化部	2015 年	中国核电工程有限公司
14	***-***铀干法***研制及产业化应用	国防科学技术进步奖	省部级一等奖	工业和信息化部	2015 年	中国核电工程有限公司
15	方家山核电工程 1 号核反应堆厂房主要系统焊接工程	全国优秀焊接工程	省部级一等奖	中国工程建设焊接协会	2015 年	马新朝等方家山人员
16	论文《核电项目土建工程绩效评价方法及其应用研究——基于自下而上的资源汇总方式》	工程项目管理和工程总承包工作委员会论文征集	省部级一等奖	中国核工业勘察设计协会	2015-11-19	刘学姣
17	GFX-200 铀干法转化装置研制及产业化应用	国防科技成果奖	省部级一等奖	中华人民共和国工业和信息化部	2015-12	郑州分公司
18	热带风暴 QC 小组（提高凝汽器钛管焊接一次合格率）	优秀 QC 小组	省部级一等奖	中国核工业勘察设计协会	2015-04	姚超、胡德清、李自洋、刘泽、张正军、陈云清、方志坚、覃文贵、曾宏亮
19	热带风暴 QC 小组（提高凝汽器钛管焊接一次合格率）	优秀 QC 小组	省部级一等奖	中国勘察设计协会	2015-06	姚超、胡德清、李自洋、刘泽、张正军、陈云清、方志坚、覃文贵、曾宏亮

续表

序 号	获奖项目	奖项名称	奖项等级	颁奖机构	获奖日期	获奖集体或个人
20	暖通优设 QC 小组（缩短核电及核化工子项暖通施工图设计用时）	优秀 QC 小组	省部级一等奖	中国核工业集团公司	2015-06	闫征、魏刚、汪朝晖、李红祥、朱晏琳、崔园、张阳光、陈萌、李园园、王寅
21	“穿山甲” QC 小组（提高波速测试信号有效率）	优秀 QC 小组	省部级一等奖	中国核工业勘察设计协会	2015-04	赵军庭、耿学勇、王小元、陈立伟、宋勇超、吕涛、施红、王旭宏、郑权利、杨球玉
22	核电水池不锈钢自动焊 QC 小组（确定核电水池不锈钢热丝 TIG 自动焊科研方案）	优秀 QC 小组	省部级一等奖	中国核工业勘察设计协会	2015-04	郭利峰、董安、于坚、邓峰、胡忠全、王恒、王勇、石立波、王宇欣、李哲
23	仪表管阀件三维元件库开发 QC 小组（仪表管阀件三维元件库开发）	优秀 QC 小组	省部级一等奖	中国核工业勘察设计协会	2015-04	牛春刚、焦力兴、徐建东、王瑞桥、丁丹萍、曹骞、穆秀圣、王智勇、陶亚刚
24	DY-QLFM 突击小组（缩短 2#机组离相封闭母线焊接施工工期）	优秀 QC 小组	省部级一等奖	中国核工业勘察设计协会	2015-04	刘松松、王昌、乌日娜、张中瑞、王茜、郭立刚、何叶萍、方耿森
25	DY-QLFM 突击小组（缩短 2#机组离相封闭母线焊接施工工期）	优秀 QC 小组	省部级一等奖	中国勘察设计协会	2015-06	刘松松、王昌、乌日娜、张中瑞、王茜、郭立刚、何叶萍、方耿森

续表

序　号	获奖项目	奖项名称	奖项等级	颁奖机构	获奖日期	获奖集体或个人
26	三维 QC 小组（设计信息管理系统图纸转换新方法）	优秀 QC 小组	省部级一等奖	中国核工业勘察设计协会	2015-04	储进昌、尹良果、张平、周广超、杨晓亮、谢艳琴、宋亚恒、骆萍梅、宋振钢、马太义
27	现场临时消防设施量化管理 QC 小组（降低现场临时灭火器隐患率）	优秀 QC 小组	省部级一等奖	中国核工业勘察设计协会	2015-04	刘博 、王永锋、陈荣波、赵丹、李俊
28	安全卫士 QC 小组（降低福清项目现场十万工时安全隐患发生率）	优秀 QC 小组	省部级一等奖	中国核工业勘察设计协会	2015-04	胡永胜、杨宇、李淑娟、韩晓栋、刘万波、魏海燕
29	青山绿水 QC 小组（提高蒸发器的蒸发速率）	优秀 QC 小组	省部级一等奖	中国电力建设企业协会	2015-04	陈应明、杨建明、赵召、蔡聚祥、赵志亮、柏士平、杨清录、祝永刚、佟振华
30	合同发包管理提升效能监察	效能监察	省部级二等奖	中国核工业集团公司监察部	2015-12-17	监察审计部
31	面向多项目的核电设备采购精益化管理体系创建与实施	中国核工业集团 2015 年管理创新成果	省部级二等奖	中国核工业集团	2015-10-12	钟华、李明、宗岳良、周辉、王峰

续表

序号	获奖项目	奖项名称	奖项等级	颁奖机构	获奖日期	获奖集体或个人
32	面向多项目的核电设备采购精益化管理体系创建与实施	2015 年国防科技工业企业管理创新成果	省部级二等奖	中国国防科技工业企业管理创新成果评审委员会	2015-12-21	中国核电工程有限公司 钟华、李明、宗岳良、董治国、张增强、施旭、周辉、王峰、曹永刚、阚烁、马云玉、张荣欣
33	“提高核岛厂房管道保温质”课题	2015 年度核工业部级工程建设优秀 QC 小组成果奖	省部级二等奖	中国核工业勘察设计协会	2015-04	主要获奖人员：胡立辉、杨丰天、殷庆祥、梁云、窦雪生、张孟凯、段鹏飞
34	中核 600 MW 先进压水堆核电机组用户总体要求文件	核工业部级优秀工程咨询成果奖	省部级二等奖	中国核工业勘察设计协会	2015-05	信天民、黄伟峰、唐涛、薛娜、张耀春、李永华、张志银、贺克羽、杨勇、田秀峰、袁霞、刘纯一
35	辽宁徐大堡核电厂 1、2 号机组环境影响报告书（选址阶段）	核工业部级优秀工程咨询成果奖	省部级二等奖	中国核工业勘察设计协会	2015-05	李廷君、郑伟、王彦龙、黄树明、张伟、白凯、王晓亮、赵斌、麻锦琳、王慈、迟静、刘涛

续表

序号	获奖项目	奖项名称	奖项等级	颁奖机构	获奖日期	获奖集体或个人
36	福建福清核电厂 5、6 号机组职业安全专篇	核工业部级优秀工程咨询成果奖	省部级二等奖	中国核工业勘察设计协会	2015-05	赵德鹏、王慈、赵树峰、陈怀宇、王鹏、周耀权、路清、祝文荣、王广飞、王洁如（华东院）、崔明路、杜文欣
37	方家山核电站 BX 办公楼综合体项目	核工业部级优秀工程设计奖	省部级二等奖	中国核工业勘察设计协会	2015-09	陈功、施红、陈焰、南薇、苑昕、刘嘉、付郁璋、胡代辉、张丽霞、王淑慧、夏锋、张伟
38	福清核电厂 1、2 号机组火灾就地模拟盘设计	核工业部级优秀工程设计奖	省部级二等奖	中国核工业勘察设计协会	2015-09	杨利彪、张晨、杨斌、沈蓉、周晓斌、刘亚凡、郑申、牟瀛涛、成向飞、陈智根、吴银伟、李晟
39	高温气冷堆核电站示范工程燃料元件生产线工程职业安全专篇	核工业部级优秀工程咨询成果奖	省部级二等奖	中国核工业勘察设计协会	2015-05	郑亚娟、李明、王振宏、贾守亚、牛景玉、张峻岭、王旭东、魏丽华

续表

序 号	获奖项目	奖项名称	奖项等级	颁奖机构	获奖日期	获奖集体或个人
40	佛山市南海区垃圾焚烧发电二厂	核工业部级优秀工程设计奖	省部级二等奖	中国核工业勘察设计协会	2015-09	方成贤、刘喜、林耀君、李颜、王磊刚、钟民强、钟拥政、叶仕林、刘永鹏、梁玲、王池光
41	郑州曼哈顿广场 F 地块、G 地块高层商住综合体	核工业部级优秀工程设计奖	省部级二等奖	中国核工业勘察设计协会	2015-09	雷红岩、林元庆、郭磊、刘辉、骆建、王琨、马伟光、赵婧、宋冬霞、陶少华、李迎宾、南联建
42	升龙·凤凰城 A 区高层商住综合体	核工业部级优秀工程设计奖	省部级二等奖	中国核工业勘察设计协会	2015-09	雷红岩、林元庆、郭磊、贾瑞萍、骆建、王琨、宋振飞、马伟光、张波、赵柏玲、宋冬霞、史志萌
43	703 工程	核工业部级优秀工程勘察奖	省部级二等奖	中国核工业勘察设计协会	2015-06	白维卿、顾斌、陈恺昱、常小磊、周世国、宋晓晨
44	中核集团运行核电厂大修期间的职业照射源项调查及其计量贡献	中国核工业集团科学技术奖	省部级二等奖	中国核工业集团公司	2015 年	中国核电工程有限公司

续表

序号	获奖项目	奖项名称	奖项等级	颁奖机构	获奖日期	获奖集体或个人
45	安全系统配置及设计技术研究	中国核工业集团科学技术奖	省部级二等奖	中国核工业集团公司	2015 年	中国核电工程有限公司
46	内陆厂址大气弥散模式研究	中国核工业集团科学技术奖	省部级二等奖	中国核工业集团公司	2015 年	中国核电工程有限公司
47	核动电厂放射性废物最小化研究	中国核工业集团科学技术奖	省部级二等奖	中国核工业集团公司	2015 年	中国核电工程有限公司
48	核级管道设计核心技术 CNPIPE/CAPS 程序开发与应用	中国核工业集团科学技术奖	省部级二等奖	中国核工业集团公司	2015 年	中国核电工程有限公司
49	核岛火灾危害性分析方法	中国核工业集团科学技术奖	省部级二等奖	中国核工业集团公司	2015 年	中国核电工程有限公司
50	ACP1000 核岛厂房基础大底板设计研究	中国核工业集团科学技术奖	省部级二等奖	中国核工业集团公司	2015 年	中国核电工程有限公司
51	核燃料后处理厂设计基准事故和严重事故初步研究	中国核工业集团科学技术奖	省部级二等奖	中国核工业集团公司	2015 年	中国核电工程有限公司
52	****** 纯化 *** 研究与应用	国防科学技术进步奖	省部级二等奖	工业和信息化部	2015 年	中国核电工程有限公司
53	中核集团运行核电厂大修期间的职业照射源项调查及其计量贡献	国防科学技术进步奖	省部级二等奖	工业和信息化部	2015 年	中国核电工程有限公司
54	核电工艺设计所力学 QC 小组（提高 AP1000 管道力学计算效率）	优秀 QC 小组	省部级二等奖	中国核工业集团公司	2015-04	焦利辉、曲晓宇、张磊、宋黔、董栋、贾红锋、杜四宏、周帅彪、付午海、杨权

续表

序 号	获奖项目	奖项名称	奖项等级	颁奖机构	获奖日期	获奖集体或个人
55	经英荟萃 QC 小组（提高概预算文件的汇总效率）	优秀 QC 小组	省部级二等奖	中国核工业勘察设计协会	2015-04	余蓉、赖晓丰、何立、曲珺、石楠、唐庆辉、于倩、陈向婷、郑保军
56	仪表管阀件三维元件库开发 QC 小组（仪表管阀件三维元件库开发）	优秀 QC 小组	省部级二等奖	中国勘察设计协会	2015-06	牛春刚、焦力兴、徐建东、王瑞桥、丁丹萍、曹骞、穆秀圣、王智勇、陶亚刚
57	三维 QC 小组（设计信息管理系统图纸转换新方法）	优秀 QC 小组	省部级二等奖	中国勘察设计协会	2015-06	储进昌、尹良果、张平、周广超、杨晓亮、谢艳琴、宋亚恒、骆萍梅、宋振钢、马太义
58	蓝图 Style QC 小组（烟囱气态流出物取样代表性试验）	优秀 QC 小组	省部级二等奖	中国核工业勘察设计协会	2015-04	王勇、丁世海、王平、许光、杨康、郭静涛、杜文学、刘鹏飞、张翔宇
59	刀锋战队 QC 小组（缩短柴油机燃油管道冲洗时间）	优秀 QC 小组	省部级二等奖	中国核工业集团公司	2015-06	符启荣、刘学贵、叶辉、杨建、张静、徐雅平、樊军鹏、黄荣益、贺平、张亮
60	现场临时消防设施量化管理 QC 小组（降低现场临时灭火器隐患率）	优秀 QC 小组	省部级二等奖	中国勘察设计协会	2015-06	刘博、王永锋、陈荣波、赵丹、李俊

续表

序 号	获奖项目	奖项名称	奖项等级	颁奖机构	获奖日期	获奖集体或个人
61	安全卫士 QC 小组（降低福清项目现场十万工时安全隐患发生率）	优秀 QC 小组	省部级二等奖	中国勘察设计协会	2015-06	胡永胜、杨宇、李淑娟、韩晓栋、刘万波、魏海燕
62	小堆（ACP100）常规岛 QC 小组（小堆二回路除氧系统及除氧器研发）	优秀 QC 小组	省部级二等奖	中国电力建设企业协会	2015-04	习磊朋、程中、周同盼、张俊利、王国龙、左元杰
63	《提高公司科研项目经费预算执行率》	2015 年度电力建设 QC 成果奖	省部级三等奖	中国电力建设企业协会	2015-05-11	虎全胜、汪徐根、赵欧、崔大帅、甘赛宜、刘博
64	DCS 最小平台搭建探索	中核集团 2015 年管理创新三等奖	省部级三等奖	中国核工业集团公司	2015-09	江润，张俊龙，李康乐，徐伟，宋伟
65	“减小安喷泵、安注泵安装因素对试运转振动超标的影响”课题	2015 年度核工业部级工程建设优秀 QC 小组成果奖	省部级三等奖	中国核工业勘察设计协会	2015-04	李忠、赵乾军、李庆忠、孟新敏、李洪涛、邸涛、周翔宇
66	海南核电有限公司厂前区及现场服务区工程	核工业部优秀工程设计奖	省部级三等奖	中国核工业勘察设计协会	2015-09	潘国明、赵一兵、董嘉伟、马新国、由会灵、周济、吴彦秋、张进、郝晨曦、杨洋

续表

序 号	获奖项目	奖项名称	奖项等级	颁奖机构	获奖日期	获奖集体或个人
67	巴基斯坦卡拉奇K2/K3核电项总平面规划	核工业部级优秀工程咨询成果奖	省部级三等奖	中国核工业勘察设计协会	2015-05	程婕、王栋、苏宇琪、于红斌、臧磊、李正强、白凯、王永嗣
68	河北海兴核电厂1、2号机组厂址总体规划	核工业部级优秀工程咨询成果奖	省部级三等奖	中国核工业勘察设计协会	2015-05	路清、白凯、苏宇琪、吴静、李正强、王永嗣、贺萌、李友
69	极端气象条件下海岛核电安全运行专题研究	核工业部级优秀工程咨询成果奖	省部级三等奖	中国核工业勘察设计协会	2015-05	杨庆明、高超、胡双跃、李凤菊、李海珠、赵思桥、林兆娣、刘涛
70	中核连云港第二核电项目厂址普选报告	核工业部级优秀工程咨询成果奖	省部级三等奖	中国核工业勘察设计协会	2015-05	管永涛、于红斌、王栋、王小元、宋勇超、李奇、汤本靖、侯树强
71	中核四〇四有限公司退役与废物治理分析检测中心项目建议书	核工业部级优秀工程咨询成果奖	省部级三等奖	中国核工业勘察设计协会	2015-05	陈云清、孙惠东、侯留东、赵华松、李芳、王寅、梁鹏、张翼飞
72	方家山核电站核岛主控室总体装修设计	核工业部级优秀工程设计奖	省部级三等奖	中国核工业勘察设计协会	2015-09	李广慧、陈焰、邵瑛、蒋卫真、杨献茹、苑晓东、费云艳、马莉、南薇、谭李师

续表

序 号	获奖项目	奖项名称	奖项等级	颁奖机构	获奖日期	获奖集体或个人
73	核岛无线电话系统首创设计	核工业部级优秀工程设计奖	省部级三等奖	中国核工业勘察设计协会	2015-09	吴银伟、牟瀛涛、窦慧元、沈蓉、刘亚凡、张晨、杨利彪、成向飞、郑申、李晟
74	福清核电站 1~4 号机组 BX 综合办公楼项目	核工业部级优秀工程设计奖	省部级三等奖	中国核工业勘察设计协会	2015-09	邵瑛、陈焰、南薇、唐琳、刘嘉、俞愈、常岫、张丽霞、冯金祺、路清
75	大亚湾核电站火灾自动报警系统改造设计	核工业部级优秀工程设计奖	省部级三等奖	中国核工业勘察设计协会	2015-09	张晨、牟瀛涛、林国强、沈蓉、窦慧元、杨利彪、成向飞、黄立民、郑申、吴银伟
76	方家山核电工程 GB 综合技术管廊设计	核工业部级优秀工程设计奖	省部级三等奖	中国核工业勘察设计协会	2015-09	金宏、牛华寺、霍红梅、唐琳、李海珠、孙奕昀、王栋、许克凤、郭韶华、陈功
77	秦山核电厂扩建项目（方家山核电工程）GE 室外直埋管线设计	核工业部级优秀工程设计奖	省部级三等奖	中国核工业勘察设计协会	2015-09	王芳、刘嘉、杜文欣、李海珠、王栋、臧磊、林海、忻嘉、赵晓燕、郭韶华

续表

序 号	获奖项目	奖项名称	奖项等级	颁奖机构	获奖日期	获奖集体或个人
78	中核北方核燃料元件有限公司压水堆核电站燃料元件生产线续建工程（AP1000核燃料元件生产线配套工程）职业安全专篇	核工业部级优秀工程咨询成果奖	省部级三等奖	中国核工业勘察设计协会	2015-05	郑亚娟、李明、李冠华、贾守亚、伊万里、郭先怀、李雅男、宋安坤
79	中核建中核燃料元件有限公司×××燃料元件生产线建设工程项目建议书	核工业部级优秀工程咨询成果奖	省部级三等奖	中国核工业勘察设计协会	2015-05	尚改彬、余希木、田红涛、王玺涵、王斌、彭玲、柴昱林、郭先怀
80	×××产品研制保障条件建设工程	核工业部级优秀工程咨询成果奖	省部级三等奖	中国核工业勘察设计协会	2015-05	魏定池、王旭东、顾寒芬、李妍娜、李璨、张程、张成跃
81	中核建中核燃料元件有限公司×××燃料元件生产线建设工程可研报告	核工业部级优秀工程咨询成果奖	省部级三等奖	中国核工业勘察设计协会	2015-05	尚改彬、余希木、田红涛、王斌、王玺涵、郭先怀、柴昱林、程雪
82	富田·兴龙湾	核工业部级优秀工程设计奖	省部级三等奖	中国核工业勘察设计协会	2015-09	王向东、鲁晓旭、赵婧、宋冬霞、刘超、王振华、陈华军、郑光绪、张波、史志萌

续表

序　号	获奖项目	奖项名称	奖项等级	颁奖机构	获奖日期	获奖集体或个人
83	郑州升龙城 6#地高层居住小区	核工业部级优秀工程设计奖	省部级三等奖	中国核工业勘察设计协会	2015-09	雷红岩、林元庆、钱冰、马伟光、张波、柴云峰、赵柏玲、王记川、陈华军、李迎宾
84	升龙·又一城 D 区 1~8 号楼	核工业部级优秀工程设计奖	省部级三等奖	中国核工业勘察设计协会	2015-09	王向东、王景常、赵婧、李伟、骆建、陈华军、孙忠贤、郑光绪、韩丹、贾大焕
85	天宏大厦	核工业部级优秀工程勘察奖	省部级三等奖	中国核工业勘察设计协会	2015-06	陈恺昱、顾斌、白维卿、杨海洪
86	CNFC－3G 新燃料运输容器研制	中国核工业集团科学技术奖	省部级三等奖	中国核工业集团公司	2015 年	中国核电工程有限公司
87	ACP1000 非能动余热排出系统外层安全壳外挂水箱流固耦合分析	中国核工业集团科学技术奖	省部级三等奖	中国核工业集团公司	2015 年	中国核电工程有限公司
88	＊＊芯块＊＊＊＊装置	中国核工业集团科学技术奖	省部级三等奖	中国核工业集团公司	2015 年	中国核电工程有限公司
89	我国后处理重大科技专项情况支持研究	中国核工业集团科学技术奖	省部级三等奖	中国核工业集团公司	2015 年	中国核电工程有限公司
90	超大型自然通风冷却塔工艺研究	中国核工业集团科学技术奖	省部级三等奖	中国核工业集团公司	2015 年	中国核电工程有限公司

续表

序 号	获奖项目	奖项名称	奖项等级	颁奖机构	获奖日期	获奖集体或个人
91	MCNP与DORT耦合接口研究	中国核工业集团科学技术奖	省部级三等奖	中国核工业集团公司	2015年	中国核电工程有限公司
92	非能动安全壳热量导出系统数值研发和性能研究	中国核工业集团科学技术奖	省部级三等奖	中国核工业集团公司	2015年	中国核电工程有限公司
93	双层安全壳燃料转运通道热工水力研究	中国核工业集团科学技术奖	省部级三等奖	中国核工业集团公司	2015年	中国核电工程有限公司
94	田湾核电站1号机组第6循环非对称装载换料堆芯设计	中国核工业集团科学技术奖	省部级三等奖	中国核工业集团公司	2015年	中国核电工程有限公司
95	核电厂辐射监测系统结构及信息管理系统研究	中国核工业集团科学技术奖	省部级三等奖	中国核工业集团公司	2015年	中国核电工程有限公司
96	临时供电的设计研究	中国核工业集团科学技术奖	省部级三等奖	中国核工业集团公司	2015年	中国核电工程有限公司
97	ACP1000气液态流出物排放源项估算模式及程序研究	中国核工业集团科学技术奖	省部级三等奖	中国核工业集团公司	2015年	中国核电工程有限公司
98	ACP1000核电厂冷却塔环境影响技术研究	中国核工业集团科学技术奖	省部级三等奖	中国核工业集团公司	2015年	中国核电工程有限公司
99	核电厂仪表管道火灾风险分析方法	中国核工业集团科学技术奖	省部级三等奖	中国核工业集团公司	2015年	中国核电工程有限公司
100	混凝土蜗壳循环水泵	中国核工业集团科学技术奖	省部级三等奖	中国核工业集团公司	2015年	中国核电工程有限公司

续表

序　号	获奖项目	奖项名称	奖项等级	颁奖机构	获奖日期	获奖集体或个人
101	模块式多用途小型压水堆核岛厂房基础隔震技术研究	中国核工业集团科学技术奖	省部级三等奖	中国核工业集团公司	2015年	中国核电工程有限公司
102	秦山核电二期扩建工程控制棒驱动杆解锁及检查工具的研制	中国核工业集团科学技术奖	省部级三等奖	中国核工业集团公司	2015年	中国核电工程有限公司
103	全自动数控装卸料机	中国核工业集团科学技术奖	省部级三等奖	中国核工业集团公司	2015年	中国核电工程有限公司
104	核电厂余热排出系统死管段效应研究与改进	中国核工业集团科学技术奖	省部级三等奖	中国核工业集团公司	2015年	中国核电工程有限公司
105	广州李坑生活垃圾焚烧发电二厂	全国工程建设项目优秀设计成果奖	省部级三等奖	中国施工企业管理协会	2015-09-21	中国核电工程有限公司
106	核电站焊接工艺评定转移管理	企业管理创新奖	省部级三等奖	中国核工业集团公司	2015-10-12	杨子春、张璟春、蒋海珊
107	论文《浅谈核电工程总承包模式》	工程项目管理和工程总承包工作委员会论文征集	省部级三等奖	中国核工业勘察设计协会	2015-11-19	郭锋、李小栟
108	国电驻马店热电有限公司一期热水管网项目	河南省勘察设计行业“创新奖”	省部级三等奖	河南省勘察设计协会	2015-07	郑州分公司
109	核燃料棒芯块间隙和区域长度检测软件	部级优秀计算机软件奖	省部级三等奖	中国核工业勘察设计协会	2015-07	郑州分公司

续表

序 号	获奖项目	奖项名称	奖项等级	颁奖机构	获奖日期	获奖集体或个人
110	核燃料棒有源富集度和异常芯块检测软件	部级优秀计算机软件奖	省部级三等奖	中国核工业勘察设计协会	2015-07	郑州分公司
111	质量是本 QC 小组（提高调试质量控制选点见证率）	优秀 QC 小组	省部级三等奖	中国电力建设企业协会	2015-04	栾向海、张瑞利、岳龙飞、陈帅江、李明琛、刘万功、王文欣
112	调试安全管理小组（降低调试现场三违数量）	优秀 QC 小组	省部级三等奖	中国电力建设企业协会	2015-04	栾向海、刘建伟、李勍、赵岩、张云、张磊、葛豪杰、贾宁宁、洪艳明
113	财会部 QC 小组（提高科研项目经费执行率）	优秀 QC 小组	省部级三等奖	中国电力建设企业协会	2015-04	虎全胜、汪徐根、赵欧、崔大帅、刘博、甘赛宜
114	“基于‘华龙一号’技术要求的第三代核电空气处理机组”项目	河南省国防科学技术进步奖	省部级三等奖	河南省国防科工局	2015 年	河南核净洁净技术有限公司
115	“Ⅱ型碘吸附器”科研项目	河南省国防科学技术进步奖	省部级三等奖	河南省国防科工局	2015 年	河南核净洁净技术有限公司
116	全国“安康杯”优胜班组	全国“安康杯”优胜班组	国家级	中华全国总工会	2015-05	河北分公司综合办公室
117	热带风暴 QC 小组（提高凝汽器钛管焊接一次合格率）	优秀 QC 小组	全国奖	中国质量协会、中华全国总工会、中华全国妇女联合会、中国科学技术协会	2015-10	姚超、胡德清、李自洋、刘泽、张正军、陈云清、方志坚、覃文贵、曾宏亮

续表

序 号	获奖项目	奖项名称	奖项等级	颁奖机构	获奖日期	获奖集体或个人
118	暖通优设 QC 小组（缩短核电及核化工子项暖通施工图设计用时）	优秀 QC 小组	全国奖	中国质量协会、中华全国总工会、中华全国妇女联合会、中国科学技术协会	2015-10	闫征、魏刚、汪朝晖、李红祥、朱晏琳、崔园、张阳光、陈萌、李园园、王寅
119	全国职业病防治知识竞赛	全国职业病防治知识竞赛优胜单位奖	省部级	国家安全生产监督管理总局	2015-01-06	中国核电工程有限公司
120	《科研项目实物资产专项审计》	2015 年中国内部审计协会百佳审计案例	全国百佳	中国内部审计协会	2015-11-26	监察审计部
121	模范职工之家	全国模范职工之家	模范	中华全国总工会	2015-12-01	中国核电工程有限公司
122	公司 2014 年度《企业年度工作报告》	填报工作优秀单位、报送及时单位	优秀	中核集团公司审计部	2015-05-14	中国核电工程有限公司
123	公司 2015 年度《全面风险管理报告》	编报工作优秀单位名、按要求报送单位	优秀	中核集团公司审计部	2015-5-25	中国核电工程有限公司
124	公司 2014 年度《内部控制评价报告》	编报工作优秀单位、按要求报送单位	优秀	中核集团公司审计部	2015-06-02	中国核电工程有限公司
125	新闻宣传	新闻宣传工作先进单位	先进	核工业新闻宣传工作者协会	2015-10-27	中国核电工程有限公司
126	新闻宣传	新闻宣传先进个人	先进	新闻宣传先进个人	2015-10-27	孔美荣

续表

序 号	获奖项目	奖项名称	奖项等级	颁奖机构	获奖日期	获奖集体或个人
127	优秀监理企业	2015 年度核工业部级优秀监理企业		中国核工业勘察设计协会	2015-09	北京四达贝克斯工程监理有限公司
128	广州李坑生活垃圾焚烧发电二厂	国家优质工程奖	优质奖	中国施工企业管理协会	2015-11-18	中国核电工程有限公司
129	诚信企业	2013-2014 年度北京市建设行业诚信监理企业		北京市建筑业联合会 北京市建设监理协会	2015-07	北京四达贝克斯工程监理有限公司
130	河北分公司建筑结构所	河北省工人先锋号	省部级	河北省国防科技工业局	2015-04	河北分公司建筑结构所
131	女职工建功立业标兵	河北省国防科技工业女职工建功立业标兵	省部级	河北省国防科技工业局	2015-03	姜茹
132	女职工建功立业标兵岗	河北省国防科技工业女职工建功立业标兵岗	省部级	河北省国防科技工业局	2015-03	河北分公司民用工程研究设计所电仪室
133	模范职工小家	河北省模范职工小家	省部级	河北省总工会	2015-10	河北分公司综合办公室
134	优秀院长	“二〇一四年度河南省勘察设计行业优秀院长”	省部级	河南省勘察设计协会	2015-04-10	于利祥

续表

序 号	获奖项目	奖项名称	奖项等级	颁奖机构	获奖日期	获奖集体或个人
135	突出贡献奖	“二〇一四年度河南省勘察设计行业突出贡献奖“	省部级	河南省勘察设计协会	2015-04-02	郑州分公司
136	优秀工会工作者	河南省优秀工会工作者	省部级	河南省总工会	2015-06	胡仙凤
137	先进个人	2015 年度统计工作先进个人	先进个人	河南省国防科工局	2015 年	张秀蓉
138	先进单位	2015 年度统计工作先进单位	先进单位	河南省国防科工局	2015 年	河南核净洁净技术有限公司
139	劳动模范	郑州市劳动模范	劳动模范	郑州市总工会	2015 年	邹涤
140	示范单位	郑州市女职工工作示范单位	示范单位	郑州市总工会	2015 年	河南核净洁净技术有限公司工会女职工委员会
141	先进委员会	先进工会女职工委员会	先进委员会	郑州市总工会	2015 年	河南核净洁净技术有限公司工会女职工委员会

二、公司优秀评选

（一）公司 2015 年度十佳员工

公司 2015 年度“十佳员工”名单及事迹简介见附表 2-2。

附表 2-2 公司 2015 年度“十佳员工”名单及事迹简介

序号	单位	姓名	性别	事迹简介
1	规划发展部	苏罡	男	规划发展部战略规划处处长，在实践中不断总结和创新，为公司的基础管理工作作出了突出的贡献。2015 年是公司“十三五”规划编制年，苏罡同志组织、带领规划编制团队，紧紧围绕公司的战略目标，开展重大专题研究、同行业对标工作，顺利完成公司“十三五”规划。积极争取将公司在“十三五”期间需求编制进集团事业部“十三五”规划，为公司发展争取 13.5 亿元人民币的资金支持和重点任务保障。
2	经营合同部	李杰	男	该同志平时踏踏实实、兢兢业业，工作态度和工作能力获得广泛好评，连续三年考核为优秀。在事关公司核心利益的紧要关头，敢于勇挑重担、精心策划、大胆创新、厚积薄发，开创性地完成了方家山总承包合同价格变更工作，维护了公司正当利益，赢得了业主的赞誉，创造了国内核电总包合同大额变更结算商务工作的先河。
3	北京四达贝克斯工程监理有限公司	张小龙	男	2015 年来先后参加了石家庄电视塔项目、石家庄市卫生防疫站中心检验楼工程、秦山核电二期扩建工程等几十个工程的监理工作。通过自己的努力，从监理员到专业监理工程师、副总监理工程师、总监理工程师。逐渐成为监理公司的骨干。其参加的工程监理项目中，多个荣获省部级优秀工程监理奖。

续表

序号	单位	姓名	性别	事迹简介
4	反应堆工艺研究所	陈巧艳	女	在公司自主三代“华龙一号”研发设计工作中，她勇挑重担，承担“非能动安全壳热量导出系统”“双层安全壳燃料转运通道”“反应堆厂房氢气风险分析”“蒸汽爆炸分析”等多项课题，并取得重要技术突破。作为中美和平利用核技术合作、欧盟三代核电安全研究组织等多个平台的主要负责人，拓宽了公司与世界主要核安全研究机构的合作领域。她在原子能科学技术等核心期刊上发表论文10余篇；获得发明专利3项，实用新型专利12项。
5	河北分公司	尚丽华	女	河北分公司建筑结构所建筑总图室主任工程师。从事设计工作十几年，她以严谨求实的工作作风，开拓创新的设计精神，出色地完成了各项工作任务，先后获部级优秀设计“一等奖”一次，“二等奖”两次，“三等奖”两次。并在重点工程“华龙一号”首堆福清5、6号机组工程施工图设计中，作为建筑专业负责人大胆实践、勇挑重担，为保质保量完成节点任务作出积极贡献。
6	安全管理部	胡永胜	男	该同志虽是一名普通员工，但进入公司五年来一直以一名优秀员工的标准严格要求自己，好学上进、爱岗敬业、勇挑重担、敢于创新，在本岗位上严谨求实、勤奋刻苦、兢兢业业，全面完成各项工作任务。在公司HSE监督检查和部门和谐稳定方面作出积极贡献，取得优异成绩。以自己的言行诠释了优秀员工的先进性，得到身边领导和同事的一致好评。

续表

序号	单 位	姓 名	性 别	事 迹 简 介
7	总经理办公室	贺旭霞	男	总经理办公室主任。在岗期间坚决贯彻落实中央八项规定要求，积极推行成本精益化管理，取得了较好的经济效益和管理效益。2014 年，该同志组织编制上报的《中国核电工程有限公司“贯彻落实八项规定加强业务招待费控制”效能监察项目》获集团公司、工程公司效能监察一等奖。2014 年获集团公司双争活动优秀办公室主任。2015 年 6 月出色完成李克强总理莅临工程公司视察工作。
8	福清项目部	惠宏彦	男	福清项目部副总经理。他在福清项目部这八年时间，冲锋在前，带领施工一线的兄弟们“抢”节点，为安全生产“守”红线，“保”住百年大计的质量关。曾带领编制《五、六级进度计划管理实施方案》等一系列管理程序，确保了“华龙一号”首堆目标等重大节点的按时完成。
9	总体所	喻新利	男	该同志组织开展了而待改进型核电厂的概率安全分析和严重事故相关工作，完成了工程公司第一份 FSAR 阶段的概率安全分析报告，圆满解决了 PSAR 阶段遗留的诸多问题，牵头承担了田湾 5、6 号机组的全范围 PSA 和严重事故相关工作，有力地支持了田湾 5、6 的设计和安全审评工作。近年来，他发表学术论文十余篇，参与编制行业标准 4 项，并作为公司研究生导师联合指导硕士研究生一名。

续表

序 号	单 位	姓 名	性 别	事 迹 简 介
10	设计院\科研设计管理部	魏峰	男	该同志工作上认真负责、勤奋严谨、兢兢业业，对技术钻研精益求精。与此同时，也很好的组织专业设计工作，他严于律己、团结同志，不畏挑战，很好地完成了两个重点项目的设计任务曾参与和主持的项目设计成果多次获得国家、行业、集团和公司的设计优秀奖项，曾获“华龙一号”研发设计团队入选科工局十大创新团队，“华龙一号”研发团队获集团重大科技成果奖特别奖。他本人也多次被公司表彰。

（供稿人：马翔燕）

（二）公司 2015 年度考核优秀名单（见附表 2-3，附表 2-4）

附表 2-3　2015 年度考核优秀干部名单

序 号	所属单位	姓 名	职 务	考核等级
1	总工程师办公室	信天民	公司常务副总工程师	A
2	总工程师办公室	王长东	公司副总工程师	A
3	总工程师办公室	赵 侠	公司副总工程师	A
4	总工程师办公室	张超琦	公司副总工程师	A
5	总工程师办公室	薛海宁	公司副总工程师	A
6	总经理办公室	贺旭霞	部门主任	A
7	总经理办公室	张兆盛	部门副主任兼保密部主任	A
8	规划发展部	陈学营	部门主任	A
9	规划发展部	杨景龙	部门副主任	A
10	人力资源部	王秋林	部门主任	A
11	人力资源部	罗 军	部门副主任	A
12	科技部	袁 坤	部门副主任	A
13	经营合同部	李 芳	部门副主任	A

续表

序 号	所属单位	姓 名	职 务	考核等级
14	工程管理部	杨子春	部门主任	A
15	工程管理部	李文伟	部门副主任	A
16	工程管理部	徐春富	部门副主任	A
17	质量保证部	李正华	部门主任	A
18	党群工作部	孔美荣	部门副主任	A
19	北京核工程研究设计院	于利祥	研究设计院副院长	A
20	北京核工程研究设计院	霍建明	研究设计院副院长	A
21	北京核工程研究设计院	堵树宏	型号总设计师	A
22	科研设计管理部	张 利	部门副主任	A
23	科研设计管理部	韩国庆	部门副主任	A
24	总体所	宋代勇	副所长	A
25	反应堆工艺研究所	毛亚蔚	所 长	A
26	反应堆工艺研究所	霍小东	副所长	A
27	系统与布置设计所	王宏杰	副所长	A
28	系统与布置设计所	李 军	副所长	A
29	核设备所	王晓江	所 长	A
30	核设备所	张耀春	副所长	A
31	化工所	赵华松	副所长	A
32	电气仪控所	王彦君	所总工程师	A
33	电气仪控所	曾敬梅	所副总工程师	A
34	电气仪控所	李晓薇	所副总工程师	A
35	建筑所	邵 瑛	副所长	A
36	建筑所	王东海	副所长	A
37	总图地质所	施 红	所 长	A
38	总图地质所	王旭宏	副所长	A
39	总图地质所	郑权利	所总工程师	A
40	工程经济所	杨利荣	所 长	A
41	工程经济所	张 弘	所总工程师	A
42	前期工作部	管永涛	副总经理	A
43	前期工作部	胡双跃	副总经理总工程师	A
44	采购部	董治国	部门副主任	A

续表

序号	所属单位	姓名	职务	考核等级
45	调试部	梁振旸	部门主任	A
46	调试部	钟小华	副主任兼福清 3、4 号项目调试部总经理	A
47	调试部	凌　星	副主任兼海南项目调试部副总经理	A
48	福清项目部	李振云	项目部常务副总经理	A
49	福清项目部	马　瀛	项目部副总经理	A
50	福清项目部	惠宏彦	项目部副总经理	A
51	方家山/田湾项目部	陈建民	项目部总经理	A
52	海南项目部	张鹏飞	项目部副总经理	A
53	海南项目部	田　雷	项目部副总经理	A
54	田湾项目部	宋建军	项目部总工程师	A
55	田湾项目部	郭计增	项目部副总经理	A
56	821 项目部	郝文江	项目部总经理	A
57	漳州项目部	刘战勇	党总支书记	A
58	民用设计院	刘永鹏	部门副主任	A
59	深圳分院	魏　嵘	分公司总经理	A
60	深圳分院	钟拥政	分公司副总经理	A
61	北京四达贝克斯工程监理有限公司	黄思伟	子公司总经理	A
62	北京四达贝克斯工程监理有限公司	王苏伟	子公司副总经理	A
63	河北分公司	牟　疆	分公司副总经理	A
64	河北分公司常规岛研究设计所	李舒平	所　长	A
65	河北分公司常规岛研究设计所	谭李师	副所长	A
66	河北分公司工程经济中心	兰彦超	部门主任	A
67	河北分公司核电工艺所	程　中	所　长	A
68	河北分公司核电工艺所	武文广	所总工程师	A
69	河北分公司核电工艺所	苏新艳	副所长	A
70	郑州分公司	陈力得	分公司总经理	A
71	郑州分公司	王　刚	分公司副总经理	A
72	郑州分公司分公司副总工程师	李　缨	分公司副总工程师	A

续表

序　号	所属单位	姓　名	职　务	考核等级
73	郑州分公司分公司副总工程师	汪建峰	分公司副总工程师	A
74	郑州分公司分公司副总工程师	尚改彬	分公司副总工程师	A
75	郑州分公司分公司副总工程师	王向东	分公司副总工程师	A
76	郑州分公司核电工艺设计所	李海成	分公司副总工程师	A
77	郑州分公司技术质量部	周燕林	部门副主任	A
78	郑州分公司人力资源部	武文斌	部门副主任	A
79	郑州分公司三维信息档案中心	周广超	部门副主任	A
80	郑州分公司三维信息档案中心	田　沁	部门副主任	A
81	郑州分公司设计管理部	王奕玖	部门主任	A
82	郑州分公司综合办公室	秦　峰	部门副主任	A

附表 2-4　2015 年度考核优秀员工名单

序　号	所属单位	姓　名	工作证号	职　务/岗　位	人员类别	考核等级
1	总经理办公室	李宜真	L-844	公共关系专员	技术服务	A
2	总经理办公室	孔　绚	L-262	资产管理专员	技术服务	A
3	总经理办公室	陈永望	L-164	保密专员	技术服务	A
4	总经理办公室	郭倩汝	3700	秘书处处长 总工服务处处长	劳动合同制	A
5	总经理办公室	杨圆圆	3751	秘书处副处长	劳动合同制	A
6	总经理办公室	刘　哲	4271	保密主管	劳动合同制	A
7	规划发展部	苏　罡	5141	处　长	劳动合同制	A
8	规划发展部	崔晓玲	3888	处　长	劳动合同制	A
9	规划发展部	刘永超	4025	职　员	劳动合同制	A
10	人力资源部	孙　伟	4418	专　员	劳动合同制	A
11	人力资源部	陈　磊	3805	工程师	劳动合同制	A
12	人力资源部	刘晓禹	4354	经济师	劳动合同制	A
13	人力资源部	叶　芊	3988	专　员	劳动合同制	A
14	财会部	金　笛	4107	预算管理	劳动合同制	A
15	财会部	刘　龙	4397	项目管理	劳动合同制	A
16	财会部	曹　鏐	4551	费用报销	劳动合同制	A

续表

序　号	所属单位	姓　名	工作证号	职　务/岗　位	人员类别	考核等级
17	财会部	赵　欧	3959	财务信息化	劳动合同制	A
18	科技部	刘世光	4347	科研项目主管	劳动合同制	A
19	科技部	刘立平	4054	副处长（主持工作）	劳动合同制	A
20	经营合同部	李　杰	3709	总包合同管理	劳动合同制	A
21	经营合同部	耿宝利	3764	总包合同管理	劳动合同制	A
22	经营合同部	刘红伟	4098	施工合同管理	劳动合同制	A
23	经营合同部	王志彬	3634	施工合同管理	劳动合同制	A
24	经营合同部	赵宁宁	3728	综合合同管理	劳动合同制	A
25	经营合同部	辛海涛	3627	综合合同管理	劳动合同制	A
26	工程管理部	刘学姣	4018	费用控制	劳动合同制	A
27	工程管理部	王　森	3840	进度控制	劳动合同制	A
28	工程管理部	李　霞	3828	进度控制	劳动合同制	A
29	工程管理部	于　航	4247	项目管理	劳动合同制	A
30	工程管理部	李燕平	0628	施工管理/信息化	劳动合同制	A
31	工程管理部	周传心	3865	施工管理	劳动合同制	A
32	工程管理部	韩国鹏	4660	副处长	劳动合同制	A
33	工程管理部	闫　飞	3556	项目管理 专业工程师	劳动合同制	A
34	工程管理部	杨　楠	L-209	文秘/文档管理	劳务派遣	A
35	质量保证部	高明然	3859	经验反馈主管	劳动合同制	A
36	质量保证部	郝艳霞	L-192	发文文档管理	劳务派遣	A
37	安全管理部	赵　显	3732	体系运行维护主管	劳动合同制	A
38	安全管理部	张　翔	4030	监督检查主管	劳动合同制	A
39	监察审计部	李　毅	4343	监察处处长	劳动合同制	A
40	党群工作部	杜晓颖	L-232	助理政工师	劳务派遣	A
41	信息文档部	冯　斌	L-699	系统开发工程师	技术服务	A
42	信息文档部	李景阳	L-234	数据中心主管	劳动合同制	A
43	信息文档部	常俊杰	3686	桌面运维主管	劳动合同制	A
44	信息文档部	林　森	L-758	实物档案保管员	劳务派遣	A
45	信息文档部	孔成成	L-090	电子档案保管员	劳务派遣	A
46	信息文档部	高宇斌	L-279	实物档案保管员	劳务派遣	A

续表

序 号	所属单位	姓 名	工作证号	职 务/岗 位	人员类别	考核等级
47	信息文档部	杨 珂	L-217	文件整编岗	劳务派遣	A
48	信息文档部	张辰星	L-521	文件整编岗	劳务派遣	A
49	信息文档部	孙 静	L-097	文件整编岗	劳务派遣	A
50	科研设计管理部	魏 峰	2780	ACP1000 设计经理	劳动合同制	A
51	科研设计管理部	安晓东	4398	设 总	劳动合同制	A
52	科研设计管理部	甄 杰	2640	综合管理	劳动合同制	A
53	科研设计管理部	刘俊祥	2659	综合管理	劳动合同制	A
54	科研设计管理部	李文睢	2897	M310 设计经理	劳动合同制	A
55	科研设计管理部	南 薇	3026	设 总	劳动合同制	A
56	科研设计管理部	王 佺	2978	综合管理	劳动合同制	A
57	科研设计管理部	邓晓青	4315	设 总	劳动合同制	A
58	科研设计管理部	吕志锋	3097	设 总	劳动合同制	A
59	科研设计管理部	饶晶晶	4270	计 划	劳动合同制	A
60	科研设计管理部	李鹏飞	4147	科 研	劳动合同制	A
61	科研设计管理部	王飞鸣	1690	行政管理	劳动合同制	A
62	科研设计管理部	邱尚莉	2596	文档与信息管理	劳动合同制	A
63	科研设计管理部	李 阳	3893	设总助理	劳动合同制	A
64	科研设计管理部	王思牧	4131	合同经理	劳动合同制	A
65	科研设计管理部	李晓天	3928	合同经理	劳动合同制	A
66	科研设计管理部	张 晅	4202	人力、计划规划、组织管理	劳动合同制	A
67	科研设计管理部	方立强	3782	科研、安全、项目管理	劳动合同制	A
68	科研设计管理部	麻锦琳	2722	副设总	劳动合同制	A
69	科研设计管理部	贾丽娟	L-284	文档管理	劳务派遣	A
70	科研设计管理部	赵莹芳	L-559	文档管理	劳务派遣	A
71	科研设计管理部	袁妙艺	L-167	文档管理	劳务派遣	A
72	科研设计管理部	仵 悦	L-055	综合事务	劳务派遣	A
73	科研设计管理部	张 娜	L-268	文档管理	劳务派遣	A
74	科研设计管理部	苏凤玲	L-657	文档管理	劳务派遣	A
75	总体所	孙金龙	3214	所副总工/高工	劳动合同制	A

续表

序号	所属单位	姓名	工作证号	职务/岗位	人员类别	考核等级
76	总体所	袁霞	2770	所副总工/研高	劳动合同制	A
77	总体所	孙涛	3045	所长助理/高工	劳动合同制	A
78	总体所	王利萍	2415	办公室主任/科员	劳动合同制	A
79	总体所	蒋慧黠	3819	工程师	劳动合同制	A
80	总体所	赵树峰	3434	安审副主任/研高	劳动合同制	A
81	总体所	白晋华	1138	二室主任/研高	劳动合同制	A
82	总体所	贺克羽	3899	二室主任工/高工	劳动合同制	A
83	总体所	邓伟	3223	三室副主任/工程师	劳动合同制	A
84	总体所	杨健	4635	高工	劳动合同制	A
85	总体所	朱文韬	4121	工程师	劳动合同制	A
86	总体所	史洪志	3281	工程师	劳动合同制	A
87	总体所	刘勇	3670	工程师	劳动合同制	A
88	总体所	李力	3545	六室主任/高工	劳动合同制	A
89	总体所	杜宇	3929	工程师	劳动合同制	A
90	总体所	刘海宇	3622	工程师	劳动合同制	A
91	反应堆工艺研究所	蔺洪涛	L-747	助工	技术服务	A
92	反应堆工艺研究所	邵增	3520	工程师	劳动合同制	A
93	反应堆工艺研究所	杨海峰	3035	室主任/高工	劳动合同制	A
94	反应堆工艺研究所	黄树亮	3513	工程师	劳动合同制	A
95	反应堆工艺研究所	詹经祥	3090	高工	劳动合同制	A
96	反应堆工艺研究所	申腾	4473	助工	劳动合同制	A
97	反应堆工艺研究所	李卓然	4434	助工	劳动合同制	A
98	反应堆工艺研究所	尤伟	3503	高工	劳动合同制	A
99	反应堆工艺研究所	王晓亮	3521	室主任/工程师	劳动合同制	A
100	反应堆工艺研究所	郑平辉	4563	助工	劳动合同制	A
101	反应堆工艺研究所	吴楠	4581	工程师	劳动合同制	A
102	反应堆工艺研究所	陈巧艳	3062	室主任/高工	劳动合同制	A
103	反应堆工艺研究所	石雪垚	3402	工程师	劳动合同制	A
104	系统与布置设计所	曲昌明	1218	研高/副总工	劳动合同制	A
105	系统与布置设计所	张志银	2477	研高/副总工	劳动合同制	A
106	系统与布置设计所	杨晓丽	2571	研高/副总工	劳动合同制	A

续表

序 号	所属单位	姓 名	工作证号	职 务/岗 位	人员类别	考核等级
107	系统与布置设计所	刘 江	0810	研高/室主任	劳动合同制	A
108	系统与布置设计所	胡 北	3207	高 工	劳动合同制	A
109	系统与布置设计所	赵 磊	2002	工程师	劳动合同制	A
110	系统与布置设计所	王幽雁	3134	高 工	劳动合同制	A
111	系统与布置设计所	丁 亮	3176	室副主任/高工	劳动合同制	A
112	系统与布置设计所	赵 斌	3459	室副主任/工程师	劳动合同制	A
113	系统与布置设计所	于 沛	3912	工程师	劳动合同制	A
114	系统与布置设计所	王广飞	4213	工程师	劳动合同制	A
115	系统与布置设计所	龚 钊	3314	高 工	劳动合同制	A
116	系统与布置设计所	朱明华	4224	助 工	劳动合同制	A
117	系统与布置设计所	高瑞发	3135	室副主任/高工	劳动合同制	A
118	系统与布置设计所	叶欣楠	4368	助 工	劳动合同制	A
119	系统与布置设计所	原 翔	4577	助 工	劳动合同制	A
120	系统与布置设计所	刘倩平	3747	工程师	劳动合同制	A
121	系统与布置设计所	马国建	3697	工程师	劳动合同制	A
122	系统与布置设计所	苏 兵	3319	高 工	劳动合同制	A
123	系统与布置设计所	李昭清	3179	室副主任/研高	劳动合同制	A
124	系统与布置设计所	徐国飞	3233	室副主任/高工	劳动合同制	A
125	系统与布置设计所	许克凤	3230	工程师	劳动合同制	A
126	系统与布置设计所	李海冰	1081	工程师	劳动合同制	A
127	系统与布置设计所	叶晓丽	0291	高 工	劳动合同制	A
128	系统与布置设计所	牛艳颖	1349	室主任工/高工	劳动合同制	A
129	系统与布置设计所	梁 毅	1317	副主任/高工	劳动合同制	A
130	系统与布置设计所	王 超	3255	副主任/高工	劳动合同制	A
131	系统与布置设计所	赵 萌	2523	高 工	劳动合同制	A
132	系统与布置设计所	贾小攀	4543	助 工	劳动合同制	A
133	系统与布置设计所	弓振邦	2859	室副主任/高工	劳动合同制	A
134	系统与布置设计所	王艳苹	3172	室副主任/高工	劳动合同制	A
135	系统与布置设计所	盛 锋	3235	高级工程师	劳动合同制	A
136	系统与布置设计所	刘嘉一	3428	高级工程师	劳动合同制	A
137	系统与布置设计所	胡雯婷	3837	工程师	劳动合同制	A

续表

序号	所属单位	姓名	工作证号	职务/岗位	人员类别	考核等级
138	系统与布置设计所	程　丹	L-125	秘　书	劳务派遣	A
139	核设备所	郭利峰	3085	室主任	劳动合同制	A
140	核设备所	范　章	3983	工程师	劳动合同制	A
141	核设备所	李云华	3345	工程师	劳动合同制	A
142	核设备所	杨仲元	4145	工程师	劳动合同制	A
143	核设备所	马晓荣	3817	工程师	劳动合同制	A
144	核设备所	王宇欣	4048	工程师	劳动合同制	A
145	核设备所	焦少阳	3900	高级工程师	劳动合同制	A
146	核设备所	卢可可	4307	工程师	劳动合同制	A
147	核设备所	丁　磊	4235	工程师	劳动合同制	A
148	核设备所	郑岳山	4059	工程师	劳动合同制	A
149	核设备所	张后龙	3909	工程师	劳动合同制	A
150	核设备所	陈　鹍	4077	工程师	劳动合同制	A
151	核设备所	周　超	3750	工程师	劳动合同制	A
152	核设备所	陈　超	3895	高级工程师	劳动合同制	A
153	化工所	李　鑫	3040	室主任	劳动合同制	A
154	化工所	熊佳丽	4573	员　工	劳动合同制	A
155	化工所	杨　浩	4572	员　工	劳动合同制	A
156	化工所	高明媛	3825	员　工	劳动合同制	A
157	化工所	王　博	3992	员　工	劳动合同制	A
158	化工所	杨欣静	3993	员　工	劳动合同制	A
159	化工所	李莉莉	2517	员　工	劳动合同制	A
160	化工所	徐　琰	4316	员　工	劳动合同制	A
161	化工所	蒋　斌	4574	员　工	劳动合同制	A
162	化工所	陈海岩	2572	员　工	劳动合同制	A
163	化工所	郑　莉	3746	员　工	劳动合同制	A
164	化工所	赵　奔	4627	员　工	劳动合同制	A
165	化工所	明玉周	4256	员　工	劳动合同制	A
166	化工所	李　玮	3995	员　工	劳动合同制	A
167	化工所	阚　琛	4257	员　工	劳动合同制	A
168	化工所	胡锡文	3096	室副主任	劳动合同制	A

续表

序 号	所属单位	姓 名	工作证号	职 务/岗 位	人员类别	考核等级
169	化工所	梁汝囡	3200	员 工	劳动合同制	A
170	化工所	窦 远	3712	员 工	劳动合同制	A
171	化工所	彭 思	4255	员 工	劳动合同制	A
172	化工所	李 瑾	L-288	秘 书	劳务派遣	A
173	化工所	邬 娜	L-273	秘 书	劳务派遣	A
174	电气仪控所	从晓东	L-108	四级设计师	技术服务	A
175	电气仪控所	赵宏军	0748	室主任/三级设计师	劳动合同制	A
176	电气仪控所	宋 磊	3195	室副主任/四级设计师	劳动合同制	A
177	电气仪控所	王 勇	2188	室主任/二级设计师	劳动合同制	A
178	电气仪控所	马世海	3921	室副主任	劳动合同制	A
179	电气仪控所	顾燕春	2173	主任工程师/三级设计师	劳动合同制	A
180	电气仪控所	宝 音	3807	四级设计师	劳动合同制	A
181	电气仪控所	王 平	3851	四级设计师	劳动合同制	A
182	电气仪控所	秦文超	3844	四级设计师	劳动合同制	A
183	电气仪控所	尚雪莲	3098	三级设计师	劳动合同制	A
184	电气仪控所	范 遂	3301	三级设计师	劳动合同制	A
185	电气仪控所	廖圣勇	3376	三级设计师	劳动合同制	A
186	电气仪控所	马仪炜	3661	四级设计师	劳动合同制	A
187	电气仪控所	聂洪权	3194	四级设计师	劳动合同制	A
188	电气仪控所	崔明路	3982	四级设计师	劳动合同制	A
189	电气仪控所	刘 颖	3970	四级设计师	劳动合同制	A
190	电气仪控所	何志军	4167	四级设计师	劳动合同制	A
191	电气仪控所	邓士光	4557	四级设计师	劳动合同制	A
192	电气仪控所	张 帆	3067	三级设计师	劳动合同制	A
193	电气仪控所	姜兴伟	3091	三级设计师	劳动合同制	A
194	电气仪控所	成向飞	3221	四级设计师	劳动合同制	A
195	电气仪控所	李保柱	3471	四级设计师	劳动合同制	A
196	电气仪控所	宋 济	3887	四级设计师	劳动合同制	A
197	电气仪控所	田石钟	0373	四级设计师	劳动合同制	A
198	电气仪控所	陈 超	1260	三级设计师	劳动合同制	A

续表

序　号	所属单位	姓　名	工作证号	职　务/岗　位	人员类别	考核等级
199	电气仪控所	徐迎秋	3078	三级设计师	劳动合同制	A
200	电气仪控所	翟晓满	3378	四级设计师	劳动合同制	A
201	电气仪控所	李　嘉	3831	四级设计师	劳动合同制	A
202	电气仪控所	唐　凯	F-087	四级设计师	劳动合同制	A
203	电气仪控所	黄　耀	3335	四级设计师	劳动合同制	A
204	建筑所	丁大蹦	3659	员　工	劳动合同制	A
205	建筑所	李园园	3781	员　工	劳动合同制	A
206	建筑所	闫　征	3166	员　工	劳动合同制	A
207	建筑所	曹连兵	4010	员　工	劳动合同制	A
208	建筑所	王志坚	3948	员　工	劳动合同制	A
209	建筑所	焦　迪	3891	员　工	劳动合同制	A
210	建筑所	李　奇	3675	员　工	劳动合同制	A
211	建筑所	牛华寺	3640	员　工	劳动合同制	A
212	建筑所	杨若冰	4088	员　工	劳动合同制	A
213	建筑所	孔庆勋	3265	员　工	劳动合同制	A
214	建筑所	忻　嘉	3766	员　工	劳动合同制	A
215	建筑所	甄　鹤	3299	员　工	劳动合同制	A
216	建筑所	于　跃	3209	员　工	劳动合同制	A
217	建筑所	于　晖	4454	员　工	劳动合同制	A
218	建筑所	蒋　迪	3842	员　工	劳动合同制	A
219	建筑所	宋孟燕	4561	员　工	劳动合同制	A
220	建筑所	孙晓颖	3187	员　工	劳动合同制	A
221	建筑所	姚　迪	3785	员　工	劳动合同制	A
222	建筑所	马增翠	4008	员　工	劳动合同制	A
223	建筑所	李　丹	3201	员　工	劳动合同制	A
224	建筑所	王晓东	2747	所副总工	劳动合同制	A
225	建筑所	孟　剑	3146	室主任	劳动合同制	A
226	建筑所	隋春光	3009	室副主任	劳动合同制	A
227	建筑所	刘　敏	3055	室主任	劳动合同制	A
228	建筑所	赵　薇	3033	室副主任（主持工作）	劳动合同制	A

续表

序 号	所属单位	姓 名	工作证号	职 务/岗 位	人员类别	考核等级
229	建筑所	冯金祺	3022	室副主任（主持工作）	劳动合同制	A
230	建筑所	王 劲	2222	室主任	劳动合同制	A
231	建筑所	王晓宇	1636	室副主任/高工	劳动合同制	A
232	建筑所	李 京	0416	室主任	劳动合同制	A
233	建筑所	白 玮	2641	室主任	劳动合同制	A
234	建筑所	汪朝晖	2982	室主任	劳动合同制	A
235	建筑所	何 燕	L-250	员 工	劳务派遣	A
236	总图地质所	杨立建	3340	岩土工程	劳动合同制	A
237	总图地质所	李 昶	4410	岩土工程	劳动合同制	A
238	总图地质所	胡继华	3692	岩土工程	劳动合同制	A
239	总图地质所	贺 萌	4231	总图运输	劳动合同制	A
240	总图地质所	胡树超	3835	总图运输	劳动合同制	A
241	总图地质所	吴 静	3384	总图运输	劳动合同制	A
242	总图地质所	李启超	4445	总图运输	劳动合同制	A
243	总图地质所	迟子珈	L-242	文 员	劳务派遣	A
244	工程经济所	王 芳	2556	室主任	劳动合同制	A
245	工程经济所	赵 东	3989	工程师	劳动合同制	A
246	工程经济所	韩兆兴	3787	室主任工程师	劳动合同制	A
247	工程经济所	赖晓丰	4181	工程师	劳动合同制	A
248	工程经济所	郑保军	4073	室主任工程师	劳动合同制	A
249	工程经济所	唐庆辉	4320	助理工程师	劳动合同制	A
250	工程经济所	汪 艺	2941	室副主任	劳动合同制	A
251	技术支持服务中心	苏郑昌	6094	经 理	劳动合同制	A
252	技术支持服务中心	罗 涛	6205	副经理（主持工作）	劳动合同制	A
253	技术支持服务中心	宋颖社	6204	普通员工	劳动合同制	A
254	技术支持服务中心	滕 腾	L-732	普通员工	劳务派遣	A
255	技术支持服务中心	周 荔	L-751	普通员工	劳务派遣	A
256	核电安全研究中心	韩 旭	4201	实验研究与分析室副主任工程师	劳动合同制	A

续表

序　号	所属单位	姓　名	工作证号	职　务/岗　位	人员类别	考核等级
257	核电安全研究中心	马如冰	3157	软件开发与应用室副主任	劳动合同制	A
258	核电安全研究中心	杨小明	4110	员工/核安全工程师	劳动合同制	A
259	检测中心	程　方	L-486	检测员	技术服务	A
260	检测中心	刘明月	L-454	试验与运行部经理	技术服务	A
261	检测中心	耿学初	L-651	试验员	技术服务	A
262	检测中心	张　瑞	L-455	试验员	技术服务	A
263	采购部	周　鹏	L-462	计划工程师	技术服务	A
264	采购部	林　琳	L-355	信息化管理工程师	技术服务	A
265	采购部	赵　昱	L-131	计划工程师	技术服务	A
266	采购部	李京玉	L-085	计划工程师	技术服务	A
267	采购部	张小燕	L-453	计划工程师	技术服务	A
268	采购部	刘丽莉	L-593	行政科副科长	技术服务	A
269	采购部	张铁群	F-259	项目经理	技术服务	A
270	采购部	宋凯磊	F-205	采购副经理	劳动合同制	A
271	采购部	刘晓峰	3932	采购经理	劳动合同制	A
272	采购部	胡东波	3860	处长助理	劳动合同制	A
273	采购部	吕海慧	3915	处长助理	劳动合同制	A
274	采购部	张　成	4399	处　长	劳动合同制	A
275	采购部	吴　萍	4415	副处长	劳动合同制	A
276	采购部	郭　林	3595	处长助理	劳动合同制	A
277	采购部	赵利勇	F-144	处　长	劳动合同制	A
278	采购部	杨怀武	F-018	处　长	劳动合同制	A
279	采购部	马云玉	3620	处　长	劳动合同制	A
280	采购部	周　辉	3612	副处长	劳动合同制	A
281	采购部	杨玲玲	4176	计划科副科长	劳动合同制	A
282	采购部	刁志峰	5022	电仪科科长	劳动合同制	A
283	采购部	宋小超	F-054	现场采代	劳动合同制	A
284	采购部	郝学良	4391	计划工程师	劳动合同制	A
285	采购部	高婧宇	3953	采购主管	劳动合同制	A
286	采购部	翟亚伟	4164	副科长	劳动合同制	A

续表

序 号	所属单位	姓 名	工作证号	职 务/岗 位	人员类别	考核等级
287	采购部	王月棉	5372	质保体系科程序主管	劳动合同制	A
288	采购部	常子晨	L-276	文档科副科长	劳动合同制	A
289	采购部	张 晋	4262	采购管理	劳动合同制	A
290	采购部	王 希	4091	采购管理	劳动合同制	A
291	采购部	吴德波	3508	科长/合同执行	劳动合同制	A
292	采购部	赵 巍	3933	计划工程师	劳动合同制	A
293	采购部	宋云鹏	6231	项目执行经理	劳动合同制	A
294	采购部	杨文花	4313	项目执行经理	劳动合同制	A
295	采购部	贾荣林	4210	项目执行经理	劳动合同制	A
296	采购部	徐晓东	1861	科 长	劳动合同制	A
297	采购部	武 婧	3738	副科长	劳动合同制	A
298	采购部	赵 涛	3815	科 长	劳动合同制	A
299	采购部	李显枫	3745	副科长	劳动合同制	A
300	采购部	黄 健	3616	副科长	劳动合同制	A
301	采购部	刘凤钢	3504	项目经理	劳动合同制	A
302	采购部	杨 森	5055	科 长	劳动合同制	A
303	采购部	唐中富	3727	计划工程师	劳动合同制	A
304	采购部	田 浩	3594	科 长	劳动合同制	A
305	采购部	姚 志	3971	一次科科长	劳动合同制	A
306	采购部	武志惠	4093	一次科副科长	劳动合同制	A
307	采购部	黄秋豹	4150	项目经理	劳动合同制	A
308	采购部	赵素朝	F-064	监造管理工程师	劳动合同制	A
309	采购部	张永胜	F-209	监造管理工程师	劳动合同制	A
310	采购部	张金元	F-061	监造管理工程师	劳动合同制	A
311	采购部	田利凯	F-135	监造管理工程师	劳动合同制	A
312	采购部	董少然	F-211	监造管理工程师	劳动合同制	A
313	采购部	陈 静	L-399	文 档	劳务派遣	A
314	采购部	段维莉	L-348	文 档	劳务派遣	A
315	采购部	贾利蓉	L-021	821 采买	劳务派遣	A
316	采购部	李 璟	L-141	文 档	劳务派遣	A
317	采购部	吴光升	L-308	信息化专办	劳务派遣	A

续表

序号	所属单位	姓名	工作证号	职务/岗位	人员类别	考核等级
318	采购部	刘丽娜	L-009	接口工程师	劳务派遣	A
319	采购部	赵雪梅	L-449	文档	劳务派遣	A
320	调试部	张平	F-139	员工	借用	A
321	调试部	江润	4350	处长	劳动合同制	A
322	调试部	李勍	5025	处长	劳动合同制	A
323	调试部	陈应明	4436	副处长	劳动合同制	A
324	调试部	赵聪杰	6008	副处长	劳动合同制	A
325	调试部	白新鹏	6052	副科长	劳动合同制	A
326	调试部	查东健	6043	副科长	劳动合同制	A
327	调试部	陈力勇	6014	副科长	劳动合同制	A
328	调试部	高国甫	6112	副科长	劳动合同制	A
329	调试部	黄晓青	6071	副科长	劳动合同制	A
330	调试部	黄专斌	6067	副科长	劳动合同制	A
331	调试部	刘艳强	6032	副科长	劳动合同制	A
332	调试部	牛明业	6114	副科长	劳动合同制	A
333	调试部	许磊	6093	副科长	劳动合同制	A
334	调试部	郑海望	6057	副科长	劳动合同制	A
335	调试部	祝永刚	6069	副科长	劳动合同制	A
336	调试部	李河橘	4108	科长	劳动合同制	A
337	调试部	屈永佳	4492	科长	劳动合同制	A
338	调试部	孙小凌	6084	科长	劳动合同制	A
339	调试部	洪海泉	6026	项目调试部副经理	劳动合同制	A
340	调试部	黄荣益	6006	项目调试部副经理	劳动合同制	A
341	调试部	张翔	6028	项目调试部副经理	劳动合同制	A
342	调试部	郑仕建	6051	项目调试部副经理	劳动合同制	A
343	调试部	王伟华	4651	项目调试部副总经理	劳动合同制	A
344	调试部	栾向海	6049	项目调试部经理	劳动合同制	A
345	调试部	刘文杰	4491	项目调试部总经理助理	劳动合同制	A
346	调试部	白云涛	6064	员工	劳动合同制	A
347	调试部	常向阳	6138	员工	劳动合同制	A

续表

序号	所属单位	姓名	工作证号	职务/岗位	人员类别	考核等级
348	调试部	陈鼎杰	6013	员工	劳动合同制	A
349	调试部	段晓亮	6192	员工	劳动合同制	A
350	调试部	冯 科	6165	员工	劳动合同制	A
351	调试部	郭 亮	6142	员工	劳动合同制	A
352	调试部	韩 花	6113	员工	劳动合同制	A
353	调试部	侯雄剑	6195	员工	劳动合同制	A
354	调试部	胡 寅	6063	员工	劳动合同制	A
355	调试部	李海海	6123	员工	劳动合同制	A
356	调试部	李世亮	6086	员工	劳动合同制	A
357	调试部	李 洋	6124	员工	劳动合同制	A
358	调试部	李云风	4283	员工	劳动合同制	A
359	调试部	刘光伟	6090	员工	劳动合同制	A
360	调试部	刘志涛	4724	员工	劳动合同制	A
361	调试部	牛 强	6115	员工	劳动合同制	A
362	调试部	宋 伟	6121	员工	劳动合同制	A
363	调试部	王 冲	6153	员工	劳动合同制	A
364	调试部	王 锋	6105	员工	劳动合同制	A
365	调试部	王宏阳	6140	员工	劳动合同制	A
366	调试部	王连名	6136	员工	劳动合同制	A
367	调试部	王世兴	6072	员工	劳动合同制	A
368	调试部	魏 伟	6065	员工	劳动合同制	A
369	调试部	夏秀城	6186	员工	劳动合同制	A
370	调试部	杨秉余	6001	员工	劳动合同制	A
371	调试部	杨 剑	6200	员工	劳动合同制	A
372	调试部	杨延虎	6076	员工	劳动合同制	A
373	调试部	袁鹏举	6144	员工	劳动合同制	A
374	调试部	张敬辉	4282	员工	劳动合同制	A
375	调试部	张 凯	4602	员工	劳动合同制	A
376	调试部	张 乾	6162	员工	劳动合同制	A
377	调试部	张 帅	6104	员工	劳动合同制	A
378	调试部	赵 召	6191	员工	劳动合同制	A

续表

序　号	所属单位	姓　名	工作证号	职　务/岗　位	人员类别	考核等级
379	调试部	周　攀	6080	员　工	劳动合同制	A
380	调试部	白明艳		员　工	劳务派遣	A
381	调试部	邓秋玥		员　工	劳务派遣	A
382	调试部	李　娟		员　工	劳务派遣	A
383	调试部	刘雯雯		员　工	劳务派遣	A
384	调试部	高爱平		员　工	业务外包	A
385	调试部	施　攀		员　工	业务外包	A
386	调试部	王文华		员　工	业务外包	A
387	调试部	王艳彬		员　工	业务外包	A
388	调试部	毕永刚		员　工	业务外包	A
389	调试部	陈　创		员　工	业务外包	A
390	调试部	陈　浩		员　工	业务外包	A
391	调试部	郭财望		员　工	业务外包	A
392	调试部	何　义		员　工	业务外包	A
393	调试部	洪艳明		员　工	业务外包	A
394	调试部	胡　靖		员　工	业务外包	A
395	调试部	胡瑞涛		员　工	业务外包	A
396	调试部	黄家龙		员　工	业务外包	A
397	调试部	林　鹏		员　工	业务外包	A
398	调试部	林庆华		员　工	业务外包	A
399	调试部	刘　超		员　工	业务外包	A
400	调试部	刘万功		员　工	业务外包	A
401	调试部	刘雨轩		员　工	业务外包	A
402	调试部	罗文涛		员　工	业务外包	A
403	调试部	孟祥杰		员　工	业务外包	A
404	调试部	宋家才		员　工	业务外包	A
405	调试部	苏　翔		员　工	业务外包	A
406	调试部	孙　涛		员　工	业务外包	A
407	调试部	唐　磊		员　工	业务外包	A
408	调试部	唐振生		员　工	业务外包	A
409	调试部	田　蒙		员　工	业务外包	A

续表

序 号	所属单位	姓 名	工作证号	职 务/岗 位	人员类别	考核等级
410	调试部	万子源		员 工	业务外包	A
411	调试部	王大明		员 工	业务外包	A
412	调试部	王文龙		员 工	业务外包	A
413	调试部	文栋栋		员 工	业务外包	A
414	调试部	徐东东		员 工	业务外包	A
415	调试部	徐光星		员 工	业务外包	A
416	调试部	游聚峰		员 工	业务外包	A
417	调试部	张阿磊		员 工	业务外包	A
418	调试部	张佳义		员 工	业务外包	A
419	调试部	张家铭		员 工	业务外包	A
420	福清项目部	许金英	80351	培训管理	技术服务	A
421	福清项目部	于洪彬	80343	副科长（主持工作）	技术服务	A
422	福清项目部	蔡舒畅	80489	文件管理工程师	技术服务	A
423	福清项目部	翁凤武	80035	综合管理工程师（组长）	技术服务	A
424	福清项目部	王小利	80088	计划管理工程师（组长）	技术服务	A
425	福清项目部	邓红华	80465	计划控制工程师	技术服务	A
426	福清项目部	李 伊	80067	副科长	技术服务	A
427	福清项目部	邢 辉	80172	副科长	技术服务	A
428	福清项目部	江 海	80505	进度控制工程师	技术服务	A
429	福清项目部	刘振宇	80340	HSE 体系管理	技术服务	A
430	福清项目部	杨 欢	80327	安全监督	技术服务	A
431	福清项目部	陈亮亮	80483	土建工程师	技术服务	A
432	福清项目部	廖初峰	80527	土建工程师	技术服务	A
433	福清项目部	唐宏伟	80052	焊接工程师	技术服务	A
434	福清项目部	彭 鹏	80403	进度工程师	技术服务	A
435	福清项目部	彭 燕	80387	合同管理工程师	技术服务	A
436	福清项目部	吴凯凯	80390	区域主管工程师	技术服务	A
437	福清项目部	张志坚	80195	PX、BOP 设备主管工程师	技术服务	A

续表

序　号	所属单位	姓　名	工作证号	职　务/岗　位	人员类别	考核等级
438	福清项目部	刘　鹏	80149	科　长	技术服务	A
439	福清项目部	张春杰	80486	管道工程师	技术服务	A
440	福清项目部	杜治红	80185	副科长	技术服务	A
441	福清项目部	张鹏飞	80313	BOP 电气工程师	技术服务	A
442	福清项目部	张怀淦	80440	核岛系统工程师	技术服务	A
443	福清项目部	李立清	80557	会　计	技术服务	A
444	福清项目部	范子坤	80552	机械工艺设计管理工程师	技术服务	A
445	福清项目部	许小猛	80546	网络安全维护工程师	技术服务	A
446	福清项目部	王朝伟	80490	仓储管理工程师	技术服务	A
447	福清项目部	黄文鹏	80476	检验工程师	技术服务	A
448	福清项目部	王斌胜	80469	计划控制工程师	技术服务	A
449	福清项目部	杨　洪	80442	造价管理工程师	技术服务	A
450	福清项目部	王振兴	80373	体系管理工程师	技术服务	A
451	福清项目部	黄　诚	80156	科　长	技术服务	A
452	福清项目部	刘志军	80466	电气工程师	技术服务	A
453	福清项目部	杨小飞	80413	机械工程师	技术服务	A
454	福清项目部	吴洪海	80318	副科长	技术服务	A
455	福清项目部	何　帆	80395	BOP 电气工程师	技术服务	A
456	福清项目部	施克桦	80410	土建工程师	技术服务	A
457	福清项目部	陈荣波	80508	消防管理	技术服务	A
458	福清项目部	闵昌军	31192	科　长	劳动合同制	A
459	福清项目部	张志伟	25360	副科长（主持工作）	劳动合同制	A
460	福清项目部	殷为民	3589	副科长	劳动合同制	A
461	福清项目部	谭功理	3535	科　长	劳动合同制	A
462	福清项目部	李宝山	31150	副科长	劳动合同制	A
463	福清项目部	雷震波	20226	副科长	劳动合同制	A
464	福清项目部	杨志强	60213	科　长	劳动合同制	A
465	福清项目部	鲁永苍	20219	科　长	劳动合同制	A
466	福清项目部	桂小琴	4012	费用科	劳动合同制	A
467	福清项目部	李　萍	30254	科　长	劳动合同制	A

续表

序 号	所属单位	姓 名	工作证号	职 务/岗 位	人员类别	考核等级
468	福清项目部	杨 志	60068	副科长（主持工作）	劳动合同制	A
469	福清项目部	陈 飞	60087	科 长	劳动合同制	A
470	福清项目部	赵宝贵	60289	总经理助理兼经理	劳动合同制	A
471	福清项目部	王春光	80547	副经理（主持工作）	劳动合同制	A
472	福清项目部	张洪武	60021	经 理	劳动合同制	A
473	福清项目部	张智勇	3958	副经理	劳动合同制	A
474	福清项目部	苏绍坚	3236	总经理助理兼总工程师助理兼经理	劳动合同制	A
475	福清项目部	赵会明	80032	经 理	劳动合同制	A
476	福清项目部	李魁选	5004	总经理助理兼经理	劳动合同制	A
477	福清项目部	刘宝贵	20216	经 理	劳动合同制	A
478	福清项目部	胡代辉	2863	经 理	劳动合同制	A
479	福清项目部	张海洋	80020	副经理（主持工作）	劳动合同制	A
480	福清项目部	刘亚茹	80079	副经理	劳动合同制	A
481	福清项目部	王其龙	60335	副经理	劳动合同制	A
482	福清项目部	祝艳艳	80168	经验反馈管理工程师	劳务派遣	A
483	福清项目部	薛来灯	80073	设备文件管理工程师	劳务派遣	A
484	福清项目部	何 彬	80223	工程文件管理工程师	劳务派遣	A
485	福清项目部	滕 军	80211	起重员（组长）	劳务派遣	A
486	福清项目部	郑炳雪	80228	文 员	劳务派遣	A
487	福清项目部	史 怡	80162	环境监测工程师	劳务派遣	A
488	福清项目部	陈培蘭	80299	司 机	劳务派遣	A
489	方家山项目部	陈 万	70254	合同工程师	技术服务	A
490	方家山项目部	苗刚峰	70115	测量管理工程师	劳动合同制	A
491	方家山项目部	韩飞飞	70083	仓储管理工程师	劳动合同制	A
492	方家山项目部	林毓兰	70188	行政管理员	劳务派遣	A
493	方家山项目部	祖丽艳	70143	档案管理员	劳务派遣	A
494	方家山项目部	王 婷	L-015	文档管理员	劳务派遣	A
495	海南项目部	梁义升	B0288	合同工程师	技术服务	A
496	海南项目部	乌日娜	B0231	焊接工程师	技术服务	A
497	海南项目部	张珂源	B0215	子项工程师	技术服务	A

续表

序 号	所属单位	姓 名	工作证号	职 务/岗 位	人员类别	考核等级
498	海南项目部	叶 辉	B0092	科 长	技术服务	A
499	海南项目部	杨 建	B0204	副科长	技术服务	A
500	海南项目部	史莉君	B0077	副科长	技术服务	A
501	海南项目部	庞 曼	B0020	文档科长	技术服务	A
502	海南项目部	张 亮	B0089	质保工程师	技术服务	A
503	海南项目部	周 伟	B0208	采购部副科长	技术服务	A
504	海南项目部	许 嘉	3674	控制部经理助理	劳动合同制	A
505	海南项目部	赵 涛	20210	施工部副经理	劳动合同制	A
506	海南项目部	王 昌	B0149	施工部经理助理	劳动合同制	A
507	海南项目部	刘学贵	B0151	总经理助理	劳动合同制	A
508	海南项目部	温 康	B0132	科 长	劳动合同制	A
509	海南项目部	崔 旺	60283	副科长	劳动合同制	A
510	海南项目部	曹志刚	B0035	施工部仓储科副科长	劳动合同制	A
511	海南项目部	刘小伟	B0017	施工部土建科科长	劳动合同制	A
512	海南项目部	李 健	B0002	科 长	劳动合同制	A
513	海南项目部	胡 杰	L-285	行政、秘书	劳务派遣	A
514	海南项目部	蔡小娜	B0136	设备竣工文件小组组长	劳务派遣	A
515	田湾项目部	陈 昊	C0039	IT 运维主管	技术服务	A
516	田湾项目部	王腾腾	C0088	监督监查工程师	技术服务	A
517	田湾项目部	张 梦	C0134	安全培训工程师	技术服务	A
518	田湾项目部	沈景慧	90030	系统移交工程师	技术服务	A
519	田湾项目部	刘 璇	C0018	综合计划科负责人	技术服务	A
520	田湾项目部	杨积云	C0071	综合科负责人	技术服务	A
521	田湾项目部	杨 帆	C0209	综合科负责人	技术服务	A
522	田湾项目部	田宪民	A0046	土建二科副科长	技术服务	A
523	田湾项目部	徐广军	70057	综合计划科负责人	技术服务	A
524	田湾项目部	石 坚	B0059	进度计划工程师	技术服务	A
525	田湾项目部	曹 昊	30375	监审专员	劳动合同制	A
526	田湾项目部	陈苏萍	C0188	人事管理	劳动合同制	A
527	田湾项目部	黄 达	C0089	仓储科副科长	劳动合同制	A

续表

序 号	所属单位	姓 名	工作证号	职 务/岗 位	人员类别	考核等级
528	田湾项目部	袭 龙	31099	检验工程师	劳动合同制	A
529	田湾项目部	赵国松	2708	施工管理部副经理	劳动合同制	A
530	田湾项目部	李志富	3872	进度控制工程师	劳动合同制	A
531	田湾项目部	李 利	31149	进度工程师	劳动合同制	A
532	田湾项目部	戴瑜铭	4047	BOP 土建合同工程师	劳动合同制	A
533	田湾项目部	殷先伟	31162	体系管理工程师	劳动合同制	A
534	田湾项目部	张志伟	2261	技术协调工程师	劳动合同制	A
535	田湾项目部	许洪柱	3479	CI 土建工程师	劳动合同制	A
536	田湾项目部	姜 卓	3270	核岛设计技术科负责人	劳动合同制	A
537	田湾项目部	于 朋	31001	土建一科副科长	劳动合同制	A
538	田湾项目部	张宜顺	31145	核岛管道工程师	劳动合同制	A
539	田湾项目部	马 龙	31194	设备安装工程师	劳动合同制	A
540	田湾项目部	王 昆	31173	总平面管理工程师	劳动合同制	A
541	田湾项目部	朱启江	C0129	施工管理部副经理	劳动合同制	A
542	田湾项目部	吴 畅	31019	NI/CI 土建合同工程师	劳动合同制	A
543	田湾项目部	李 琼	C0126	后勤主管	劳务派遣	A
544	田湾项目部	王雅舒	C0026	交工资料主管	劳务派遣	A
545	田湾项目部	汪 萌	L-123	文档员	劳务派遣	A
546	徐大堡项目部	辉喜军	L-642	费用工程师	技术服务	A
547	徐大堡项目部	单雪强	4087	安全部副经理	劳动合同制	A
548	徐大堡项目部	刘 峰	3002	技术协调部经理	劳动合同制	A
549	821Z 项目部	林 旭	L-602	职 员	技术服务	A
550	821Z 项目部	唐新闻		副科长/综合管理	技术服务	A
551	821Z 项目部	杨清录		机械维护	技术服务	A
552	821Z 项目部	韦正伟	31112	土建科副科长	劳动合同制	A
553	821Z 项目部	杨 鑫	D0010	质保科副科长	劳动合同制	A
554	821Z 项目部	张涪民	D0006	总经理助理	劳动合同制	A
555	821Z 项目部	王卫斌	60349	总经理助理	劳动合同制	A
556	漳州项目部	郑顺耀	20213	项目总经理助理	劳动合同制	A

续表

序号	所属单位	姓名	工作证号	职务/岗位	人员类别	考核等级
557	漳州项目部	霍志磊	60035	项目控制部副经理	劳动合同制	A
558	漳州项目部	丁刚	70163	合同管理	劳务派遣	A
559	招标中心	高鹍	L-502	招标主管	技术服务	A
560	招标中心	陆志峰	3465	主任助理兼招标一处处长	劳动合同制	A
561	招标中心	陈广恒	3834	综合管理处处长	劳动合同制	A
562	北京民用设计院	白梅	3127	室主任工程师	劳动合同制	A
563	北京民用设计院	王兴	3350	建筑设计	劳动合同制	A
564	北京民用设计院	李雪辉	3362	给排水设计	劳动合同制	A
565	北京民用设计院	袁庆涛	3361	暖通设计	劳动合同制	A
566	上海分院	张婧	40073	建筑设计师	劳动合同制	A
567	深圳设计院	韦献友		设计人员	劳动合同制	A
568	深圳设计院	赵伟义		设计人员	劳动合同制	A
569	深圳设计院	杨子龙		设计人员	劳动合同制	A
570	深圳设计院	金小华		设计人员	劳动合同制	A
571	深圳设计院	张宗铭		设计人员	劳动合同制	A
572	深圳设计院	徐启鹏		设计人员	劳动合同制	A
573	北京四达贝克斯工程监理有限公司	赵保玉		监理工程师	技术服务	A
574	北京四达贝克斯工程监理有限公司	冯宝林		监理工程师	技术服务	A
575	北京四达贝克斯工程监理有限公司	刘志军		305404 常规岛 QC	技术服务	A
576	北京四达贝克斯工程监理有限公司	王永昌		设备专业监理工程师	技术服务	A
577	北京四达贝克斯工程监理有限公司	杜秋龙		监理员	技术服务	A
578	北京四达贝克斯工程监理有限公司	许金龙		监理员	技术服务	A
579	北京四达贝克斯工程监理有限公司	何金华		电仪质控	技术服务	A

续表

序 号	所属单位	姓 名	工作证号	职 务/岗 位	人员类别	考核等级
580	北京四达贝克斯工程监理有限公司	张玉凯		设备质控	技术服务	A
581	北京四达贝克斯工程监理有限公司	魏晓东	60372	总监代表	劳动合同制	A
582	北京四达贝克斯工程监理有限公司	张卫星	60362	总监代表	劳动合同制	A
583	北京四达贝克斯工程监理有限公司	马小伟		监理员	劳动合同制	A
584	北京四达贝克斯工程监理有限公司	张小义	60353	总监代表	劳动合同制	A
585	北京四达贝克斯工程监理有限公司	何浩军	60375	设 代	劳动合同制	A
586	北京四达贝克斯工程监理有限公司	白学林	60345	总监代表	劳动合同制	A
587	北京四达贝克斯工程监理有限公司	崔 坚	60022	总 监	劳动合同制	A
588	北京四达贝克斯工程监理有限公司	刘 佳		设备监造	劳动合同制	A
589	北京四达贝克斯工程监理有限公司	池鹏昊	60204	安全工程师	劳动合同制	A
590	北京四达贝克斯工程监理有限公司	王二广	60228	土建工程师	劳动合同制	A
591	北京四达贝克斯工程监理有限公司	任长明	60093	安全工程师	劳动合同制	A
592	北京四达贝克斯工程监理有限公司	李 阳	60128	测量监理	劳动合同制	A
593	北京四达贝克斯工程监理有限公司	李先峰	60190	副主任	劳动合同制	A
594	北京四达贝克斯工程监理有限公司	熊艳国	60141	副组长	劳动合同制	A

续表

序　号	所属单位	姓　名	工作证号	职　务/岗　位	人员类别	考核等级
595	北京四达贝克斯工程监理有限公司	张永明	60183	土建组组长	劳动合同制	A
596	北京四达贝克斯工程监理有限公司	檀冲冲	60170	安装副组长	劳动合同制	A
597	北京四达贝克斯工程监理有限公司	张石军	60142	土建工程师	劳动合同制	A
598	北京四达贝克斯工程监理有限公司	罗东明		焊接监理员	劳动合同制	A
599	北京四达贝克斯工程监理有限公司	张新建	60374	土建监理	劳动合同制	A
600	北京四达贝克斯工程监理有限公司	段鹏飞		管道监理	劳动合同制	A
601	北京四达贝克斯工程监理有限公司	徐鹏飞		电仪监理	劳动合同制	A
602	北京四达贝克斯工程监理有限公司	李克石	60483	焊接 QC	劳动合同制	A
603	北京四达贝克斯工程监理有限公司	马清峰	60410	机电仪外委 QC	劳动合同制	A
604	北京四达贝克斯工程监理有限公司	李跃龙	60131	机电仪外委 QC	劳动合同制	A
605	北京四达贝克斯工程监理有限公司	邢　洋	60030	机电仪负责人	劳动合同制	A
606	北京四达贝克斯工程监理有限公司	叶　帆	60305	综合部副经理	劳动合同制	A
607	北京四达贝克斯工程监理有限公司	刘　猛		安全监理工程师	劳动合同制	A
608	北京四达贝克斯工程监理有限公司	陈　斌	60528	专业监理工程师	劳动合同制	A
609	北京四达贝克斯工程监理有限公司	马　贺	60601	质保专业监理工程	劳动合同制	A

续表

序 号	所属单位	姓 名	工作证号	职 务/岗 位	人员类别	考核等级
610	北京四达贝克斯工程监理有限公司	周垚佐		土建专业监理工程师	劳动合同制	A
611	北京四达贝克斯工程监理有限公司	佟 石		管道设备安装部设备组副组长	劳动合同制	A
612	北京四达贝克斯工程监理有限公司	巴翔超	60615	土建部核岛组副组长兼综合部文档组组长	劳动合同制	A
613	北京四达贝克斯工程监理有限公司	方志坚		焊接专业监理工程师	劳动合同制	A
614	北京四达贝克斯工程监理有限公司	白忠贵	60604	管道专业监理工程师	劳动合同制	A
615	北京四达贝克斯工程监理有限公司	曹 凡		安全专业监理工程师	劳动合同制	A
616	北京四达贝克斯工程监理有限公司	郭立刚	60493	电气专业监理工程师	劳动合同制	A
617	北京四达贝克斯工程监理有限公司	李成林	60114	质量安全部副主任	劳动合同制	A
618	北京四达贝克斯工程监理有限公司	高鹏鹏		安全监理员	劳动合同制	A
619	北京四达贝克斯工程监理有限公司	游建波	60090	副组长	劳动合同制	A
620	北京四达贝克斯工程监理有限公司	马尚国	60154	副总监	劳动合同制	A
621	北京四达贝克斯工程监理有限公司	王永伟		监理员	劳动合同制	A
622	北京四达贝克斯工程监理有限公司	徐 增	60045	安全监理工程师	劳动合同制	A
623	北京四达贝克斯工程监理有限公司	舒 磊		管道监理员	劳动合同制	A
624	北京四达贝克斯工程监理有限公司	徐义枝	60350	常规岛组副组长	劳动合同制	A

续表

序　号	所属单位	姓　名	工作证号	职　务/岗　位	人员类别	考核等级
625	北京四达贝克斯工程监理有限公司	张伟刚		监理员	劳动合同制	A
626	北京四达贝克斯工程监理有限公司	节咏昆		监理员	劳动合同制	A
627	北京四达贝克斯工程监理有限公司	杨伯文	60156	组　长	劳动合同制	A
628	北京四达贝克斯工程监理有限公司	郭俊飞		监理员	劳动合同制	A
629	北京四达贝克斯工程监理有限公司	庚涛锋	60036	副主任	劳动合同制	A
630	北京四达贝克斯工程监理有限公司	欧广志	60153	副总监	劳动合同制	A
631	北京四达贝克斯工程监理有限公司	蒋岚峰	60094	副总监	劳动合同制	A
632	北京四达贝克斯工程监理有限公司	刘　辉		副总监	劳动合同制	A
633	北京四达贝克斯工程监理有限公司	邢晨光	60157	组　长	劳动合同制	A
634	北京四达贝克斯工程监理有限公司	刘　坤	60161	组　长	劳动合同制	A
635	北京四达贝克斯工程监理有限公司	逯传镕		测量质控	劳动合同制	A
636	北京四达贝克斯工程监理有限公司	王卫超		管道质控	劳动合同制	A
637	北京四达贝克斯工程监理有限公司	胥文彪		管道质控	劳动合同制	A
638	北京四达贝克斯工程监理有限公司	胡长龙	60079	管道质控	劳动合同制	A
639	北京四达贝克斯工程监理有限公司	姚福明		设备质控	劳动合同制	A

续表

序　号	所属单位	姓　名	工作证号	职　务/岗　位	人员类别	考核等级
640	北京四达贝克斯工程监理有限公司	董增勋	60058	测量质控	劳动合同制	A
641	北京四达贝克斯工程监理有限公司	马献亮	60487	土建质控	劳动合同制	A
642	北京四达贝克斯工程监理有限公司	杨丰天	60361	副主任	劳动合同制	A
643	北京四达贝克斯工程监理有限公司	吕　昌		副组长	劳动合同制	A
644	北京四达贝克斯工程监理有限公司	王泽发		工程管理	劳动合同制	A
645	北京四达贝克斯工程监理有限公司	张文亮	60226	副主任	劳动合同制	A
646	北京四达贝克斯工程监理有限公司	于海波	60214	工程技术	劳动合同制	A
647	北京四达贝克斯工程监理有限公司	王凤香	60511	会　计	劳动合同制	A
648	北京四达贝克斯工程监理有限公司	张　哲	60503	人力资源	劳动合同制	A
649	北京四达贝克斯工程监理有限公司	齐志敏	60237	总　监	劳动合同制	A
650	北京四达贝克斯工程监理有限公司	王　靖	60136	总　监	劳动合同制	A
651	北京四达贝克斯工程监理有限公司	蔡志宁		主　任	劳动合同制	A
652	核净公司	李萌萌		人事专员	劳动合同制	A
653	核净公司	岳立山		检测技术	劳动合同制	A
654	核净公司	赵　展		销　售	劳务派遣	A
655	核净公司	王　葳		销　售	劳务派遣	A
656	核净公司	眭　奕		运营支持	劳务派遣	A
657	核净公司	黄　朕		设计工程师	劳动合同制	A

续表

序　号	所属单位	姓　名	工作证号	职　务/岗　位	人员类别	考核等级
658	核净公司	耿振龙		技术监造人员	劳务派遣	A
659	河北分公司	冉瑞坤	80953	出　纳	技术服务	A
660	河北分公司	高建栋	80963	设　计	技术服务	A
661	河北分公司	王　璐	80479	管　理	劳动合同制	A
662	河北分公司	张　静	00186	管　理	劳动合同制	A
663	河北分公司	甄天雷	80238	管　理	劳动合同制	A
664	河北分公司	刘　剑	80077	管　理	劳动合同制	A
665	河北分公司	冀世毅	00283	管　理	劳动合同制	A
666	河北分公司	王　肖	00422	管　理	劳动合同制	A
667	河北分公司	冀英杰	80239	设　计	劳动合同制	A
668	河北分公司	杨伟涛	00496	设　计	劳动合同制	A
669	河北分公司	邢　磊	80046	室副主任	劳动合同制	A
670	河北分公司	刁磊朋	80155	设　计	劳动合同制	A
671	河北分公司	王国龙	80157	设　计	劳动合同制	A
672	河北分公司	张　勇	80250	设　计	劳动合同制	A
673	河北分公司	杨焕起	00431	设　计	劳动合同制	A
674	河北分公司	明　艳	80428	设　计	劳动合同制	A
675	河北分公司	李奇君	00361	室主任工程师	劳动合同制	A
676	河北分公司	郑伟青	80274	设　计	劳动合同制	A
677	河北分公司	王　刚	80110	设　计	劳动合同制	A
678	河北分公司	徐　奔	80045	室副主任	劳动合同制	A
679	河北分公司	曹　骞	80292	设　计	劳动合同制	A
680	河北分公司	刘晓光	80417	设　计	劳动合同制	A
681	河北分公司	范旅龙	80118	设　计	劳动合同制	A
682	河北分公司	许春辉	00350	设　计	劳动合同制	A
683	河北分公司	梁鹏虎	00224	室主任工程师	劳动合同制	A
684	河北分公司	尚丽华	00240	室主任工程师	劳动合同制	A
685	河北分公司	王雪彦	80425	设　计	劳动合同制	A
686	河北分公司	吴复忠	40056	设　计	劳动合同制	A
687	河北分公司	杨　熙	80169	设　计	劳动合同制	A
688	河北分公司	刘朝阳	00031	设　计	劳动合同制	A

续表

序　号	所属单位	姓　名	工作证号	职　务/岗　位	人员类别	考核等级
689	河北分公司	刘世峰	00399	室副主任	劳动合同制	A
690	河北分公司	贾福辰	80069	设　计	劳动合同制	A
691	河北分公司	郭瑞亮	80284	设　计	劳动合同制	A
692	河北分公司	刘　鹏	80135	设　计	劳动合同制	A
693	河北分公司	杨　勇	00268	室主任工程师	劳动合同制	A
694	河北分公司	吕　扬	80237	设　计	劳动合同制	A
695	河北分公司	刘文峰	80332	设　计	劳动合同制	A
696	河北分公司	石立超	80334	设　计	劳动合同制	A
697	河北分公司	赵　成	80413	设　计	劳动合同制	A
698	河北分公司	李金芳	80437	设　计	劳动合同制	A
699	郑州分公司	宋亚恒	30690	设计、三维	技术服务	A
700	郑州分公司	杨　权	30819	设　计	技术服务	A
701	郑州分公司	韩伟鹏	30868	仪控设计	技术服务	A
702	郑州分公司	张　翼	30811	建筑设计	技术服务	A
703	郑州分公司	伍　龙	30814	工艺设计、安全员	技术服务	A
704	郑州分公司	宋振飞	30239	设计一部副部长	技术服务	A
705	郑州分公司	聂云霞	30898	室主任工程师	技术服务	A
706	郑州分公司	宋　冰	30797	设　计	技术服务	A
707	郑州分公司	罗　涛	30843	设　计	技术服务	A
708	郑州分公司	王丛辉	30916	设　计	技术服务	A
709	郑州分公司	王记川	30628	经营管理	技术服务	A
710	郑州分公司	曹英姿	30787	设　计	技术服务	A
711	郑州分公司	胡仙凤	30021	文秘综合管理	劳动合同制	A
712	郑州分公司	陈军伟	30033	高级经济师	劳动合同制	A
713	郑州分公司	张　燕	30024	会计报表	劳动合同制	A
714	郑州分公司	徐林林	30302	招投标/资质管理	劳动合同制	A
715	郑州分公司	杨　莹	30894	综合管理岗	劳动合同制	A
716	郑州分公司	马晓晨	30064	核电工程计划管理	劳动合同制	A
717	郑州分公司	杨晓亮	30530	三维工程技术研发	劳动合同制	A
718	郑州分公司	王珑璋	30148	室副主任/设总	劳动合同制	A
719	郑州分公司	王志强	30139	设总、设计	劳动合同制	A

续表

序 号	所属单位	姓 名	工作证号	职 务/岗 位	人员类别	考核等级
720	郑州分公司	韩世超	30157	设 计	劳动合同制	A
721	郑州分公司	宋振钢	30111	设计、设总	劳动合同制	A
722	郑州分公司	付午海	30112	设计、设总	劳动合同制	A
723	郑州分公司	任春霞	30143	设计、专业负责人	劳动合同制	A
724	郑州分公司	霍 星	30534	设 计	劳动合同制	A
725	郑州分公司	张 磊	30146	设 计	劳动合同制	A
726	郑州分公司	储进昌	30521	设 计	劳动合同制	A
727	郑州分公司	秦成立	30168	仪控室主任	劳动合同制	A
728	郑州分公司	李炎昭	30639	仪控设计	劳动合同制	A
729	郑州分公司	姜兴海	30167	电气室主任	劳动合同制	A
730	郑州分公司	李 岩	30635	通信设计	劳动合同制	A
731	郑州分公司	尚建华	30283	室主任工/结构设计	劳动合同制	A
732	郑州分公司	刘 鹏	30550	结构设计	劳动合同制	A
733	郑州分公司	万许辉	30674	结构设计	劳动合同制	A
734	郑州分公司	穆康修	30257	给排水设计	劳动合同制	A
735	郑州分公司	石秀军	30613	结构设计	劳动合同制	A
736	郑州分公司	张 博	30649	结构设计	劳动合同制	A
737	郑州分公司	王东洋	30555	暖通设计	劳动合同制	A
738	郑州分公司	聂兰强	30094	室主任/工程项目管理	劳动合同制	A
739	郑州分公司	蒋 涛	30090	副室主任/工程项目管理	劳动合同制	A
740	郑州分公司	江保军	30081	室副主任/工程项目管理	劳动合同制	A
741	郑州分公司	孔令利	30282	室主任工/工程项目管理	劳动合同制	A
742	郑州分公司	陈天立	30661	电气设计	劳动合同制	A
743	郑州分公司	曾园金	30570	给排水设计	劳动合同制	A
744	郑州分公司	毛新征	30451	结构设计	劳动合同制	A
745	郑州分公司	袁玉静	30096	室主任工/工程项目管理、设计	劳动合同制	A

续表

序 号	所属单位	姓 名	工作证号	职 务/岗 位	人员类别	考核等级
746	郑州分公司	宫本希	30105	核工程设计	劳动合同制	A
747	郑州分公司	李 明	30070	核工程设计	劳动合同制	A
748	郑州分公司	吕 雷	30487	非标设备设计	劳动合同制	A
749	郑州分公司	王景常	30225	所长助理兼设计一部部长	劳动合同制	A
750	郑州分公司	赵 婧	30216	室主任	劳动合同制	A
751	郑州分公司	柴云峰	30217	室主任	劳动合同制	A
752	郑州分公司	鲁晓旭	30235	室主任	劳动合同制	A
753	郑州分公司	赵柏玲	30223	室主任工程师	劳动合同制	A
754	郑州分公司	马文峰	30717	设 计	劳动合同制	A
755	郑州分公司	孙忠贤	30581	设 计	劳动合同制	A
756	郑州分公司	邱兴凯	30270	设 计	劳动合同制	A
757	郑州分公司	贾大焕	30642	设 计	劳动合同制	A
758	郑州分公司	崔采访	30727	设 计	劳动合同制	A
759	郑州分公司	李冠科	30791	设 计	劳动合同制	A
760	郑州分公司	芦 杉	30501	室副主任/设计、科研	劳动合同制	A
761	郑州分公司	张洪培	30319	土 建	劳动合同制	A
762	郑州分公司	任平杰	30636	安 装	劳动合同制	A
763	郑州分公司	常小磊	30327	设计师	劳动合同制	A
764	郑州分公司	张 雷	30331	科 研	劳动合同制	A
765	郑州分公司	李 泽	30564	工程管理	劳动合同制	A
766	郑州分公司	牛卫波	30565	工程管理	劳动合同制	A

附录三　规章制度清单

一、规章制度清单（见附表 3-1）

附表 3-1　公司现行有效管理规章制度清单（截至 2015 年 12 月 31 日）

类　别	序　号	制度名称	现有公文编号	发布部门
1. 战略决策与组织管理	1	中国核电工程有限公司统计工作管理办法（版次：1）	核工规发［2013］8 号	规划发展部
	2	中国核电工程有限公司招标领导小组管理办法	核工招发［2013］3 号	招标中心
	3	中国核电工程有限公司管理体系文件框架	核工综发［2011］38 号	总经办
	4	中国核电工程有限公司领导小组管理办法	核工综发［2011］59 号	总经办
	5	北京核工程研究设计院组织管理规程（版次：1）	核工设发［2013］20 号	北京核工程研究设计院
	6	中国核电工程有限公司管理权责界面暂行规定（版次：1）	核工总发［2013］4 号	管理体系优化领导小组办公室
	7	中国核电工程有限公司专项奖奖励办法（版次：1）	核工规发［2013］44 号	规划发展部
	8	中国核电工程有限公司组织管理规程（版次：2）	核工总发［2014］20 号	总经办
	9	中国核电工程有限公司战略与决策支持重大专题研究管理办法	核工规发［2014］38 号	规划发展部
	10	中国核电工程有限公司对外股权投资管理办法（版次：2）	核工规发［2013］42 号	规划发展部

续表

类　别	序　号	制度名称	现有公文编号	发布部门
1. 战略决策与组织管理	11	中国核电工程有限公司规章制度编制管理规定（版次：3）	核工总发［2013］49 号	总经办
	12	中国核电工程有限公司 JYK 考核与计分办法（版次：3）	核工规发［2014］45 号	规划发展部
	13	中国核电工程有限公司计划管理办法（版次：1）	核工规发［2014］46 号	规划发展部
	14	中国核电工程有限公司总承包（承包）项目总经理授权管理规定	核工工发［2014］11 号	工程管理部
	15	中国核电工程有限公司对标管理办法（版次：1）	核工规发［2014］70 号	规划发展部
	16	中国核电工程有限公司全面预算管理办法（版次：2）	核工规发［2014］76 号	规划发展部
	17	中国核电工程有限公司核电工程总承包项目总体预算管理办法（版次：1）	核工规发［2014］79 号	规划发展部
	18	中国核电工程有限公司对外报告管理办法（版次：1）	核工规发［2014］82 号	规划发展部
	19	中国核电工程有限公司贯彻落实“三重一大”决策制度实施办法	核工总发［2015］21 号	总经理办公室
	20	中国核电工程有限公司管理授权规定（版次：1）	核工总发［2015］24 号	总经理办公室
	21	中国核电工程有限公司计划、预算、考核一体化（JYK）管理办法（版次：3）	核工规发［2015］45 号	规划发展部
	22	中国核电工程有限公司重点任务制定办法（版次 1）	核工规发［2015］46 号	规划发展部
	23	中国核电工程有限公司经济运行分析报告管理规定（版次：2）	核工规发［2015］47 号	规划发展部

续表

类　别	序　号	制度名称	现有公文编号	发布部门
1. 战略决策与组织管理	24	中国核电工程有限公司战略规划编制大纲（版次：2）	核工规发［2015］56 号	规划发展部
	25	中国核电工程有限公司发展战略和规划管理办法（版次：3）	核工规发［2015］57 号	规划发展部
	26	中国核电工程有限公司专项预算管理办法（版次：2）	核工规发［2015］58 号	规划发展部
	27	中国核电工程有限公司科研生产项目任务下达管理办法（版次：1）	核工规发［2015］66 号	规划发展部
2. 财务资金管理	1	中国核电工程有限公司内部借款管理规定（版次：1）	核工财发［2013］14 号	财会部
	2	中国核电工程有限公司工程总承包项目全成本核算实施细则	核工财发［2013］28 号	财会部
	3	中国核电工程有限公司集团公司重点科技专项和优先发展技术项目经费财务管理办法	核工财发［2013］24 号	财会部
	4	中国核电工程有限公司货币资金管理规定	核工财发［2013］15 号	财会部
	5	中国核电工程有限公司总分机构企业所得税核算管理办法	核工财发［2013］16 号	财会部
	6	中国核电工程有限公司基建项目财务管理办法（版次：1）	核工财发［2013］20 号	财会部
	7	中国核电工程有限公司 863/973/公益性科研项目经费财务管理办法（版次：1）	核工财发［2013］18 号	财会部
	8	中国核电工程有限公司对外投资管理办法	核工财发［2008］6 号	财会部
	9	中国核电工程有限公司担保管理办法	核工财发［2008］7 号	财会部

续表

类　别	序　号	制度名称	现有公文编号	发布部门
2. 财务资金管理	10	中国核电工程有限公司融资管理办法	核工财发［2008］8号	财会部
	11	中国核电工程有限公司财务信息化管理暂行规定	核工财发［2009］10号	财会部
	12	中国核电工程有限公司财务印章管理暂行规定	核工财发［2009］12号	财会部
	13	中国核电工程有限公司资产有偿使用管理暂行规定	核工财发［2009］15号	财会部
	14	中国核电工程有限公司大型核燃料后处理厂科技重大专项经费管理暂行办法	核工财发［2010］7号	财会部
	15	中国核电工程有限公司会计档案管理办法	核工财发［2010］10号	财会部
	16	中国核电工程有限公司国防科技工业科研经费财务管理办法（版次：1）	核工财发［2013］21号	财会部
	17	中国核电工程有限公司对外捐赠管理办法	核工财发［2011］17号	财会部
	18	中国核电工程有限公司年度财务决算管理办法	核工财发［2011］20号	财会部
	19	中国核电工程有限公司国有资产产权登记管理办法	核工财发［2011］21号	财会部
	20	中国核电工程有限公司项目现场财务管理办法	核工财发［2011］24号	财会部
	21	中国核电工程有限公司职工薪酬会计核算办法	核工财发［2011］25号	财会部
	22	中国核电工程有限公司履约及预付款保证金收取、退还财务管理办法	核工财发［2011］27号	财会部
	23	中国核电工程有限公司差旅费报销暂行规定	核工财发［2012］2号	财会部

续表

类　别	序　号	制度名称	现有公文编号	发布部门
2. 财务资金管理	24	中国核电工程有限公司民口科技重大专项经费财务管理办法	核工财发［2013］17 号	财会部
	25	中国核电工程有限公司科研经费预算定额	核工财发［2013］27 号	财会部
	26	中国核电工程有限公司总包项目合同支付财务管理办法	核工财发［2012］3 号	财会部
	27	中国核电工程有限公司专项预算管理办法（版次：1）	核工规发［2013］49 号	规划发展部
	28	中国核电工程有限公司项目资金计划财务管理办法（版次：1）	核工财发［2014］10 号	财会部
	29	中国核电工程有限公司项目资金池管理办法（版次：1）	核工财发［2014］11 号	财会部
	30	中国核电工程有限公司内部控制管理办法（版次：1）	核工财发［2014］13 号	财会部
	31	中国核电工程有限公司费用报销管理办法（版次：1）	核工财发［2014］18 号	财会部
	32	中国核电工程有限公司固定资产财务管理办法（版次：3）	核工财发［2014］19 号	财会部
	33	中国核电工程有限公司国有资本经营预算管理办法（版次：1）	核工财发［2014］23 号	财会部
	34	中国核电工程有限公司科研购置资产财务管理办法（版次：1）	核工财发［2014］25 号	财会部
	35	中国核电工程有限公司核电工程总承包项目核算实施细则（版次：1）	核工财发［2015］16 号	财会部
	36	中国核电工程有限公司个税返还手续费奖励预算管理办法（版次：1）	核工财发［2015］24 号	财会部
	37	中国核电工程有限公司差旅费管理办法（版次：1）	核工财发［2015］25 号	财会部

续表

类　别	序　号	制度名称	现有公文编号	发布部门
3. 人力资源与薪酬管理	1	中国核电工程有限公司人员借调交流管理（暂行）规定	核工人发［2008］42 号	人力资源部
	2	中国核电工程有限公司员工健康检查管理办法	核工人发［2008］86 号	人力资源部
	3	中国核电工程有限公司劳动用工基本条件规定（修订版）	核工人发［2009］55 号	人力资源部
	4	中国核电工程有限公司关于参加哈尔滨工程大学核专业硕士班学习管理规定	核工人发［2010］109 号	人力资源部
	5	中国核电工程有限公司员工个人资质管理规定	核工人发［2010］113 号	人力资源部
	6	中国核电工程有限公司技术服务用工管理办法	核工人发［2010］124 号	人力资源部
	7	中国核电工程有限公司核电总承包项目部现场部穹顶吊装时点岗位标准配置方案	核工人发［2010］140 号	人力资源部
	8	中国核电工程有限公司劳动合同管理规定	核工人发［2010］22 号	人力资源部
	9	中国核电工程有限公司异地长期工作补贴管理办法（修订）	核工人发［2010］23 号	人力资源部
	10	中国核电工程有限公司培训管理规定	核工人发［2010］24 号	人力资源部
	11	中国核电工程有限公司领导人员报告个人重大事项的规定	核工人发［2010］25 号	人力资源部
	12	中国核电工程有限公司招聘管理规定	核工人发［2010］31 号	人力资源部
	13	中国核电工程有限公司医疗期管理办法	核工人发［2010］92 号	人力资源部

续表

类 别	序 号	制度名称	现有公文编号	发布部门
3. 人力资源与薪酬管理	14	中国核电工程有限公司因私出国（境）管理办法	核工人发［2011］106 号	人力资源部
	15	中国核电工程有限公司因工作需要从京外调配人员管理规定	核工人发［2011］112 号	人力资源部
	16	中国核电工程有限公司关于办理夫妻两地分居进京户口有关问题的规定	核工人发［2011］119 号	人力资源部
	17	中国核电工程有限公司干部绩效考核实施办法（版次：1）	核工人发［2011］22 号	人力资源部
	18	中国核电工程有限公司退休管理办法	核工人发［2011］85 号	人力资源部
	19	中国核电工程有限公司工作时间及考勤管理办法	核工人发［2012］18 号	人力资源部
	20	中国核电工程有限公司硕士学位研究生培养工作管理规定	核工人发［2012］19 号	人力资源部
	21	中国核电工程有限公司研究生学位授予工作实施细则	核工人发［2012］20 号	人力资源部
	22	中国核电工程有限公司试用期管理规定	核工人发［2012］23 号	人力资源部
	23	中国核电工程有限公司工伤管理办法	核工人发［2012］24 号	人力资源部
	24	中国核电工程有限公司员工离职管理规定	核工人发［2012］25 号	人力资源部
	25	中国核电工程有限公司人事档案管理办法	核工人发［2012］26 号	人力资源部
	26	中国核电工程有限公司人工成本管理办法	核工人发［2012］29 号	人力资源部

续表

类　别	序　号	制度名称	现有公文编号	发布部门
3. 人力资源与薪酬管理	27	中国核电工程有限公司员工绩效考核实施办法（版次：2）	核工人发［2012］3 号	人力资源部
	28	中国核电工程有限公司总部职工生育保险及产假薪酬支付管理规定	核工人发［2012］96 号	人力资源部
	29	中国核电工程有限公司假期管理规定（版次：3）	核工人发［2012］97 号	人力资源部
	30	中国核电工程有限公司 JYK 考核与工资总额挂钩管理办法	核工人发［2013］101 号	人力资源部
	31	中国核电工程有限公司领导人员职务消费管理办法（版次：1）	核工人发［2013］116 号	人力资源部
	32	中国核电工程有限公司岗位体系管理办法	核工人发［2013］120 号	人力资源部
	33	中国核电工程有限公司员工内部流动管理办法	核工人发［2013］65 号	人力资源部
	34	中国核电工程有限公司研究生指导教师管理规定（版次：2）	核工人发［2013］68 号	人力资源部
	35	中国核电工程有限公司专业技术职务评聘管理办法（版次：2）	核工人发［2013］69 号	人力资源部
	36	中国核电工程有限公司重大专项科研劳务人员聘用管理办法	核工人发［2013］93 号	人力资源部
	37	中国核电工程有限公司总承包项目相关干部选拔任用管理办法（版次：1）	核工人发［2013］111 号	人力资源部
	38	中国核电工程有限公司总部派驻现场人员管理办法	核工人发［2014］16 号	人力资源部
	39	中国核电工程有限公司回聘人员管理规定（版次：3）	核工人发［2014］26 号	人力资源部

续表

类　别	序　号	制度名称	现有公文编号	发布部门
3. 人力资源与薪酬管理	40	中国核电工程有限公司企业年金实施细则（版次：2）	核工人发［2014］37 号	人力资源部
	41	中国核电工程有限公司租房补贴管理办法（版次：1）	核工人发［2014］42 号	人力资源部
	42	中国核电工程有限公司职工惩处规定（版次：1）	核工人发［2014］48 号	人力资源部
	43	中国核电工程有限公司长期在现场工作的员工休假管理办法（版次：2）	核工人发［2014］49 号	人力资源部
	44	中国核电工程有限公司劳务派遣用工管理办法（版次：2）	核工人发［2014］50 号	人力资源部
	45	中国核电工程有限公司薪酬管理制度（版次：1）	核工人发［2014］58 号	人力资源部
	46	中国核电工程有限公司异地长期工作补贴管理办法（版次：1）	核工人发［2014］59 号	人力资源部
	47	中国核电工程有限公司首席专家、学科带头人与专业带头人管理办法（版次：1）	核工人发［2014］64 号	人力资源部
	48	中国核电工程有限公司干部选拔任用工作管理规定（版次：2）	核工人发［2014］67 号	人力资源部
	49	中国核电工程有限公司副总工程师技术管理实施办法	核工综发［2011］120 号	总经办
	50	中国核电工程有限公司北京总部与项目部辅助性岗位清单（版次：1）	核工人发［2014］69 号	人力资源部
	51	中国核电工程有限公司总承包项目相关干部选拔任用管理办法（版次：2）	核工人发［2014］86 号	人力资源部

续表

类　别	序　号	制度名称	现有公文编号	发布部门
3. 人力资源与薪酬管理	52	中国核电工程有限公司干部选拔任用纪实管理办法（版次：1）	核工人发［2014］88 号	人力资源部
	53	中国核电工程有限公司型号总设计师管理办法（版次：1）	核工人发［2014］99 号	人力资源部
	54	中国核电工程有限公司干部职数编制管理规定（版次：1）	核工人发［2014］106 号	人力资源部
	55	中国核电工程有限公司劳保用品管理办法	核工人发［2014］108 号	人力资源部
	56	中国核电工程有限公司干部轮岗交流工作管理规定（版次：1）	核工人发［2014］117 号	人力资源部
	57	中国核电工程有限公司全员 JYK 考核实施办法（版次：3）	核工人发［2014］122 号	人力资源部
	58	中国核电工程有限公司职工教育经费管理办法（版次：2）	核工人发［2015］64 号	人力资源部
	59	中国核电工程有限公司涉密人员管理规定（版次：4）	核工人发［2015］68 号	人力资源部
	60	中国核电工程有限公司职称评审费及研究生评审费管理办法（版次：1）	核工人发［2015］80 号	人力资源部
	61	中国核电工程有限公司项目现场值班工作餐管理办法（版次：1）	核工人发［2015］109 号	人力资源部
	62	中国核电工程有限公司培训体系管理办法（版次：1）	核工人发［2015］103 号	人力资源部

续表

类　别	序　号	制度名称	现有公文编号	发布部门
4. 经营与项目管理	1	中国核电工程有限公司合同支付管理规定（版次：1）	核工经发［2013］14 号	经营合同部
	2	中国核电工程有限公司合同专用章管理规定	核工经发［2013］13 号	经营合同部
	3	中国核电工程有限公司招标管理办法	核工招发［2013］3 号	招标中心
	4	中国核电工程有限公司派出董事、监事管理办法（版次：2）	核工规发［2013］39 号	规划发展部
	5	中国核电工程有限公司子公司管理办法（版次：2）	核工规发［2013］38 号	规划发展部
	6	中国核电工程有限公司商业保险事务管理规定（版次：2）	核工经发［2013］4 号	经营合同部
	7	中国核电工程有限公司建设工程项目竣工结算第三方审核管理办法	核工经发［2013］11 号	经营合同部
	8	中国核电工程有限公司合同台帐管理办法（版次：2）	核工经发［2013］7 号	经营合同部
	9	中国核电工程有限公司投标管理办法（版次：1）	核工经发［2014］8 号	经营合同部
	10	中国核电工程有限公司分公司商务管理办法（版次：2）	核工经发［2014］2 号	经营合同部
	11	中国核电工程有限公司《企业法人营业执照》使用管理办法	核工经发［2013］2 号	经营合同部
	12	中国核电工程有限公司分院管理规定（版次：2 ）	核工经发［2014］4 号	经营合同部
	13	中国核电工程有限公司合同签订授权管理规定（版次：1）	核工经发［2013］15 号	经营合同部
	14	中国核电工程有限公司合同管理规定（版次：1）	核工经发［2014］11 号	经营合同部

续表

类　别	序　号	制度名称	现有公文编号	发布部门
4. 经营与项目管理	15	中国核电工程有限公司核电项目管理服务评价办法（试行）	核工规发［2014］80 号	规划发展部
	16	中国核电工程有限公司集团外项目经营管理暂行办法（版次：1）	核工经发［2014］15 号	经营合同部
	17	中国核电工程有限公司招标领导小组管理办法（版次：1）	核工招发［2015］3 号	招标中心
	18	中国核电工程有限公司勘察、设计、咨询项目报奖管理办法（版次：1）	核工设发［2015］19 号	设计院
	19	中国核电工程有限公司合同发包管理规定（版次：2）	核工经发［2015］11 号	经营合同部
	20	中国核电工程有限公司竣工项目资产及工程剩余物资管理办法（版次：1）	核工程发［2015］1 号	工程管理部
5. 科技管理	1	中国核电工程有限公司技术交流和论文发表管理办法	核工科发［2013］51 号	科技部
	2	中国核电工程有限公司科研项目管理办法	核工科发［2013］55 号	科技部
	3	中国核电工程有限公司大型核燃料后处理科技重大专项管理办法	核工科发［2010］25 号	科技部
	4	中国核电工程有限公司大型核燃料后处理科技重大专项月度进展报告管理办法	核工科发［2010］26 号	科技部
	5	中国核电工程有限公司自主投入研发项目管理办法	核工科发［2010］68 号	科技部
	6	中国核电工程有限公司科技成果奖励办法	核工科发［2011］19 号	科技部
	7	中国核电工程有限公司科研项目经费使用管理办法	核工科发［2011］33 号	科技部

续表

类　别	序　号	制度名称	现有公文编号	发布部门
5. 科技管理	8	中国核电工程有限公司科技成果鉴定及科技奖励申报管理办法	核工科发［2011］47 号	科技部
	9	中国核电工程有限公司专利管理办法（版次：2）	核工科发［2013］46 号	科技部
	10	中国核电工程有限公司计算机软件引进管理办法（版次：1）	核工科发［2013］8 号	科技部
	11	中国核电工程有限公司学会、协会及技术标准委员会管理办法	核工科发［2013］9 号	科技部
	12	中国核电工程有限公司科技创新评价与奖励办法（版次：2）	核工科发［2014］41 号	科技部
	13	中国核电工程有限公司科研安全管理办法（版次：1）	核工科发［2014］23 号	科技部
	14	中国核电工程有限公司工程技术中心申报管理办法	核工科发［2014］70 号	科技部
	15	中国核电工程有限公司工程技术研究中心管理办法（版次：1）	核工科发［2014］88 号	科技部
	16	中国核电工程有限公司涉密科研项目保密管理办法（版次：1）	核工科发［2014］89 号	科技部
	17	中国核电工程有限公司科学技术奖励办法（版次：2）	核工科发［2014］92 号	科技部
	18	中国核电工程有限公司技术交流及论文发表管理办法（版次：2）	核工科发［2014］108 号	科技部
	19	中国核电工程有限公司参加学会、协会管理办法（版次：2）	核工科发［2014］109 号	科技部
	20	中国核电工程有限公司科技成果鉴定及科学技术奖励申报管理办法（版次：2）	核工科发［2015］8 号	科技部

续表

类　别	序　号	制度名称	现有公文编号	发布部门
5. 科技管理	21	中国核电工程有限公司知识产权管理办法（版次：1）	核工科发〔2015〕64 号	科技部
	22	中国核电工程有限公司科研项目知识产权管理细则（版次：1）	核工科发〔2016〕70 号	科技部
6. 综合行政管理	1	中国核电工程有限公司企业法律顾问管理办法（版次：1）	核工总发〔2013〕40 号	总经办
	2	中国核电工程有限公司信访工作管理办法（版次：2）	核工总发〔2013〕25 号	总经办
	3	中国核电工程有限公司专家委员会章程	核工综发〔2010〕1 号	总经办
	4	中国核电工程有限公司移动电话话费管理规定（修改版）	核工综发〔2010〕10 号	总经办
	5	中国核电工程有限公司核能大厦会议室管理规定	核工综发〔2010〕70 号	总经办
	6	中国核电工程有限公司大事记编报工作规程（版次：2）	核工总发〔2013〕19 号	总经办
	7	中国核电工程有限公司信息报送工作管理规定（版次：2）	核工总发〔2013〕41 号	总经办
	8	中国核电工程有限公司视觉形象识别系统暂行管理规定	核工综发〔2011〕91 号	党群工作部
	9	中国核电工程有限公司授权委托书管理办法（版次：2）	核工总发〔2013〕52 号	总经办
	10	中国核电工程有限公司电子公文管理办法（版次：2）	核工总发〔2013〕32 号	总经办
	11	中国核电工程有限公司应急预案管理规定	核工总发〔2012〕5 号	总经办
	12	中国核电工程有限公司专家委员会工作管理办法（版次：2）	核工总发〔2012〕11 号	总经办

续表

类 别	序 号	制度名称	现有公文编号	发布部门
6. 综合行政管理	13	中国核电工程有限公司公关接待管理规定（版次：2）	核工总发［2013］42 号	总经办
	14	中国核电工程有限公司公关接待定点单位管理规定（版次：2）	核工总发［2013］22 号	总经办
	15	中国核电工程有限公司机票管理规定（版次：3）	核工总发［2013］30 号	总经办
	16	中国核电工程有限公司外事工作管理规定（版次：2）	核工总发［2014］13 号	总经办
	17	中国核电工程有限公司外事接待管理办法（版次：2）	核工总发［2014］17 号	总经办
	18	中国核电工程有限公司因公出国（境）管理办法（版次：3）	核工总发［2014］18 号	总经办
	19	中国核电工程有限公司外聘律师管理办法（版次：1）	核工总发［2014］15 号	总经办
	20	中国核电工程有限公司行政会议管理办法（版次：2）	核工总发［2014］12 号	总经办
	21	中国核电工程有限公司《综合季报》编报实施细则（版次：3）	核工总发［2014］10 号	总经办
	22	中国核电工程有限公司法律事务管理办法（版次：2）	核工综发［2013］54 号	总经办
	23	中国核电工程有限公司出国人员培训管理办法（版次：1）	核工总发［2013］46 号	总经办
	24	中国核电工程有限公司社会责任管理制度（版次：1）	核工总发［2014］4 号	总经办
	25	中国核电工程有限公司员工宿舍管理办法（版次：1）	核工总发［2013］23 号	总经办
	26	中国核电工程有限公司核能大厦物业监督管理规定（版次：1）	核工总发［2012］28 号	总经办

续表

类 别	序 号	制度名称	现有公文编号	发布部门
6. 综合行政管理	27	中国核电工程有限公司总部员工标准配置规定（版次：1）	核工总发［2012］9 号	总经办
	28	中国核电工程有限公司职工食堂管理规定（版次：1）	核工综发［2011］127 号	总经办
	29	中国核电工程有限公司核电总承包项目现场后勤管理暂行办法	核工综发［2010］75 号	总经办
	30	中国核电工程有限公司集体户口管理暂行规定	核工综发［2009］20 号	总经办
	31	中国核电工程有限公司实物资产管理暂行规定	核工综发［2009］10 号	总经办
	32	中国核电工程有限公司应急预案编制指南	核工总发［2012］45 号	总经办
	33	中国核电工程有限公司外来人员进出管理规定（版次：1）	核工总发［2013］51 号	保密部
	34	中国核电工程有限公司员工行为规范（版次：2）	核工总发［2014］24 号	总经办
	35	中国核电工程有限公司外专引智项目管理办法（版次：1）	核工总发［2015］9 号	总经办
	36	中国核电工程有限公司法律专项预算管理办法（版次：1）	核工总发［2015］11 号	总经办
	37	中国核电工程有限公司国外监造驻厂代表费用报销管理办法（版次：4）	核工总发［2015］17 号	总经办
	38	中国核电工程有限公司重大法律纠纷案件管理办法（版次：1）	核工总发［2015］16 号	总经办
	39	中国核电工程有限公司固定资产管理办法（版次：2）	核工总发［2015］20 号	总经理办公室
	40	中国核电工程有限公司管理创新专项预算管理办法（版次：1）	核工总发［2015］27 号	总经理办公室

续表

类　别	序　号	制度名称	现有公文编号	发布部门
6. 综合行政管理	41	中国核电工程有限公司行政公文处理办法（版次：3）	核工总发［2015］25 号	总经理办公室
	42	中国核电工程有限公司出国专项预算管理办法（版次：1）	核工总发［2015］29 号	总经理办公室
	43	中国核电工程有限公司固定资产预算管理办法（版次：1）	核工总发［2015］30 号	总经理办公室
	44	中国核电工程有限公司印章管理办法（版次：4）	核工总发［2015］36 号	总经理办公室
	45	中国核电工程有限公司公务车辆管理规定（版次：3）	核工总发［2015］38 号	总经理办公室
	46	中国核电工程有限公司工作会议管理规定（版次：2）	核工总发［2015］51 号	总经理办公室
7. 质量管理	1	中国核电工程有限公司核电工程供方质保监查管理办法（版次：1）	核工质发［2013］40 号	质量保证部
	2	中国核电工程有限公司安全环保（HSE）工作专项考核细则（版次：1）	核工质发［2011］7 号	质量保证部
	3	中国核电工程有限公司质量工作专项考核细则（版次：1）	核工质发［2011］7 号	质量保证部
	4	中国核电工程有限公司民用核安全设备设计活动报告管理规定（版次 2）	核工质发〔2013］47 号	质量保证部
	5	中国核电工程有限公司设计文件质量标准及评定办法（版次：2）	核工质发［2013］49 号	质量保证部
	6	中国核电工程有限公司年度质量目标管理规定（版次：1）	核工质发［2014］34 号	质量保证部
	7	中国核电工程有限公司质保专项预算管理办法（版次：2）	核工质发［2015］9 号	质量保证部

续表

类　别	序　号	制度名称	现有公文编号	发布部门
7. 质量管理	8	中国核电工程有限公司质量管理小组管理办法（版次：4）	核工质发［2015］54 号	质量保证部
	9	中国核电工程有限公司质量事故（事件）管理办法（版次：1）	核工质发［2015］58 号	质量保证部
	10	中国核电工程有限公司质量管理专家库管理办法（版次：1）	核工质发［2015］59 号	质量保证部
8. 安全管理	1	中国核电工程有限公司核工程总承包项目部安全生产专项奖实施办法（版次 2）	核工安发［2014］13 号	安全管理部
	2	中国核电工程有限公司安全生产专项费用管理办法（版次：3）	核工安发［2014］11 号	安全管理部
	3	中国核电工程有限公司内部治安保卫管理规定	核工总发［2012］7 号	总经办
	4	中国核电工程有限公司交通安全管理规定	核工总发［2012］8 号	安全管理部
	5	中国核电工程有限公司辐射保健费发放管理办法（版次：3）	核工安发［2014］34 号	安全管理部
	6	中国核电工程有限公司安全生产专项费用管理办法（版次：4）	核工安发［2015］24 号	安全管理部
9. 保密管理	1	中国核电工程有限公司保密表彰与泄密违规处理规定	核工保发［2013］10 号	保密部
	2	关于中国核电工程有限公司定密授权的通知	核工保发［2013］11 号	保密部
	3	中国核电工程有限公司通信与办公自动化设备保密管理规定	核工保发［2013］12 号	保密部
	4	中国核电工程有限公司泄密事件报告与查处管理规定（版次 2）	核工保发［2013］14 号	保密部

续表

类　别	序　号	制度名称	现有公文编号	发布部门
9. 保密管理	5	中国核电工程有限公司保密监督检查办法（版次 2 ）	核工保发［2013］15 号	保密部
	6	中国核电工程有限公司国家秘密载体保密管理规定（版次 3 ）	核工保发［2013］16 号	保密部
	7	中国核电工程有限公司涉密会议和其他重要涉密活动保密管理规定（版次 2）	核工保发［2013］17 号	保密部
	8	中国核电工程有限公司保密教育培训管理规定（版次 2）	核工保发［2013］18 号	保密部
	9	中国核电工程有限公司保密责任制管理规定（版次 2）	核工保发［2013］19 号	保密部
	10	中国核电工程有限公司定密和变更密级管理规定（版次 3）	核工保发［2013］20 号	保密部
	11	中国核电工程有限公司宣传报道保密管理规定（版次：3）	核工保发［2013］21 号	保密部
	12	中国核电工程有限公司涉密项目协作配套保密管理规定（版次 2）	核工保发［2013］22 号	保密部
	13	中国核电工程有限公司保密要害部门、部位保密管理规定（版次 3）	核工保发［2013］6 号	保密部
	14	中国核电工程有限公司保密工作管理规定（版次 2）	核工保发［2014］1 号	保密部
	15	中国核电工程有限公司涉密岗位及岗位保密职责	核工人发［2011］149 号	人力资源部
	16	中国核电工程有限公司普通密码通讯系统保密管理规定	核工综发［2008］58 号	保密部
	17	中国核电工程有限公司落实国防科技工业安全保密“六条规定”实施细则	核工综发［2010］39 号	保密部

续表

类　别	序　号	制度名称	现有公文编号	发布部门
9. 保密管理	18	中国核电工程有限公司涉密局域网保密管理规定（十项）	核工综发〔2010〕44 号	保密部
	19	中国核电工程有限公司总部办公区出入管理规定	核工综发〔2010〕86 号	保密部
	20	中国核电工程有限公司涉外保密管理规定	核工综发〔2010〕88 号	保密部
	21	中国核电工程有限公司计算机和信息系统保密管理规定（版次：2）	核工综发〔2011〕126 号	保密部
	22	中国核电工程有限公司保密补贴考核发放办法	核工综发〔2011〕78 号	保密部
	23	中国核电工程有限公司保密资格审查认证专项奖惩办法	核工综发〔2011〕81 号	保密部
	24	中国核电工程有限公司定密和变更密级管理规定（版次：2）	核工总发〔2012〕10 号	保密部
	25	中国核电工程有限公司国家安全工作管理规定	核工总发〔2012〕6 号	保密部
	26	中国核电工程有限公司商业秘密保护管理规定（版次：3）	核工保发〔2015〕8 号	保密部
10. 信息管理	1	中国核电工程有限公司广域网管理暂行规定	核工综发〔2009〕5 号	信息文档部
	2	中国核电工程有限公司桌面计算机系统管理规定	核工综发〔2009〕52 号	信息文档部
	3	中国核电工程有限公司无线（3G）上网卡管理规定	核工综发〔2010〕78 号	信息文档部
	4	中国核电工程有限公司信息安全管理体系文件汇编（版次：2）	核工综发〔2011〕109 号	信息文档部
	5	现场文档管理系统管理规定（版次：1）	核工信发〔2014〕1 号	信息文档部

续表

类　别	序　号	制度名称	现有公文编号	发布部门
10. 信息管理	6	中国核电工程有限公司信息化专项预算管理办法（版次：1）	核工信发［2014］2 号	信息文档部
	7	中国核电工程有限公司涉密单机管理规定	核工信发［2014］3 号	信息文档部
	8	中国核电工程有限公司 VPN 系统管理规定	核工信发［2014］4 号	信息文档部
	9	中国核电工程有限公司涉密信息系统保密管理规定（版次：2）	核工信发［2014］10 号	信息文档部
	10	中国核电工程有限公司涉密信息系统设备与介质管理规定（版次：2）	核工信发［2014］9 号	信息文档部
	11	中国核电工程有限公司涉密信息系统开发与运行管理规定（版次：2）	核工信发［2014］7 号	信息文档部
	12	中国核电工程有限公司涉密信息系统备份与恢复预案（版次：2）	核工信发［2014］8 号	信息文档部
	13	中国核电工程有限公司涉密信息系统人员管理规定（版次：2）	核工信发［2014］5 号	信息文档部
	14	中国核电工程有限公司涉密信息系统信息安全应急响应预案（版次：2）	核工信发［2014］6 号	信息文档部
	15	中国核电工程有限公司涉密信息系统物理环境与设施管理规定（版次：2）	核工信发［2014］12 号	信息文档部
	16	中国核电工程有限公司涉密信息系统信息保密管理规定（版次：2）	核工信发［2014］11 号	信息文档部
	17	文档管理总则（版次：1）	核工信发［2014］14 号	信息文档部
	18	中国核电工程有限公司多项目调试管理系统运行维护管理规定（版次：1）	核工信发［2014］15 号	信息文档部

续表

类　别	序　号	制度名称	现有公文编号	发布部门
10. 信息管理	19	中国核电工程有限公司信息化工作考核办法（版次：1）	核工信发［2014］16号	信息文档部
	20	中国核电工程有限公司互联网官方网站运行管理办法（版次：3）	核工总发［2015］5号	总经办
	21	中国核电工程有限公司信息安全策略（版次：4）	核工信发［2015］1号	信息文档部
	22	中国核电工程有限公司施工管理系统管理规定（版次：2）	核工信发［2015］5号	信息文档部
	23	中国核电工程有限公司人力资源管理信息系统管理规定	核工信发［2015］3号	信息文档部
	24	中国核电工程有限公司协同办公系统管理规定（版次：3）	核工信发［2015］4号	信息文档部
	25	中国核电工程有限公司工程文档管理系统管理规定（版次：2）	核工信发［2015］5号	信息文档部
	26	中国核电工程有限公司信息化建设项目管理规定（版次：3）	核工信发［2015］6号	信息文档部
11. 监察审计与风险	1	中国核电工程有限公司物资采购稽核管理办法	核工审发［2013］3号	监察审计部
	2	中国核电工程有限公司新提任领导人员廉洁谈话办法	核工监发［2013］9号	监察审计部
	3	中国核电工程有限公司招标工作监督检查实施办法（版次1）	核工监发［2013］10号	监察审计部
	4	中国核电工程有限公司效能监察工作实施办法	核工监发［2013］8号	监察审计部
	5	中国核电工程有限公司财务收支审计规定	核工综发［2010］37号	监察审计部
	6	中国核电工程有限公司预算审计规定	核工综发［2010］59号	监察审计部

续表

类别	序号	制度名称	现有公文编号	发布部门
11. 监察审计与风险	7	中国核电工程有限公司物资采购审计规定	核工综发［2010］62号	监察审计部
	8	中国核电工程有限公司内部审计工作管理规定	核工综发［2011］119号	监察审计部
	9	中国核电工程有限公司科研项目经费审计管理办法	核工综发［2011］121号	监察审计部
	10	中国核电工程有限公司对在经济活动中收受礼金礼品实行登记的规定（版次：1）	核工综发［2012］27号	监察审计部
	11	中国核电工程有限公司党务公开实施细则（版次：1）	核工综发［2012］52号	监察审计部
	12	中国核电工程有限公司效能监察优秀项目评选办法（版次：1）	核工综发［2012］55号	监察审计部
	13	中国核电工程有限公司纪检监察案件检查和审理规定	核工综发［2012］57号	监察审计部
	14	中国核电工程有限公司纪委工作规定（版次：1）	核工综发［2012］63号	监察审计部
	15	中国核电工程有限公司经济责任审计实施细则（版次：1）	核工综发［2012］69号	监察审计部
	16	中国核电工程有限公司领导干部诫勉谈话制度实施办法（版次：1）	核工综发［2012］70号	监察审计部
	17	中国核电工程有限公司建设项目审计办法（版次：1）	核工综发［2012］74号	监察审计部
	18	中国核电工程有限公司国有资产损失责任追究实施办法（版次：2）	核工监发［2014］4号	监察审计部
	19	中国核电工程有限公司公务支出审计实施细则	核工审发［2014］3号	监察审计部

续表

类别	序号	制度名称	现有公文编号	发布部门
11. 监察审计与风险	20	中国核电工程有限公司全面风险管理工作规定	核工综发［2009］39号	监察审计部
	21	中国核电工程有限公司内部控制评价办法（版次：1）	核工审发［2015］6号	监察审计部
	22	中国核电工程有限公司干部任职前征求纪检监察意见实施办法（版次：1）	核工监发［2015］4号	监察审计部
	23	中国核电工程有限公司监察审计工作专家支持管理办法（版次：1）	核工监发［2015］5号	监察审计部
	24	中国核电工程有限公司重大风险监控预警及快速处理暂行办法（版次：1）	核工审发［2015］15号	监察审计部
	25	中国核电工程有限公司效能监察专项预算管理办法（版次：1）	核工监发［2015］6号	监察审计部
	26	中国核电工程有限公司风险管理专项预算管理办法（版次：1）	核工审发［2015］16号	监察审计部
	27	中国核电工程有限公司全面风险管理专项考核细则（版次：3）	核工审发［2015］21号	监察审计部
	28	中国核电工程有限公司统计工作管理办法（版次：2）	核工规发［2015］64号	监察审计部
	29	中国核电工程有限公司纪检监察线索处置和案件管理规定（版次：1）	核工监发［2015］12号	监察审计部
	30	中国核电工程有限公司巡查工作实施办法（版次：1）	核工监发［2015］13号	监察审计部
	31	中国核电工程有限公司纪检监察案件审理组管理办法（版次：1）	核工监发［2015］14号	监察审计部

续表

类　别	序　号	制度名称	现有公文编号	发布部门
12. 党风与廉政	1	中国核电工程有限公司党支部工作细则	核工党发［2009］18 号	党群工作部
	2	中国核电工程有限公司入党积极分子培训制度	核工党发［2009］19 号	党群工作部
	3	中国核电工程有限公司关于授权党总支审批发展党员的实施办法（试行）	核工党发［2010］17 号	党群工作部
	4	中国核电工程有限公司党建课题研究管理办法（试行）	核工党发［2012］11 号	党群工作部
	5	中国核电工程有限公司“十佳员工”评选管理办法（版次：1）	核工党发［2012］12 号	党群工作部
	6	中国核电工程有限公司党支部活动经费使用管理办法	核工党发［2012］15 号	党群工作部
	7	中国核电工程有限公司党委印章使用管理规定	核工党发［2012］1 号	党群工作部
	8	中国核电工程有限公司关于规范党员领导干部民主生活会的若干规定	核工党发［2012］25 号	党群工作部
	9	中国核电工程有限公司党委中心组理论学习规定（版次：2）	核工党发［2012］4 号	党群工作部
	10	中国核电工程有限公司关于坚持党支部“三会一课”制度的规定	核工党发［2012］6 号	党群工作部
	11	中国核电工程有限公司流动党员管理办法	核工党发［2014］10 号	党群工作部
	12	中国核电工程有限公司党委中心组学习制度（版次：3）	核工党发［2014］4 号	党群工作部
	13	中国核电工程有限公司劳动争议调解办法	核工工发［2012］11 号	党群工作部

续表

类　别	序　号	制度名称	现有公文编号	发布部门
12. 党风与廉政	14	中国核电工程有限公司工会固定资产管理办法	核工工发［2012］7 号	党群工作部
	15	中国核电工程有限公司工会财务管理制度	核工工发［2012］8 号	党群工作部
	16	中国核电工程有限公司工会经费管理制度	核工工发［2012］9 号	党群工作部
	17	中国核电工程有限公司职工困难补助管理规定	核工工发［2013］26 号	党群工作部
	18	中国核电工程有限公司职工代表大会制度	核工工发［2013］2 号	党群工作部
	19	中国核电工程有限公司困难职工帮扶基金管理办法（版次：2）	核工工发［2014］4 号	党群工作部
	20	中国核电工程有限公司党政领导班子成员同司属单位负责人谈话制度实施办法	核工监发［2013］11 号	监察审计部
	21	中国核电工程有限公司贯彻落实国有企业领导人员廉洁从业若干规定实施办法	核工监发［2013］7 号	监察审计部
	22	中国核电工程有限公司新提任领导人员廉洁谈话办法	核工监发［2013］9 号	监察审计部
	23	中国核电工程有限公司深入开展党的群众路线教育实践活动实施方案	核工群组发［2013］1 号	群众路线教育实践活动领导小组
	24	中国核电工程有限公司党的群众路线教育实践活动领导小组工作规则	核工群组发［2013］3 号	群众路线教育实践活动领导小组
	25	中国核电工程有限公司工作人员廉洁从业规定	核工综发［2010］7 号	监察审计部
	26	中国核电工程有限公司工作人员廉洁从业规定（版次：2）	核工监发［2015］11 号	监察审计部

续表

类　别	序　号	制度名称	现有公文编号	发布部门
12. 党风与廉政	27	中国核电工程有限公司党风廉政责任制专项考核细则（版次：1）	核工综发［2011］12 号	党群工作部
	28	中国核电工程有限公司年度十大新闻评选办法	核工综发［2011］63 号	党群工作部
	29	中国核电工程有限公司新闻宣传工作管理规定	核工综发［2011］70 号	党群工作部
	30	中国核电工程有限公司计划生育管理规定（版次：1）	核工综发［2013］8 号	党群工作部
	31	中国核电工程有限公司贯彻落实中央和集团公司关于改进工作作风、密切联系群众八项规定的实施细则	核工总发［2013］9 号	总经办
	32	中国核电工程有限公司厉行节约反对浪费实施办法（试行）	核工总发［2014］16 号	总经办
	33	中国核电工程有限公司新闻宣传稿酬管理规定（版次：2）	核工党发［2014］19 号	党群工作部
	34	中国核电工程有限公司党群工作绩效考核办法（版次：2）	核工党发［2014］2 号	党群工作部
	35	中国核电工程有限公司党风建设和反腐倡廉工作考核办法（版次：2）	核工监发［2015］1 号	监察审计部
	36	中国核电工程有限公司党群工作表彰奖励专项经费管理办法（版次：1）	核工政发［2015］1 号	党群工作部
	37	中国核电工程有限公司领导干部函询办法（版次：1）	核工监发［2015］7 号	监察审计部
	38	中国核电工程有限公司领导人员廉洁档案管理办法（版次：1）	核工监发［2015］8 号	监察审计部
	39	中国核电工程有限公司党风廉政建设责任制实施办法（版次：2）	核工监发［2015］9 号	监察审计部

附录四　常用缩略语表

序　号	英文缩写	释　义
1	ACP100	小型模块式压水堆
2	ACP1000	由中国核工业集团公司研发的具有自主知识产权的三代压水堆
3	ACPR1000+	中广核推出的百万千瓦级三代核电技术堆型名称
4	AP1000	美国西屋公司开发的三代百万千瓦级压水堆
5	AREVA	法国阿海珐公司
6	BECHTEL	美国柏克德公司
7	BOP	辅助系统
8	CAR	纠正行动要求
9	CARR	中国先进研究堆
10	CBS	成本分解结构
11	CNP650	中国核工业集团公司自主设计建造的 65 万千瓦级压水堆
12	DCS	分布式控制系统
13	DOAM	Direction Objective Action Measure，DOAM 模型
14	EESR	安装竣工状态报告
15	E-Learning	网络学习平台
16	EPC	工程总承包模式
17	EVA	附加经济价值
18	FCD	核岛第一罐混凝土浇注
19	FPGA	现场可编程门阵列
20	FSAR	最终安全分析报告
21	GF 报告	国防科技报告
22	GMP	药品生产质量管理规范
23	HSE	职业健康、安全、环境
24	IAEA	国际原子能机构
25	IDR	全干法流程

续表

序　号	英文缩写	释　义
26	IEEE	电气和电子工程师协会
27	IFS	企业资源管理软件
28	JYK	计划、预算、考核一体化管理体系
29	K2/K3	巴基斯坦卡拉奇项目
30	MOX 燃料	铀钚混合氧化物燃料
31	NCC	核回路冲洗
32	OBN	观察意见单
33	P6 平台	Primavera P6 Project Management P6 进度管理平台
34	PCS	能动安全壳热量导出系统
35	PCS	非能动安全壳热量导出系统
36	PCT	国际专利公约
37	PDMS	平台设计管理系统
38	PMP	项目管理专业人士资格认证
39	POC 评审	Proof of concept，即为观点提供论据
40	ProMIS	公司核电工程项目管理平台
41	PSA	概率安全评价
42	PSAR	初步安全分析报告
43	PSR	定期安全审查
44	PX 厂房	联合泵房
45	QC 小组	质量控制小组
46	QHSE	质量、职业健康、安全、环境
47	RPN	核仪表系统
48	RTX	通讯软件
49	SAMG	严重事故管理导则
50	SAP	企业资源管理软件
51	SSC	电厂分解结构
52	TC	生命周期管理系统软件
53	TOTO 移交	临时运行移交
54	TP13A	数字化仪控设计技转任务包
55	TQM	全面质量管理
56	TUV	Technischer Überwachungs-Verein，技术监督协会

续表

序　号	英文缩写	释　义
57	WBS	工作分解结构
58	WWER（VVER）	俄罗斯设计的压水堆
59	YA	除盐水生产车间
60	50% FP	核电站 50% 满功率（电功率）

ISBN 978-7-5022-7685-0

9 787502 276850 >

定价：188.00元